요한복음 강해 I

A COMMENTARY ON THE GOSPEL OF JOHN I

BY

DR. YONGGI CHO

Printed in Republic of Korea
Seoul Logos Co., Inc.

요한복음 강해 I

조용기 목사 지음

서울말씀사

요한복음 강해

조용기 목사 지음

초판 1쇄 발행 2010년 5월 20일
초판 5쇄 발행 2017년 4월 3일

편 집 인 김상길
발 행 처 서울말씀사

출판등록 제2016-000172호
주   소 서울시 영등포구 은행로 55, 나동 9층
전   화 02-846-9222
팩   스 02-846-9225

머리말
Foreword

초대 교회 당시에는 예수님의 신성(神性)을 부인하거나 그의 인성(人性)을 부인하는 여러 이단 사상들이 널리 퍼져 있었습니다. 사도 요한은 이와 같은 반기독교적인 이단 사상들로부터 복음을 보호하기 위해 본 서를 기록하였습니다.

이런 이유로 본 서에는 성육신하신 예수님에 대해 잘 나타나 있으며, 예수님이 하나님의 아들이라는 사실이 누누이 강조되어 있습니다. 즉, 하나님의 아들이 육신을 입고 이 땅에 오셔서 표적과 능력을 행하시며 자신을 나타내 보이시고 있는바, 그 하나님의 아들 예수 그리스도를 믿을 때 영생을 얻게 된다는 것을 증언하고 있습니다. 그리고 이것이 바로 복음의 본질이라는 것을 말하고 있습니다.

오늘날 우리 성도들도 자칫하면 인간적인 생각에 사로잡혀 복음의 본질을 왜곡하는 이단의 유혹에 넘어가기 쉽습니다. 그렇기 때문에 우리는 언제나 말씀과 성령으로 충만하여 복음의 실체를 분명히 깨달음으로써 복음의 능력이 우리 삶 가운데 나타나는 역동적인 신앙생활을 해야 하는 것입니다.

본 강해서는 우리 성도들이 이처럼 복음을 바로 알고 그 놀라운 능력을 체험하는 데에 조금이라도 도움을 드리기 위해 제가 1984년 1월부터 1986년 2월까지 2년 1개월 동안 매주 수요일에 강해한 것을 두 권의 책으로 엮은 것입니다. 아무쪼록 이 책이 오늘을 사는 성도들에게 풍성한 영의 양식을 공급하며 어두운 세상에 하나님의 사랑을 베푸는 삶의 원동력이 되기를 기원합니다.

2008. 5.

여의도순복음교회

당회장 목사 조용기

목 차
Contents

A COMMENTARY
ON THE GOSPEL OF
JOHN I

머리말 · 5

서론 · 10

1 육신이 되신 말씀

1. 태초부터 계신 말씀(1:1-5) · 19
2. 빛에 대한 증언자 요한(1:6-8) · 23
3. 성육신하신 말씀(1:9-14) · 25
4. 예수 그리스도에 대한 침례 요한의 증언 I(1:15-18) · 30
5. 침례 요한의 자신에 대한 증언(1:19-28) · 33
6. 예수 그리스도에 대한 침례 요한의 증언 II(1:29-34) · 39
7. 예수님의 첫 제자(1:35-51) · 47

2 첫 표적을 행하신 예수님

1. 가나에서의 첫 번째 표적(2:1-11) · 61
2. 성전 정화(2:12-22) · 69
3. 예루살렘에서의 예수님(2:23-25) · 77

3 니고데모와의 대화와 침례 요한의 증언

1. 니고데모와의 대화(3:1-12) · 81
2. 예수 그리스도의 구속 사역(3:13-21) · 90
3. 예수 그리스도에 대한 침례 요한의 마지막 증언(3:22-36) · 98

4 사마리아 여자와의 대화
1. 사마리아로 가신 예수님(4:1-6) · 109
2. 사마리아 여자와 대화하시는 예수님(4:7-26) · 112
3. 사마리아 여자의 증언(4:27-30) · 126
4. 예수님과 제자들의 대화(4:31-38) · 128
5. 사마리아인들의 회심(4:39-42) · 133
6. 갈릴리로 오신 예수님(4:43-45) · 135
7. 왕의 신하의 아들을 고치신 예수님(4:46-54) · 137

5 생명과 심판의 주관자이신 예수님
1. 서른여덟 해 된 병자를 고치신 예수님(5:1-18) · 145
2. 생명의 수여자이시며 심판자이신 예수님(5:19-30) · 157
3. 예수님에 대한 증언(5:31-47) · 167

6 생명의 떡이신 예수님
1. 오병이어의 기적(6:1-15) · 182
2. 물 위를 걸으신 예수님(6:16-21) · 191
3. 생명의 떡이신 예수님(6:22-59) · 194
4. 계시의 말씀에 대한 제자들의 반응(6:60-71) · 215

7 예수님의 두 번째 예루살렘 방문
1. 예수님과 형제들의 대화(7:1-9) · 226

2. 성전에서 가르치시는 예수님(7:10-24) · 232
3. 자신의 기원을 밝히신 예수님(7:25-31) · 240
4. 자신의 죽음을 예고하시는 예수님(7:32-36) · 245
5. 생수의 강(7:37-44) · 247
6. 유대교 지도자들의 증오와 니고데모의 변호(7:45-53) · 252

8 생명의 빛이신 예수님

1. 간음한 여인을 용서하신 예수님(8:1-11) · 261
2. 세상의 빛이신 예수님(8:12-20) · 266
3. 위에서 나신 분(8:21-30) · 272
4. 참된 자유를 주는 진리(8:31-47) · 278
5. 아브라함이 나기 전부터 계신 예수님(8:48-59) · 291

9 맹인을 고치신 예수님

1. 맹인을 고치심(9:1-12) · 305
2. 바리새인들의 의심(9:13-34) · 314
3. 영적 맹인에 관한 교훈(9:35-41) · 327

10 선한 목자이신 예수님

1. 선한 목자 비유(10:1-18) · 337
2. 유대인들의 분쟁(10:19-21) · 351
3. 유대인들과의 논쟁(10:22-39) · 353
4. 예수님을 믿고 따르는 무리(10:40-42) · 364

서론

Preface

1. 주제 및 기록 목적

요한복음의 주제는 '하나님의 아들이신 예수 그리스도를 믿음으로 얻는 영생' 입니다. 모든 인류를 사랑하신 하나님께서는 그분의 독생자 예수 그리스도를 이 세상에 보내심으로, 예수님을 믿고 영접하는 자마다 멸망하지 않고 영생을 얻게 하셨습니다(3:16).

사도 요한이 본 서를 기록할 당시에는 이단 사상들이 퍼져 있었습니다. 예수님의 신성을 부인하는 '에비온파' (Ebionism)와 가현설(假現說)을 주장하면서 예수님의 인성을 부인하는 '영지주의' (Gnosticism)가 있었습니다. 또한 에베소의 이단자 케린터스(Cerinthus)는 "예수는 사람인데 침례받을 때 하나님의 아들의 영이 강림했다." 고 주장하였습니다. 이러한 상황에서 사도 요한은 예수님께서 하나님의 아들이심을 믿게 하고, 모든 사람은 오직 예수님을 믿고 영접함으로써 영생을 얻을 수 있다는 것을 확신시키기 위해 본 서를 기록하였습니다(20:31).

2. 기록자 및 수신자

본 서는 기록자를 구체적으로 언급하고 있지 않습니다. 그러나 다음과 같은 증언에 의해 본 서의 기록자가 사도 요한임을 알 수 있습니다.

첫째, 유대인의 생활 관습(4:9; 5:10; 7:22; 9:14-16)에 대해 잘 알고 있는 유대인이 기록하였음을 알 수 있습니다.

둘째, 팔레스타인의 지리(1:28,44; 2:1; 4:5-6; 12:1,21; 21:2)에 익숙하므로, 팔레스타인에서 생활한 유대인이 기록하였음을 알 수 있습니다.

셋째, 기록자 자신이 예수님의 생활과 교훈하심을 직접 목격한 자(1:14; 19:35; 21:24-25)이며, '예수님의 사랑하시는 제자' (13:23; 19:26; 20:2; 21:7,20)였음을 증거하고 있습니다.

넷째, 초대 교회의 교부였고, 사도 요한의 제자인 폴리캅의 제자였던 이레니우스는 그의 저서「이단 논박」에서 "주님의 품에 기대었던(13:23) 사도 요한이 소아시아에 있는 에베소에 머무르는 동안 본 서를 펴냈다." 라고 주장하였습니다.

사도 요한은 '사랑의 사도' 입니다. 그는 갈릴리 어부 출신으로 세베대의 아들이며 야고보의 형제입니다(마 10:2; 막 1:19). 오순절 사건 이후 베드로, 야고보와 함께 예루살렘 교회의 지도자(행 3:1; 4:19; 8:14)로 있었고 말년에는 에베소 교회의 감독으로 있었습니다. 그는 노년을 에베소에서 보내다가 로마의 폭군 도미티안 황제(Domitian, 주후 81-96년)가 기독교를 박해할 때에 밧모 섬으로 유배되었습니다. 도미티안 황제가 죽은 후 그는 네르바 황제(Nerva, 주후 96-98년) 때에 다시 에베소로 돌아와서 살다가 세상을 떠났습니다. 그의 저술로는 본 서 외에 요한 일, 이, 삼서와 요한계시록이 있습니다.

한편 본 서의 수신자는 유대인과 이방인을 포함한 모든 인류입니다. 요한이 사역했던 에베소 교회의 성도들 중에는 유대인 성도들과 이방인 성도들이 함께 있었습니다. 따라서 요한은 메시아를 기다리던 유대인들에게 '예수님께서는 그리스도이심' 을, 이방인들에게 '예수님께서는 하나님의 아들이심' 을 말함으로써 모든 사람들이 예수님을 믿음으로 영생을 얻게 하려고 하였습니다.

3. 기록 연대 및 집필 장소

본 서의 기록 연대는 정확하게 알려져 있지 않습니다. 그러나 교회사가 유세비우스는 "요한은 공관복음서를 보충하기 위해 이 복음서를 기록했다." 고 주장합니다. 따라서 요한복음의 기록 연대는 공관복음서가 집필된 이후(주후 70년 - 주후 100년)로 좁혀집니다. 그리고 사도 요한이 주후 95년에 도미티안 황제 때 밧모 섬으로 귀양살이를 갔으므로 유배당하기 전인 주후 90년경에 본 서를 기록했을 것으로 추정합니다.

본 서가 집필된 장소에 대해서도 여러 가지 이견이 있으나, 사도 요한이 밧모 섬으로 유배가기 전에 에베소에서 활동하고 있었던 것으로 보아 본 서는 에베소에서 저술된 것으로 짐작됩니다.

4. 특징

본 서는 예수 그리스도를 이 땅에 오신 하나님의 아들로 드러내고 신성을 강조하고 있기 때문에 '독수리 복음' 이라고 불립니다. 또한 공관복음서(마, 막, 눅)에 빠진 사건을 보충하는 내용이 많아 '제4복음서' 라고도 불립니다. 본 서는 다음과 같은 특징들이 있습니다.

첫째, 영적 의미를 지닌 상징적인 표현들(말씀, 빛과 어둠, 생명, 산 떡, 생수, 장대에 달린 놋뱀 등)과 대화식 문체(3:1-15; 4:1-26,43-53; 5:1-15; 9:1-38; 11:17-44)가 많이 나타나 있습니다.

둘째, '나는……이니라' 는 일곱 번의 선언(6:35; 8:12; 10:7,11; 11:25; 14:6; 15:1)과 예수님의 일곱 가지 표적(2:1-11; 4:46-54; 5:1-18; 6:1-14,16-21; 9:1-12; 11:1-46)을 소개함으로써 예수님의 신성을 강조하고 있습니다.

셋째, 예수님의 인성에 대하여 서술하고 있습니다(4:6-7; 5:19; 11:35; 19:1-42).

넷째, 예수님의 족보가 영원부터 시작되어 있습니다.

다섯째, 성령에 대한 약속(16:12-13)과 구체적인 명칭(14:16-17)이 나타나 있으며, 성령으로 거듭나야 하나님 나라에 들어갈 수 있다고 주장하고 있습니다(3:5).

여섯째, 예수님의 탄생과 어린 시절, 예수님께서 받으신 침례와 시험, 마귀를 쫓아낸 이적, 최후의 만찬, 겟세마네의 기도, 승천, 예수님의 비유에 대한 기록이 없습니다.

5. 요한복음서와 공관복음서의 비교

본 서는 예수님의 생애를 다루고 있다는 점에서 공관복음서와 동일하지만, 다음과 같은 차이점이 있습니다.

첫째, 공관복음서는 예수님의 활동을 갈릴리 지방 중심으로 기록하고 있지만, 본 서는 예루살렘과 유대 지방 중심으로 기록하고 있습니다.

둘째, 공관복음서는 유월절을 각각 단 한 번씩만 언급하고 있지만(마 26:2; 막 14:1; 눅 22:1), 본 서는 유월절을 최소한 3회 언급함으로써(2:12-13; 6:4; 12:1) 예수님의 공생애 기간이 3년 이상이었음을 암시하고 있습니다.

셋째, 공관복음서는 성전 청결 사건이 공생애 말기에 있었던 것처럼 기록하고 있으나(마 21:12-13; 막 11:15-17; 눅 19:45-46), 본 서는 공생애 초기에 그 사건이 있었다고 기록하고 있습니다(2:13-22).

넷째, 공관복음서는 예수님과 관련된 사건들을 사실적으로 기록하고 있지만, 본 서는 그 사건에 함축된 의미와 교훈 그리고 영적인 측면을 강조하고 있습니다.

다섯째, 공관복음서는 침례 요한의 투옥 이후부터 예수님의 공적인 사역을 기록하고 있지만(마 4:12; 막 1:14; 눅 3:20), 본 서는 침례 요한의 투옥 전에도 예수님께서 활동하고 계셨음을 기록하고 있습니다(3:22-30; 4:1-2).

제 1 장

육신이 되신 말씀

태초부터 계신 말씀	1:1-5
빛에 대한 증언자 요한	1:6-8
성육신하신 말씀	1:9-14
예수 그리스도에 대한 침례 요한의 증언 Ⅰ	1:15-18
침례 요한의 자신에 대한 증언	1:19-28
예수 그리스도에 대한 침례 요한의 증언 Ⅱ	1:29-34
예수님의 첫 제자	1:35-51

A COMMENTARY
ON THE GOSPEL OF
JOHN I

예수님께서는 태초부터 계신 영원한 말씀이십니다. 하나님의 말씀이신 예수님께서는 만물을 창조하셨으며, 인간의 육신을 입으시고 이 세상에 생명의 빛을 비추러 오셨습니다.

주님의 길을 곧게 하기 위하여 먼저 보내심을 받은 침례 요한은 요단 강에 침례를 받으러 오신 예수님을 보고 '세상 죄를 지고 가는 하나님의 어린양' 이시요, '하나님의 아들' 이시라고 증언하였습니다.

침례 요한의 이 말을 듣고 예수님을 따른 첫 제자 안드레는 그의 형제 시몬 베드로를 예수님께로 데려왔습니다. 그리고 그 이튿날 예수님께 제자로 부르심을 받은 빌립이 그의 친구 나다나엘에게 전도하였고, 예수님께서는 그를 제자로 맞이 하셨습니다.

1. 태초부터 계신 말씀(1:1-5)

1. 태초에 말씀이 계시니라 이 말씀이 하나님과 함께 계셨으니 이 말
씀은 곧 하나님이시니라 2. 그가 태초에 하나님과 함께 계셨고 3. 만
물이 그로 말미암아 지은바 되었으니 지은 것이 하나도 그가 없이는
된 것이 없느니라 4. 그 안에 생명이 있었으니 이 생명은 사람들의
빛이라 5. 빛이 어둠에 비치되 어둠이 깨닫지 못하더라

1-2절 태초에 말씀이 계시니라 이 말씀이 하나님과 함께 계셨으니 이 말씀은 곧 하나님이시니라 그가 태초에 하나님과 함께 계셨고

"태초에 말씀이 계시니라". 여기서 '말씀'은 헬라어로 '로고스'(λόγος)이며, 바로 '예수 그리스도'를 말합니다. 그리고 '태초에 계시니라'는 만물이 창조될 때에 이미 있었다는 것을 뜻합니다. 그러므로 "태초에 말씀이 계시니라"는 말은 만물이 창조되기 전부터 이미 계셨던 예수님의 선

재성과 신성을 나타내는 것입니다.

하나님께서는 말씀을 통하여 하나님 자신의 모든 것을 계시하십니다. 누군가를 알려면, 그 사람의 말을 들어 보면 됩니다. 입을 열어서 말을 할 때, 그 속에 감추어져 있던 모든 것이 분명하게 드러나기 때문입니다. 그러므로 예수님께서 하나님의 말씀이라는 것은, 곧 말씀을 통해 하나님께서 우리에게 계시되신다는 것입니다. 성경의 모든 말씀은 예수님을 계시하는 것이요, 이는 곧 하나님을 보여 주는 것입니다. 그렇기 때문에 우리는 말씀을 깨달으면 예수님을 알게 되고, 예수님을 알게 되면 하나님을 알게 되는 것입니다.

"이 말씀이 하나님과 함께 계셨으니 이 말씀은 곧 하나님이시니라". 하나님과 예수님은 별개의 두 인격이지만, 한 분 하나님이십니다. 성부 하나님과 성자 하나님과 성령 하나님께서는 각각 인격을 가지고 계시지만, 그 본질과 실체에 있어서는 한 분이신 삼위일체 하나님이신 것입니다.

3절 만물이 그로 말미암아 지은바 되었으니 지은 것이 하나도 그가 없이는 된 것이 없느니라

창세전부터 계신 예수님께서는 하나님과 함께 창조 사역을 하셨습니다. 창세기 1장에 기록되어 있는 창조에 관한 기사를 보면, 하나님께서 천지와 만물을 말씀으로 창조하셨다는 것을 알 수 있습니다. 즉, 하나님께서는 예수 그리스도를 통해서 천지 만물을 지으셨으며, 따라서 예수 그리스도 없이 지어진 것은 아무것도 없는 것입니다.

천사들이나 공중 권세를 잡은 사탄과 그를 따르는 악한 영들과 같이

눈에 보이지 않는 영적인 모든 것과 눈에 보이는 저 하늘의 모든 천체와 이 지상에 있는 모든 것, 심지어 이름 모를 풀 한 포기에 이르기까지 온 우주 만물이 하나님께 지음받았습니다. 성경에는 만물의 창조에 있어서 하나님과 말씀이신 예수 그리스도의 역할이 분명하게 선포되어 있습니다. "그러나 우리에게는 한 하나님 곧 아버지가 계시니 만물이 그에게서 났고 우리도 그를 위하여 있고 또한 한 주 예수 그리스도께서 계시니 만물이 그로 말미암고 우리도 그로 말미암아 있느니라" (고전 8:6). 그리고 본 절에서도 창조에 대해 "만물이 그로 말미암아 지은바 되었으니 지은 것이 하나도 그가 없이는 된 것이 없느니라" 고 함으로써 말씀의 절대성을 강조하고 있습니다. 결국 온 우주 만물은 하나님께서 태초부터 하나님과 함께 계신 말씀을 통해 창조하신 것입니다.

우리 인생들이 겸손해야 하는 이유가 바로 여기에 있습니다. 우리가 이 세상에 존재하는 것과 우리가 먹고 입고 사는 것 자체가 모두 하나님으로 말미암은 것이기 때문입니다. 어떤 것이든지 하나님께서 지으시지 않으면 존재할 수 없으며, 하나님께서 생명을 연장시켜 주시지 않으면 어떤 생물도 살아갈 수 없습니다. 그러므로 우리는 모든 것을 창조하시고 보존하시는 창조주 하나님을 경외하고, 겸손히 하나님을 의지하며 살아야 하는 것입니다.

4절 그 안에 생명이 있었으니 이 생명은 사람들의 빛이라

예수님께서는 생명이시며(14:6), 생명의 원천으로서 우리에게 영원한 생명을 주시는 분입니다(10:28). 인간은 물론 이 세상에 존재하고 있는 모든 생물체는 예수님으로부터 생명을 받은 것입니다. 그러므로 예수님과 연합하지 않고 떠나 있는 생명은 마치 물 근원으로부터 끊어진 옹달샘이 차츰 메말라 가며 썩어 가듯이 부패해 버리고 마는 것입니다.

예수님 안에 있는 참생명은 사람들의 빛입니다. 예수님께서 사람들을 비추는 빛이시라는 것은 예수 그리스도의 생명의 빛으로 비추임을 받을 때에야 비로소 우리 삶의 이유와 목적과 방향을 깨달아 알 수 있다는 것을 말합니다. 예수 그리스도의 생명의 빛을 거부하고 흑암 가운데서 사는 세상 사람들은 세상의 헛된 것들을 좇아 살다가 영원한 멸망에 떨어져 버리고 맙니다. 그러나 예수 그리스도의 생명의 빛 가운데서 사는 우리 그리스도인들은 인생이 어디서 와서, 무엇 때문에 살며, 어디로 가는지를 알고 당당하게 살다가 궁극적으로 천국에서 영생을 누리게 되는 것입니다.

5절 빛이 어둠에 비치되 어둠이 깨닫지 못하더라

죄짓고 타락하여 어두운 세상에서 방황하는 사람들에게 예수님의 생명의 빛이 비치었습니다. 그러나 사람들은 이 빛보다 어둠을 더 사랑했으며(3:19), 빛을 거부했습니다. 죄악으로 가득한 어두운 세상에서 죄에 중독되어 살아온 사람들은 예수님께서 친히 오셔서 빛을 비추어 주심에도 불구하고 이를 깨닫지 못하였고, 오히려 예수님을 미워하여 십자가에 못 박아 죽이고 말았던 것입니다.

그런데 이러한 현상은 예수님께서 오신 지 2천 년이 된 지금도 동일하게 일어나고 있습니다. 생명의 빛 되신 예수 그리스도를 전하는 복음을 듣고도 마음 문을 굳게 걸어 잠그고 받아들이지 않는 사람들은 계속 예수님을 십자가에 못 박는 삶을 살고 있는 것입니다. 이러한 사람들에 대하

여 성경은 "존귀하나 깨닫지 못하는 사람은 멸망하는 짐승 같도다"(시 49:20)라고 말씀하고 있습니다. 사람은 누구나 하나님의 형상과 모양대로 지음받았기 때문에 존귀하지만, 예수님의 생명의 빛을 받아 지혜를 깨닫지 못하면 짐승처럼 인생을 살다가 멸망하고 마는 것입니다.

2. 빛에 대한 증언자 요한(1:6-8)

6. 하나님께로부터 보내심을 받은 사람이 있으니 그의 이름은 요한이라 7. 그가 증언하러 왔으니 곧 빛에 대하여 증언하고 모든 사람이 자기로 말미암아 믿게 하려 함이라 8. 그는 이 빛이 아니요 이 빛에 대하여 증언하러 온 자라

6-7절 하나님께로부터 보내심을 받은 사람이 있으니 그의 이름은 요한이라 그가 증언하러 왔으니 곧 빛에 대하여 증언하고 모든 사람이 자기로 말미암아 믿게 하려 함이라

침례 요한은 빛 되신 예수 그리스도에 대해 증언하는 사명을 가지고 예수님보다 먼저 태어났습니다. 이처럼 침례 요한이 빛에 대하여 증언하는 목적은 그의 증언 사역을 통해 모든 사람으로 하여금 예수 그리스도를 믿게 하려는 데 있었습니다.

증언자, 곧 증인이란 자신이 직접 체험한 영적인 체험을 사람들에게 증언하는 사람입니다. 빛에 대한 증인의 사명을 띠고 태어난 침례 요한은 하나님의 계시를 받고서, 요단 강에 침례를 받으러 오신 예수님을 알아보고 '하나님의 아들' 이심을 증언하였습니다(32-34절).

2천여 년 전에 침례 요한이 예수님보다 앞서 와서 예수님을 증언하였던 것처럼, 오늘날 예수 그리스도를 믿는 우리 그리스도인들 역시 각자 자신이 체험한 예수님을 증언하는 증인들입니다. 침례 요한이 하나님의 보내심을 받았듯이, 우리는 예수님의 보내심을 받았습니다. 예수님께서는 "아버지께서 나를 보내신 것같이 나도 너희를 보내노라"(20:21)고 말씀하셨으며, "너희는 온 천하에 다니며 만민에게 복음을 전파하라"(막 16:15)고 명령하셨습니다. 우리는 예수님의 증인으로서의 사명을 가지고 세상에 보냄을 받은 사명자입니다. 세상 사람들은 어두운 세상에서 길을 잃고 방황하고 있습니다. 육신의 정욕을 따라, 안목의 정욕을 따라, 이 세상의 자랑을 따라 세상의 끝없는 수렁 속에서 길을 잃고 방황하고 있는 것입니다. 우리는 이들에게 예수 그리스도를 전파하여, 그들이 빛 가운데로 나아와서 생명의 길을 찾도록 해 주어야 합니다. 우리가 때를 얻든지 못 얻든지 예수님을 전하는 증인의 사명을 잘 수행할 때 하늘나라가 확장되며, 하나님께서 더욱 큰 능력을 주심으로 우리가 능력 있는 증인의 삶을 살아갈 수 있게 되는 것입니다.

8절 그는 이 빛이 아니요 이 빛에 대하여 증언하러 온 자라

침례 요한의 제자들 가운데에는 침례 요한이 그리스도인 줄로 잘못 아는 사람들이 있었습니다(눅 3:15). 이처럼 침례 요한에 대하여 오해하고 있는 사람들의 잘못된 인식을 시정하기 위해, 본 절에서는 침례 요한은 그리스도가 아니라 그리스도를 증언하는 자임을 분명히 밝히고 있습니다. 인류 구원의 빛은 예수 그리스도이시고, 침례 요한은 단지 그 빛을 증언하는 증인일 뿐입니다.

3. 성육신하신 말씀(1:9-14)

9. 참빛 곧 세상에 와서 각 사람에게 비추는 빛이 있었나니 10. 그가
세상에 계셨으며 세상은 그로 말미암아 지은바 되었으되 세상이 그
를 알지 못하였고 11. 자기 땅에 오매 자기 백성이 영접하지 아니하
였으나 12. 영접하는 자 곧 그 이름을 믿는 자들에게는 하나님의 자
녀가 되는 권세를 주셨으니 13. 이는 혈통으로나 육정으로나 사람
의 뜻으로 나지 아니하고 오직 하나님께로부터 난 자들이니라 14.
말씀이 육신이 되어 우리 가운데 거하시매 우리가 그의 영광을 보니
아버지의 독생자의 영광이요 은혜와 진리가 충만하더라

9-10절 참빛 곧 세상에 와서 각 사람에게 비추는 빛이 있었나니 그가 세상에 계셨으며 세상은 그로 말미암아 지은바 되었으되 세상이 그를 알지 못하였고

이 세상을 창조하신 예수님께서는 세상에 오셔서 각 사람에게 구원의 빛, 생명의 빛을 비추어 주셨습니다. 그러나 사람들은 자기를 지어 주신 창조주시요, 자기를 구원하여 영생을 주시는 구주 예수님을 알아보지 못하고 오히려 예수님을 잡아 십자가에 못 박아 죽임으로써 심판을 자초하였습니다.

오늘날도 예수 그리스도를 믿지 않고 배반하는 사람은 심판을 자초합니다. 그러나 빛 가운데로 나아와 예수 그리스도를 영접한 사람은 구원받고, 빛 가운데서 영생의 길을 걷게 됩니다.

11-12절 자기 땅에 오매 자기 백성이 영접하지 아니하였으나 영접하는 자 곧 그 이름을 믿는 자들에게는 하나님의 자녀가 되는 권세를 주셨으니

여기서 '자기 땅' 은 이스라엘을, '자기 백성' 은 이스라엘 민족을 가리킵니다. 이스라엘 민족은 하나님의 백성으로 택하심을 받은 민족으로서, 오랜 세월 동안 끊임없이 메시아를 기다려 왔습니다. 그러나 막상 그토록 기다리던 메시아 예수님께서 이스라엘 땅에서 태어나 그들과 함께 거하실 때, 그들은 예수님을 영접하지 않았습니다.

"영접하는 자 곧 그 이름을 믿는 자들에게는 하나님의 자녀가 되는 권세를 주셨으니". 사도 바울은 로마 교회에 보내는 그의 서신에서, 이스라엘 백성이 예수 그리스도를 영접하지 않은 결과 이방인에게 구원이 이르게 되었으며(롬 11:11) 이방인의 충만한 수가 구원받은 후에 이스라엘 백성이 구원받을 것이라고 가르쳐 주었습니다(롬 11:25-26). 이방인에게 구원의 문이 열려 있는 이 은혜의 기간에는 나라와 민족을 초월하여 누구든

지 예수 그리스도를 믿고 자신의 구주로 영접하면 구원받고 하나님의 자녀가 되는 권세를 받습니다. 그러므로 지금 예수 그리스도를 믿고 있는 우리 그리스도인들은 하나님의 자녀로서 하나님께서 예비하신 모든 신령한 은혜와 복을 누리는 것입니다. 또한 하나님의 자녀가 된 우리는 예수님과 함께 장차 올 세계를 상속받는 하나님의 후사가 되었기 때문에 보통 영광스러운 것이 아닙니다. 이처럼 놀라운 권세가 있는 하나님의 자녀가 된 우리 그리스도인들은 하나님께서 주신 자신의 직분과 특권을 바로 알고 잘 사용하여야 합니다.

13절 이는 혈통으로나 육정으로나 사람의 뜻으로 나지 아니하고 오직 하나님께로부터 난 자들이니라

하나님의 자녀는 '혈통'으로 될 수 없습니다. 믿음이 좋은 집안 출신이라고 해서 자동적으로 하나님의 자녀가 되는 것이 아니고, 부모가 신앙이 좋다고 해서 자식이 어머니 태중에서부터 부모와 똑같은 신앙을 가지고 태어날 수도 없는 것입니다.

또한 하나님의 자녀는 '육정'으로 될 수 없습니다. 인간의 육신적인 욕망으로 하나님의 자녀가 될 수 없는 것입니다.

하나님의 자녀는 '사람의 뜻'으로도 될 수 없습니다. 하나님의 자녀가 되겠다는 의지만을 가지고 자신을 수양하고 각고의 노력을 한다 하더라도, 자기의 의지대로 하나님의 자녀가 되는 것이 아닙니다.

"오직 하나님께로부터 난 자들이니라". 하나님의 자녀는 하나님의 뜻으로만 됩니다. 하나님께서 택하시고 불러 주셔야 하나님의 자녀가 될 수 있는 것입니다. 하나님께서 성령으로 우리의 눈을 밝혀 주시고 예수 그리스도를 믿게 하여, 우리를 구원하시고 자녀로 삼아 주시는 것입니다. 그러므로 그리스도인들은 하나님에게서 난 하나님의 자녀로서 이 세상에서 살고 있는 것입니다.

예수님을 믿지 않는 세상 사람들은 하나님의 자녀 된 우리를 보고 하나님을 칭찬하기도 하고 비평하기도 합니다. 그러므로 우리는 우리를 당신의 자녀로 삼아 주신 하나님께 감사하고, 하나님의 자녀답게 하나님의 영광을 드러내는 말과 행동을 하면서 세상의 빛과 소금으로서 살아야 하는 것입니다.

14절 말씀이 육신이 되어 우리 가운데 거하시매 우리가 그의 영광을 보니 아버지의 독생자의 영광이요 은혜와 진리가 충만하더라

"말씀이 육신이 되어". 태초부터 하나님과 함께 계신 영원하신 말씀이 육신을 입고 이 세상에 오셔서 사람들 가운데서 생활하시는 역사적인 사건이 일어났습니다. 말씀이신 예수님께서 완전한 인간으로서 생활하시면서 사람들에게 직접 말씀하시고 그의 영광을 보여 주심으로 역사적인 인물이 되신 것입니다. 그렇기 때문에 예수 그리스도의 일대기를 역사적으로 기록할 수 있으며, 그를 통해 하나님의 뜻을 알 수 있습니다. 말씀은 하나님을 계시합니다. 그런데 예수님께서 말씀이시므로 우리는 예수님의 일거수일투족, 그분의 삶 전체를 통해 하나님의 뜻을 알 수 있는 것입니다.

"우리가 그의 영광을 보니 아버지의 독생자의 영광이요 은혜와 진리가 충만하더라". 예수님께서는 그의 일생을 통해 영광을 나타내셨습니다. 예수님께서 행하신 수많은 이적, 십자가에서의 죽으심과 부활하심,

이 모든 것이 우리로 하여금 그의 영광을 볼 수 있도록 나타내신 것입니다. 이는 또한 하나님의 독생자의 영광이며, 은혜와 진리가 가득한 것이었습니다.

'은혜'란 값없이 받는 선물입니다. 예수님으로 말미암아 우리가 값없이 죄 사함 받고 구원받은 것이 은혜인 것입니다. 이러한 은혜를 받으면, 그 결과로 변화를 받게 됩니다. 마음과 생각이, 인격이, 생활이 변화됩니다. 그래서 죽음에서 생명으로, 절망에서 소망으로, 슬픔에서 기쁨으로, 불안에서 평안으로, 무질서에서 질서로 전환된 삶을 살게 되는 것입니다. 이렇게 은혜를 받은 사람은 은혜를 지키기 위해 '진리'를 알아야 합니다. 하나님께서 어떤 분이시며 하나님의 뜻은 무엇인지, 인간은 어디서 와서 무엇 때문에 살며 어디로 가는지, 왜 구원이 필요한지, 구원의 결과는 무엇이고 구원받은 사람은 어떻게 살아야 하는지를 알아야 하는 것입니다. 이와 같은 진리는 하나님의 말씀을 보고 듣고 묵상함으로써 깨달을 수 있습니다.

은혜와 진리는 균형을 이루어야 합니다. 은혜는 넘치는데 진리를 모른다면 광신자가 됩니다. 변화는 받았지만 그것을 유지하지 못하는 것입니다. 반면에, 진리는 아는데 은혜가 없다면 매사에 자신이 아는 이치를 가지고 판단하고 비평하며 변화를 받지 못하여 마음이 냉랭하기만 합니다. 그러므로 우리는 은혜의 바퀴와 진리의 바퀴가 균형을 이룬 신앙의 수레를 타고 인생길을 가야 하는 것입니다.

4. 예수 그리스도에 대한 침례 요한의 증언 I(1:15-18)

15. 요한이 그에 대하여 증언하여 외쳐 이르되 내가 전에 말하기를 내 뒤에 오시는 이가 나보다 앞선 것은 나보다 먼저 계심이라 한 것이 이 사람을 가리킴이라 하니라 16. 우리가 다 그의 충만한 데서 받으니 은혜 위에 은혜러라 17. 율법은 모세로 말미암아 주어진 것이요 은혜와 진리는 예수 그리스도로 말미암아 온 것이라 18. 본래 하나님을 본 사람이 없으되 아버지 품속에 있는 독생하신 하나님이 나타내셨느니라

15절 요한이 그에 대하여 증언하여 외쳐 이르되 내가 전에 말하기를 내 뒤에 오시는 이가 나보다 앞선 것은 나보다 먼저 계심이라 한 것이 이 사람을 가리킴이라 하니라

고대 중동에서는 시간적으로 앞선 것에 대해서 경의를 표하는 문화가 형성되어 있었습니다. 이러한 풍습은 사람들에게도 똑같이 적용되어 연장자가 존경을 받았습니다. 그래서 침례 요한이 사역하던 당시 사람들은 그를 예수님보다 높게 평가했습니다.

그러나 침례 요한은 예수님께서 자신보다 먼저 계셨다고 증언하였습니다. 그는 예수님께서 세상에 모습을 나타내신 것이 자신보다 늦었을

뿐, 실제로는 창세전부터 예수님께서 계셨다고 증언하였던 것입니다.

16-17절 우리가 다 그의 충만한 데서 받으니 은혜 위에 은혜러라 율법은 모세로 말미암아 주어진 것이요 은혜와 진리는 예수 그리스도로 말미암아 온 것이라

예수님은 은혜와 진리가 충만하시며, 그것을 우리 성도들에게 나누어 주십니다. 이처럼 스스로도 충만하시며 우리를 충만하게 하시는 예수님에 대하여 성경에는 "교회는 그의 몸이니 만물 안에서 만물을 충만하게 하시는 이의 충만함이니라"(엡 1:23)고 기록되어 있습니다. 우리는 예수님의 충만한 데서 '은혜 위에 은혜'를 받습니다. '은혜 위에 은혜'라는 말은 은혜의 계속성을 뜻합니다. 즉, 우리는 예수님으로부터 끊임없이 은혜를 받고 있는 것입니다.

예수님께서 주시는 은혜와 진리는 모세가 준 율법보다 월등합니다. 율법은 하나님께서 자신의 뜻을 알리시고 죄를 깨닫게 하기 위해 모세를 통해 이스라엘 백성에게 주신 것입니다. 하나님께서는 율법을 온전히 지킨 사람에게 구원을 베푸신다고 하셨습니다. 그러나 그 누구도 율법을 완전하게 지킬 수 없었습니다. 오히려 율법을 통하여 자신의 죄를 더욱 분명히 깨닫게 되었고, 그에 따르는 하나님의 심판에 대한 두려움을 느끼게 되었을 뿐입니다. 이에 대하여 성경에는 "그러므로 율법의 행위로 그의 앞에 의롭다 하심을 얻을 육체가 없나니 율법으로는 죄를 깨달음이니라"(롬 3:20)고 기록되어 있습니다.

율법 아래에서 자신의 죄악된 모습을 발견한 사람들의 삶은 고통과 절망과 두려움의 연속이었습니다. 인생을 살아가는 하루하루가 마치 사형

선고를 받고 죽음을 향해 나아가는 사형수와 같은 삶이었습니다. 그런데 이처럼 아무 소망 없이 절대 절망감을 안고 살아가는 사람들에게 은혜로 구원을 얻는 길이 열렸습니다. 성경에는 "모든 사람이 죄를 범하였으매 하나님의 영광에 이르지 못하더니 그리스도 예수 안에 있는 속량으로 말미암아 하나님의 은혜로 값없이 의롭다 하심을 얻은 자 되었느니라"(롬 3:23-24)고 기록되어 있습니다.

예수님께서 이 세상에 오셔서 구원을 완성하셨기 때문에(19:30), 누구든지 예수님을 믿기만 하면 값없이 구원받고 은혜와 진리가 충만하신 그리스도 안에서 참된 평안과 자유를 누리며 살게 되는 것입니다.

18절 본래 하나님을 본 사람이 없으되 아버지 품속에 있는 독생하신 하나님이 나타내셨느니라

하나님께서는 영이시기 때문에 "어떤 사람도 보지 못하였고 또 볼 수 없는"(딤전 6:16) 분이십니다. "또 이르시되 네가 내 얼굴을 보지 못하리니 나를 보고 살 자가 없음이니라"(출 33:20)는 말씀과 같이, 하나님께 불려가서 깊은 교제를 한 모세조차도 하나님을 뵙지 못하였습니다.

그런데 '아버지 품속에 있는 독생하신 하나님', 즉 예수 그리스도께서 이 세상에 오셔서 하나님을 보여 주셨습니다. 빌립이 예수님께 하나님을 보여 달라고 간청하였을 때, 예수님께서는 "빌립아 내가 이렇게 오래 너희와 함께 있으되 네가 나를 알지 못하느냐 나를 본 자는 아버지를 보았거늘 어찌하여 아버지를 보이라 하느냐 내가 아버지 안에 거하고 아버지는 내 안에 계신 것을 네가 믿지 아니하느냐 내가 너희에게 이르는 말은 스스로 하는 것이 아니라 아버지께서 내 안에 계셔서 그의 일을 하시는 것이라"(14:9-10)고 말씀하셨습니다. 예수 그리스도께서는 성부 하나님의 품속에 있는 독생하신 하나님이시요, 하나님의 본체이십니다(빌 2:6). 그렇기 때문에 예수님을 보는 것이 곧 하나님을 보는 것이며, 예수님을 통해서 하나님의 뜻을 알 수 있는 것입니다.

5. 침례 요한의 자신에 대한 증언(1:19-28)

19. 유대인들이 예루살렘에서 제사장들과 레위인들을 요한에게 보
내어 네가 누구냐 물을 때에 요한의 증언이 이러하니라 20. 요한이
드러내어 말하고 숨기지 아니하니 드러내어 하는 말이 나는 그리스
도가 아니라 한대 21. 또 묻되 그러면 누구냐 네가 엘리야냐 이르되
나는 아니라 또 묻되 네가 그 선지자냐 대답하되 아니라 22. 또 말하
되 누구냐 우리를 보낸 이들에게 대답하게 하라 너는 네게 대하여 무
엇이라 하느냐 23. 이르되 나는 선지자 이사야의 말과 같이 주의 길
을 곧게 하라고 광야에서 외치는 자의 소리로라 하니라 24. 그들은
바리새인들이 보낸 자라 25. 또 물어 이르되 네가 만일 그리스도도
아니요 엘리야도 아니요 그 선지자도 아닐진대 어찌하여 침례를 베
푸느냐 26. 요한이 대답하되 나는 물로 침례를 베풀거니와 너희 가
운데 너희가 알지 못하는 한 사람이 섰으니 27. 곧 내 뒤에 오시는
그이라 나는 그의 신발 끈을 풀기도 감당하지 못하겠노라 하더라
28. 이 일은 요한이 침례 베풀던 곳 요단 강 건너편 베다니에서 일어
난 일이니라

19-20절 유대인들이 예루살렘에서 제사장들과 레위인들을 요한에게 보내어 네가 누구냐 물을 때에 요한의 증언이 이러하니라 요한이 드러내어 말하고 숨기지 아니하니 드러내어 하는 말이 나는 그리스도가 아니라 한대

침례 요한이 "회개하라 천국이 가까이 왔느니라"(마 3:2)고 외치자, 사람들이 그에게 침례를 받으려고 요단 강으로 계속 모여들었습니다. 날이 갈수록 침례를 받기 위해 오는 사람들의 수가 늘어나고, 침례 요한의 인기는 높아만 갔습니다. 그러자 이 소문을 듣고 불안해진 예루살렘의 유대인들은 침례 요한의 정체를 알아보기 위해 제사장들과 레위인들을 파견했습니다.

말라기 선지자 이후 4백 년 동안 하나님의 말씀을 전하는 선지자가 없던 이스라엘에 침례 요한의 출현은 실로 큰 사건이었습니다. 위대한 능력을 보이며 회개의 메시지를 선포하는 침례 요한의 모습은 사람들의 눈에 메시아로 비쳤습니다. 그래서 많은 사람이 그의 주위에 모여들어 그를 따랐던 것입니다. 그러나 유대교 지도자들에게는 이러한 침례 요한이 두려움의 대상이 되었습니다. 그래서 그들은 제사장들과 레위인들을 보내어 그가 메시아, 곧 그리스도인가를 확인해 본 것입니다.

제사장들과 레위인들이 "네가 누구냐?" 고 묻자, 침례 요한은 "나는 그리스도가 아니다." 라고 솔직하게 대답해 주었습니다.

21절 또 묻되 그러면 누구냐 네가 엘리야냐 이르되 나는 아니라 또 묻되 네가 그 선지자냐 대답하되 아니라

예루살렘에서 온 제사장들과 레위인들은 침례 요한에게 "그러면 누구냐? 네가 엘리야냐?" 고 재차 질문하였습니다. 하나님께서는 "보라 야훼의 크고 두려운 날이 이르기 전에 내가 선지자 엘리야를 너희에게 보내리니 그가 아버지의 마음을 자녀에게로 돌이키게 하고 자녀들의 마음을 그들의 아버지에게로 돌이키게 하리라" (말 4:5-6)고 약속하셨습니다. 하나님께서 보내 주신다고 하신 엘리야는 아합 왕 시대에 활동하다가 죽음을 보지 않고 승천했던 엘리야 선지자(왕하 2:1-11)가 아닙니다. 하나님께서는 엘리야와 같은 심령과 능력을 가지고 사람들을 회개시켜 하나님께로 돌이키게 하는 사역을 할 선지자를 보내 주시겠다고 하신 것입니다. 그러나 유대인들은 말라기에 예언된 이 말씀을 문자적으로 해석하여, 승천했던 엘리야가 다시 하늘로부터 내려오는 것으로 믿고 있었습니다. 이러한 연유로 그들은 침례 요한에게 "네가 엘리야냐?" 라고 질문한 것입니다. 그렇기 때문에 침례 요한은 그들에게 "아니다." 라고 단호히 대답하였습니다.

그러자 제사장들과 레위인들이 또다시 질문하였습니다. "네가 그 선지자냐?" 여기서 '그 선지자' 란 모세가 예언했던 선지자를 말합니다. 일찍이 모세는 "네 하나님 야훼께서 너희 가운데 네 형제 중에서 너를 위하여 나와 같은 선지자 하나를 일으키시리니 너희는 그의 말을 들을지니라" (신 18:15)고 말하였는데, 여기서 '선지자' 는 다름 아닌 '그리스도' 를 가리킵니다. 따라서 제사장들과 레위인들이 "네가 그 선지자냐?" 라고 물은 것은, 침례 요한이 '모세와 같은 선지자 그리스도' 인가를 확인하는 질문이었습니다. 이에 침례 요한은 다시 한번 "아니다." 라고 단호히 대답하였습니다.

22-23절 또 말하되 누구냐 우리를 보낸 이들에게 대답하게 하라 너는 네게 대하여 무엇이라 하느냐 이르되 나는 선지자 이사야의 말과 같이 주의 길을 곧게 하라고 광야에서 외치는 자의 소리로라 하니라

침례 요한이 "나는 그리스도도 아니요, 엘리야도 아니요, 모세와 같은 선지자도 아니다."라고 대답하자, 제사장들과 레위인들은 난감해졌습니다. 유대인들이 짐작하고 있던 예상이 모두 빗나갔음이 확인된 상황에서, 그들은 자신들이 부여받은 임무, 즉 침례 요한의 정체를 알아낼 일이 막연하게만 생각되었습니다. 그래서 그들은 몹시 초조해하며 이번에는 침례 요한에게 스스로 자신에 대해 진술하도록 하였습니다.

"도대체 너는 누구냐? 네 정체를 밝히라."고 추궁하는 제사장들과 레위인들에게 침례 요한은 조금도 망설이지 않고 "나는 선지자 이사야의 말과 같이 주의 길을 곧게 하라고 광야에서 외치는 자의 소리이다."고 말하였습니다. 이사야 선지자는 일찍이 "외치는 자의 소리여 이르되 너희는 광야에서 야훼의 길을 예비하라 사막에서 우리 하나님의 대로를 평탄하게 하라"(사 40:3)고 예언하였습니다. 침례 요한이 온 것은 바로 이 예언의 성취였던 것입니다. 침례 요한은 예언된 대로 예수님보다 먼저 와서 사람들을 회개시켜 예수님을 맞아들일 마음의 자세를 준비시키는 역할을 하였습니다.

이와 같이 사람들을 예수님께로 이끄는 임무를 수행한 침례 요한은 구약의 마지막 획을 긋는 중요 인물이요, 예수님께 "여자가 낳은 자 중에 침례 요한보다 큰 이가 일어남이 없도다"(마 11:11)라고 인정받기에 합당한

위대한 선지자였습니다. 그러나 그는 자신에 대해 “광야에서 외치는 자의 소리”라고 증언하는 겸손을 보였습니다. 그는 자신의 역할과 사명을 잘 알고 있었을 뿐 아니라, 자신을 겸손히 낮추고 오직 그리스도만을 높이는 올바른 신앙을 가진 사람이었던 것입니다. 이처럼 겸손한 침례 요한의 신앙 태도는 우리 그리스도인들의 귀감이 됩니다. 우리가 나가서 세상 사람들에게 복음을 전할 때 우리를 자랑하고 드러내서는 안 됩니다. 우리 자신은 다만 그리스도의 복음을 전하기 위해 성령께서 사용하시는 도구에 불과하다는 것을 명심하고, 오직 예수 그리스도만이 드러나도록 예수님을 자랑해야 하는 것입니다.

24–25절 그들은 바리새인들이 보낸 자라 또 물어 이르되 네가 만일 그리스도도 아니요 엘리야도 아니요 그 선지자도 아닐진대 어찌하여 침례를 베푸느냐

예루살렘에서 제사장들과 레위인들을 파견한 유대인들은 바리새인들이었습니다. 바리새인들이 파견한 제사장들과 레위인들은 침례 요한의 진술을 듣고 나서 또다시 질문하였습니다. “네가 그리스도도 아니요, 엘리야도 아니요, 그 선지자도 아닐진대 어찌하여 침례를 베푸느냐?” 이 말은 ‘네가 무슨 자격으로 감히 사람들에게 침례를 베푸느냐?’ 라는 뜻입니다. 그들이 이런 질문을 한 것은 침례 요한이 침례를 주는 것이 부당하다고 생각하였기 때문입니다. 그들은 침례라는 것은 이방인들이 유대교로 개종할 때에나 받는 것이요, 또 장차 메시아께서 행하실 일로 알고 있었습니다. 그렇기 때문에 메시아도 아닌 사람이 유대인들에게 침례를 베푼다는 것을 용납할 수 없었던 것입니다.

26-27절 요한이 대답하되 나는 물로 침례를 베풀거니와 너희 가운데 너희가 알지 못하는 한 사람이 섰으니 곧 내 뒤에 오시는 그이라 나는 그의 신발 끈을 풀기도 감당하지 못하겠노라 하더라

침례 요한은 침례에 대하여 따져 묻는 제사장들과 레위인들에게 자신을 합리화하거나 변명하지 않고, 오히려 다시 한번 예수 그리스도에 대한 말로써 답변을 대신하였습니다. 그는 자신이 주는 물 침례는 주님의 길을 예비하는 것으로서 사람들을 주님께로 돌이키게 하는 회개의 침례일 뿐이며, 그리스도께서 이미 이스라엘 가운데 와 계시다는 것을 분명히 증언하였습니다. 그러나 침례 요한이 이처럼 확실히 증언하고 있음에도 불구하고, 아직 그리스도의 존재는 침례 요한에게조차 가려져 있었습니다. 그리스도의 존재는, 예수님께서 침례 받으실 때에 성령께서 그 위에 임하시는 것을 통해 비로소 드러나게 됩니다(33-34절).

"나는 그의 신발 끈을 풀기도 감당하지 못하겠노라". 이 말은 '그리스도께서는 지극히 위대하신 분이시므로 그분에 비하면 침례 요한 자신은 그분의 신발 끈을 풀어 드릴 자격도 없는 하찮은 존재에 불과하다.' 라는 뜻입니다. 신발 끈은 유대인들이 신고 다니는 샌들의 끈을 가리킵니다. 이때 당시 신발 끈을 푸는 일은 노예 중에서도 가장 비천한 노예가 하던 일이었습니다. 따라서 침례 요한의 이 말은, 자신은 가장 비천한 노예가 하는 일조차도 예수님께 해 드릴 자격이 없다고 고백함으로써 예수님의 위대하심을 역설적으로 표현한 말입니다.

28절 이 일은 요한이 침례 베풀던 곳 요단 강 건너편 베다니에서 일어난 일이니라

본 절의 '베다니'는 예루살렘에서 남동쪽으로 약 3㎞ 떨어진 곳에 위치한 마을로서, 침례 요한이 사역하던 요단 강 건너편 동쪽에 있었습니다. 침례 요한은 이곳에서 회개의 메시지를 선포하며 사람들에게 침례를 베풀었고, 예루살렘에서 온 조사단과 문답하였던 것입니다.

6. 예수 그리스도에 대한 침례 요한의 증언 II (1:29-34)

29. 이튿날 요한이 예수께서 자기에게 나아오심을 보고 이르되 보라
세상 죄를 지고 가는 하나님의 어린양이로다 30. 내가 전에 말하기
를 내 뒤에 오는 사람이 있는데 나보다 앞선 것은 그가 나보다 먼저
계심이라 한 것이 이 사람을 가리킴이라 31. 나도 그를 알지 못하였
으나 내가 와서 물로 침례를 베푸는 것은 그를 이스라엘에 나타내려
함이라 하니라 32. 요한이 또 증언하여 이르되 내가 보매 성령이 비
둘기같이 하늘로부터 내려와서 그의 위에 머물렀더라 33. 나도 그
를 알지 못하였으나 나를 보내어 물로 침례를 베풀라 하신 그이가 나
에게 말씀하시되 성령이 내려서 누구 위에든지 머무는 것을 보거든
그가 곧 성령으로 침례를 베푸는 이인 줄 알라 하셨기에 34. 내가 보
고 그가 하나님의 아들이심을 증언하였노라 하니라

29절 이튿날 요한이 예수께서 자기에게 나아오심을 보고 이르되 보

라 세상 죄를 지고 가는 하나님의 어린양이로다

예루살렘에서 온 조사단과의 문답이 있은 이튿날, 침례 요한은 자기에게로 나아오시는 예수님을 보고 "보라, 세상 죄를 지고 가는 하나님의 어린양이로다."라고 말하였습니다. 침례 요한이 예수님에 대해 묘사한 이 말 속에는 온 인류의 죄를 대속하는 희생 제물이 되실 예수님의 구원 사역이 잘 드러나 있습니다.

성경에는 "야훼의 손이 짧아 구원하지 못하심도 아니요 귀가 둔하여 듣지 못하심도 아니라 오직 너희 죄악이 너희와 너희 하나님 사이를 갈라놓았고 너희 죄가 그의 얼굴을 가리어서 너희에게서 듣지 않으시게 함이니라" (사 59:1-2)고 기록되어 있습니다. 이와 같이 하나님과 우리 사이를 가로막고 있는 죄의 역사는 인류의 조상 아담과 하와로부터 시작되었습니다.

에덴동산에서 아담과 하와는 하나님께서 먹지 말라고 하신 선악과를 따 먹고 벌거벗은 수치를 느꼈습니다. 이처럼 아담과 하와는 하나님의 금령을 어김으로써 죄를 범하였으나, 하나님께서는 그들을 긍휼히 여기시고 가죽 옷을 지어 입혀 그들의 수치를 가려 주셨습니다. 이때 하나님께서 입혀 주신 가죽 옷은 말씀으로 지으신 것이 아니라, 짐승을 희생시켜 그 피를 흘리고 그 가죽으로 지으신 것이었습니다. 이때로부터 시작하여 구약 역사, 특히 구약 시대에 이스라엘에서 행해진 제사 의식을 보면 면면히 피로 얼룩진 것을 알 수 있습니다. 하나님께서는 "육체의 생명은 피에 있음이라 내가 이 피를 너희에게 주어 제단에 뿌려 너희의 생명을 위하여 속죄하게 하였나니 생명이 피에 있으므로 피가 죄를 속하느니라" (레 17:11)고 말씀하셨으며, 또 성경은 "피 흘림이 없은즉 사함이 없느니라"(히 9:22)고 재차 말씀합니다. 그렇기 때문에 인간이 하나님께 나아갈 때에는 반드시 짐승의 피를 흘려야 했습니다.

그러나 이런 상징적인 짐승의 피로써는 결단코 죄를 완전히 다 없앨 수 없습니다. 짐승의 피로는 일시적으로 죄를 덮을 수는 있어도 인간의 원죄와 자범죄를 영원히 씻을 수는 없는 것입니다. 아담과 하와가 입었던 가죽 옷이 그들의 수치를 가려 주되 영원하지 못하여 시간이 지남에 따라 낡고 해어져서 다시 다른 가죽 옷을 지어 입어야 하듯, 짐승의 피를 통한 속죄는 영원하지 못한 것입니다. 그러므로 영원히 우리의 죄를 사하실 분이 이 세상에 오시게 된 것입니다.

세상 죄를 담당할 희생 제물, 속죄 제물로 세상에 오신 예수 그리스도께서는 아담과 하와로부터 물려받은 원죄는 물론, 우리의 과거와 현재와 미래의 죄를 모두 다 영원히 사하여 구원을 주셨습니다. 예수 그리스도께서 핏값을 주고 우리를 사심으로, 우리가 예수님을 믿고 구원받게 된 것입니다. 그러므로 우리는 자신의 피로 우리를 죄에서 깨끗하게 하신 '하나님의 어린양' 예수 그리스도를 믿음의 눈으로 바라보고, 뜨겁게 사랑하며, 영원히 감사와 찬양을 드려야겠습니다.

30절 내가 전에 말하기를 내 뒤에 오는 사람이 있는데 나보다 앞선 것은 그가 나보다 먼저 계심이라 한 것이 이 사람을 가리킴이라

침례 요한은 예수님께서 자신보다 먼저 계셨다는 것을 증언하였습니다. 물론 이 땅에 태어나기는 침례 요한이 예수님보다 6개월 앞섰지만, 예수님께서 태초부터 하나님과 함께 계신 분이시기 때문에 침례 요한은 예수님께서 자신보다 앞섰다고 강조하여 말한 것입니다.

성경을 보면, 하나님께서 예수 그리스도를 통해 세상을 구원하시려는 뜻이 아담과 하와가 죄짓고 타락하였을 때에 이미 결정되어 있었음을 확인할 수 있습니다. 창세기 3장 15절에 하나님께서 "내가 너로 여자와 원수가 되게 하고 네 후손도 여자의 후손과 원수가 되게 하리니 여자의 후손은 네 머리를 상하게 할 것이요 너는 그의 발꿈치를 상하게 할 것이니라"고 말씀하셨는데, 여기서 '여자의 후손'은 메시아를 뜻합니다. 즉, 하나님께서는 인간이 처음 범죄하고 타락했을 때에 메시아, 곧 그리스도를 통해 구원을 성취하실 작정을 하신 것입니다.

그 후에도 하나님께서는 하나님을 경외하는 사람들과 선지자들을 통해 누누이 메시아에 대한 예언의 말씀을 주셨습니다. 그래서 이사야 선지자는 "보라 처녀가 잉태하여 아들을 낳을 것이요 그의 이름을 임마누엘이라 하리라"(사 7:14)고 예언했으며, 그 외에도 메시아의 구원 사역에 관한 내용을 여러 번 예언하였습니다(사 9:1-2,6-7; 11:1-2,10; 35:5-6; 42:1-4; 50:5-6; 52:13-15; 53:1-12; 59:20; 61:1-2; 63:1-6). 또한 미가 선지자는 "베들레헴 에브라다야 너는 유다 족속 중에 작을지라도 이스라엘을 다스릴 자가 네게서 내게로 나올 것이라 그의 근본은 상고에, 영원에 있느니라"(미 5:2)고 예언하였습니다.

이러한 구약의 예언들은 예수님의 탄생으로 완전히 이루어졌습니다. 동정녀의 몸에 성령으로 잉태되신 '여자의 후손' 예수님께서는 '베들레헴'에서 태어나셨으며, 사역의 때가 되어 요한에게 침례를 받으시고 이제 막 사역을 시작하는 시점에 계셨습니다. 그리고 이러한 예수님을 위해 침례 요한은 사람들에게 회개의 침례를 주고 그리스도에 대해 증언한 것입니다.

31절 나도 그를 알지 못하였으나 내가 와서 물로 침례를 베푸는 것은 그를 이스라엘에 나타내려 함이라 하니라

"나도 그를 알지 못하였으나". 당시 평범한 유대인들과 같이 침례 요한도 예수님께서 메시아라는 사실을 전혀 모르고 있었습니다. 그럼에도 불구하고 그는 메시아께서 반드시 나타나신다는 확신과 메시아를 증언해야 한다는 사명감을 가지고 사람들에게 침례를 주었습니다. 그는 오직 하나님의 말씀을 굳게 믿고 의지하며 뜨거운 열정을 갖고 자신의 사명을 수행한 것입니다. 성경에는 "믿음은 바라는 것들의 실상이요 보이지 않는 것들의 증거니"(히 11:1)라고 기록되어 있으며, 예수님께서는 "보지 못하고 믿는 자들은 복되도다"(20:29)라고 말씀하셨습니다. 침례 요한은 열심히 사명을 수행하던 중에 그의 믿음대로 그리스도께서 오신 것을 직접 목격하고 그분께 침례를 베푸는 영광도 누렸습니다.

오늘날 예수 그리스도를 믿는 사람들 가운데 실제로 예수님을 본 사람은 없습니다. 다만 2천 년 전에 승천하신 예수님께서 보내 주신 성령의 역사로 예수님을 구주로 믿고 예수님께서 주신 사명(막 16:15)을 감당하고 있는 것입니다. 이처럼 예수님을 보지 못했음에도 불구하고 예수 그리스도를 믿는 우리 그리스도인들에게는 항상 소망이 넘칩니다. 이는 우리가 믿음을 가지고 사명을 잘 수행하다가 주님 앞에 서는 날, 주님께서 우리의 머리에 영원히 썩지 않는 면류관을 씌워 주시고 주님과 함께 영원히 사는 영광을 주실 것을 확신하기 때문입니다.

32절 요한이 또 증언하여 이르되 내가 보매 성령이 비둘기같이 하늘로부터 내려와서 그의 위에 머물렀더라

이사야 11장 1절부터 2절을 보면, "이새의 줄기에서 한 싹이 나며 그 뿌리에서 한 가지가 나서 결실할 것이요 그의 위에 야훼의 영 곧 지혜와 총명의 영이요 모략과 재능의 영이요 지식과 야훼를 경외하는 영이 강림하시리니"라고 예언되어 있습니다. 이 예언은 예수님께서 침례 받으실 때에 성령께서 그 위에 임하심으로 성취되었습니다.

침례 요한은 침례를 행할 때, 하늘이 열리고 성령께서 비둘기같이 예수님 위로 내려와서 머무는 것을 보고 예수님께서 메시아라는 사실을 알았습니다. 그렇기 때문에 자기가 본 대로 "내가 보매 성령이 비둘기같이 하늘로부터 내려와서 그의 위에 머물렀더라."고 담대히 증언한 것입니다. 침례 요한의 이 말 가운데, 예수님께 임한 성령께서 비둘기 같았다는 사실에 우리는 주목해야 합니다. 성경에서 성령은 여러 가지로 상징되어 있습니다. '물' (7:37-39), '불' (행 2:3), '바람' (3:8), '기름' (요일 2:27), '비' (호 6:3), '술' (행 2:13), '인' (엡 1:13), '보증' (고후 1:22) 등 성령은 참으로 다양하게 상징되어 있습니다. 그런데 예수님께 임하신 성령께서 '비둘기'로 상징된 것은 다음과 같은 의미가 있습니다.

첫째, 예수님께서 평강의 왕이심을 보여 줍니다. 비둘기는 동서고금을 통하여 '평화' 의 상징이 되어 왔습니다. '평강의 왕' (사 9:6)이신 예수님께서는 우리에게 참평안을 주십니다(14:27).

둘째, 예수님께서 순결하신 분이심을 보여 줍니다. 성경에 비둘기는 순결하다고 묘사되어 있으며(마 10:16), 정결한 짐승으로서 하나님께 드려지는 제물로 쓰였다고 기록되어 있습니다(레 1:14; 5:7; 12:8; 눅 2:24). 예수님께서는 죄를 알지도 못하신 순결하신 분으로서(고후 5:21) 우리를 위해 영원한 화목 제물이 되셨습니다(요일 2:2).

셋째, 예수님께서 온유하신 분이심을 보여 줍니다. 노아 시대에 홍수 심판이 있었을 때, 비둘기가 감람나무의 새 잎사귀를 물고 노아에게로 돌아와서 땅이 말랐음을 알려 주었습니다(창 8:11). 또한 비둘기는 사람들을 잘 따르고 가르침을 잘 듣는 온유한 새로서, 통신 시설이 안 된 지역에서는 전령 역할도 합니다. 예수님께서는 스스로 온유하고 겸손하신 분이심을 밝히셨으며(마 11:29), 하나님의 뜻에 죽기까지 복종하심으로 이를 증명하셨습니다(빌 2:8).

33-34절 나도 그를 알지 못하였으나 나를 보내어 물로 침례를 베풀라 하신 그이가 나에게 말씀하시되 성령이 내려서 누구 위에든지 머무는 것을 보거든 그가 곧 성령으로 침례를 베푸는 이인 줄 알라 하셨기에 내가 보고 그가 하나님의 아들이심을 증언하였노라 하니라

침례 요한은 예수님을 하나님의 아들이라고 증언할 수 있었던 근거를 제시하였습니다. 그 근거는 그가 받은 하나님의 계시의 말씀이었습니다. 계시를 받기 전에는 침례 요한도 누가 그리스도이신지 전혀 몰랐습니다. 그런데 "성령이 내려서 누구 위에든지 머무는 것을 보거든 그가 곧 성령으로 침례를 베푸는 이인 줄 알라."는 계시를 받은 후, 그 말씀대로 예수님 위에 성령께서 임하시는 것을 보고 예수님께서 그리스도이신 것을 알게 된 것입니다.

하나님께서는 침례 요한에게 물 침례를 베푸는 임무를 맡기셨으며, 또한 그에게 그리스도께서는 성령으로 침례를 베푸신다고 말씀해 주셨습니다. 침례 요한의 물 침례는 회개의 침례로서, 사람들에게 도덕적 회

개를 촉구하는 것이었습니다. 그러나 예수님께서 주시는 성령 침례는 사람의 본성을 변화시켜, 새로운 피조물로서 회개에 합당한 열매를 맺게 하는 것입니다. 예수님께서는 이러한 성령 침례에 대하여 제자들에게 누누이 말씀하셨으며(14:16-17,26; 15:26; 16:7), 승천하시기 전에는 "성령을 받으라"(20:22)고 간곡히 당부하셨습니다.

예수님께서 약속하신 성령 침례는, 예수님께서 승천하신 후 오순절 날 마가 다락방에서 기도하던 120명의 제자들에게 성령께서 강림하심으로 이루어졌습니다(행 2:1-4). 이후로 성령께서는 예수님을 믿고 자신의 구주로 고백하는 사람에게 임하여 함께하십니다. 성령께서는 우리 그리스도인들을 성전 삼아 내주하시며 동행해 주십니다. 뿐만 아니라 성령께서는 우리에게 예수 그리스도를 깨달아 알게 해 주시고, 진리를 알게 해 주시며, 우리를 성결하게 하시고, 죄악을 이기고 승리의 삶을 살도록 이끌어 주십니다. 그러므로 우리는 항상 성령님을 인정하고 환영하고 모셔 들이고 의지하며, 성령님의 도우심을 구하고, 성령님의 인도하심에 순종하여야 합니다. 그럴 때 성령께서 능력을 주심으로 말미암아 우리가 모든 것을 할 수 있으며(빌 4:13), 하나님의 뜻에 합당한 인생을 살아갈 수 있는 것입니다.

7. 예수님의 첫 제자(1:35-51)

35. 또 이튿날 요한이 자기 제자 중 두 사람과 함께 섰다가 36. 예수
께서 거니심을 보고 말하되 보라 하나님의 어린양이로다 37. 두 제
자가 그의 말을 듣고 예수를 따르거늘 38. 예수께서 돌이켜 그 따르
는 것을 보시고 물어 이르시되 무엇을 구하느냐 이르되 랍비여 어디
계시오니이까 하니 (랍비는 번역하면 선생이라) 39. 예수께서 이르
시되 와서 보라 그러므로 그들이 가서 계신 데를 보고 그날 함께 거
하니 때가 열 시쯤 되었더라 40. 요한의 말을 듣고 예수를 따르는 두
사람 중의 하나는 시몬 베드로의 형제 안드레라 41. 그가 먼저 자기
의 형제 시몬을 찾아 말하되 우리가 메시아를 만났다 하고 (메시아는
번역하면 그리스도라) 42. 데리고 예수께로 오니 예수께서 보시고
이르시되 네가 요한의 아들 시몬이니 장차 게바라 하리라 하시니라
(게바는 번역하면 베드로라) 43. 이튿날 예수께서 갈릴리로 나가려
하시다가 빌립을 만나 이르시되 나를 따르라 하시니 44. 빌립은 안
드레와 베드로와 한동네 벳새다 사람이라 45. 빌립이 나다나엘을
찾아 이르되 모세가 율법에 기록하였고 여러 선지자가 기록한 그이
를 우리가 만났으니 요셉의 아들 나사렛 예수니라 46. 나다나엘이
이르되 나사렛에서 무슨 선한 것이 날 수 있느냐 빌립이 이르되 와서
보라 하니라 47. 예수께서 나다나엘이 자기에게 오는 것을 보시고
그를 가리켜 이르시되 보라 이는 참으로 이스라엘 사람이라 그 속에
간사한 것이 없도다 48. 나다나엘이 이르되 어떻게 나를 아시나이
까 예수께서 대답하여 이르시되 빌립이 너를 부르기 전에 네가 무화
과나무 아래에 있을 때에 보았노라 49. 나다나엘이 대답하되 랍비

여 당신은 하나님의 아들이시요 당신은 이스라엘의 임금이로소이다 50. 예수께서 대답하여 이르시되 내가 너를 무화과나무 아래에서 보았다 하므로 믿느냐 이보다 더 큰 일을 보리라 51. 또 이르시되 진실로 진실로 너희에게 이르노니 하늘이 열리고 하나님의 사자들이 인자 위에 오르락내리락하는 것을 보리라 하시니라

35-38절 또 이튿날 요한이 자기 제자 중 두 사람과 함께 섰다가 예수께서 거니심을 보고 말하되 보라 하나님의 어린양이로다 두 제자가 그의 말을 듣고 예수를 따르거늘 예수께서 돌이켜 그 따르는 것을 보시고 물어 이르시되 무엇을 구하느냐 이르되 랍비여 어디 계시오니이까 하니 (랍비는 번역하면 선생이라)

예수님을 보고 "세상 죄를 지고 가는 하나님의 어린양이로다."라고 증언한 침례 요한은, 그 이튿날 또다시 예수님에 대해 증언하였습니다. 그는 제자 두 사람과 함께 서 있다가 예수님께서 지나가시는 것을 보고 그들에게 "보라, 하나님의 어린양이로다."라고 말하였던 것입니다. 침례 요한의 이 말은 그의 제자들로 하여금 예수님을 따라가게 하는 계기가 되었습니다. 그들은 침례 요한에게 침례를 받고 그의 제자가 되어 그를 따랐지만, 하나님의 어린양이신 예수님에 대한 선포를 듣자 미련 없이 그의 곁을 떠나 예수님을 따라간 것입니다.

예수님께서는 그들 두 사람이 따라오는 것을 보시고, 그들에게 "무엇을 구하느냐?"고 물으셨습니다. 이 질문은 예수님을 따르는 동기가 무엇이냐는 것으로, 예수님을 따르는 사람이면 누구나 명백하게 짚고 넘어가야 하는 부분입니다. 예수님의 질문에 두 사람은 "랍비여, 어디 계시오니

이까?" 라고 여쭈었습니다. '랍비' 는 '나의 존경하는 분' 이라는 뜻을 가진 아람어로, 높은 지위에 있는 사람이나 선생을 부를 때에 사용하는 말입니다. 그러므로 예수님을 랍비라고 부른 것은 곧 그들이 예수님을 선생으로 모시고 따르겠다는 뜻을 표현한 것입니다. 또한 그들은 예수님께서 묵으시는 장소를 물었는데, 이는 예수님을 찾아가서 가르침을 받고 싶다는 뜻을 표현한 것입니다.

39절 예수께서 이르시되 와서 보라 그러므로 그들이 가서 계신 데를 보고 그날 함께 거하니 때가 열 시쯤 되었더라

예수님께서는 거처를 묻는 침례 요한의 두 제자에게 "와서 보라." 고 말씀하셨습니다. 예수님께서 그들을 즉석에서 초청하신 것은 자신이 묵고 계신 곳을 보여 주기 위해서가 아니라 예수님을 알 수 있는 기회를 제공하기 위해서였습니다.

침례 요한의 두 제자는 예수님의 초청을 즉시 받아들이고 예수님을 따라가서 그날 밤을 그곳에서 지냈습니다. 본 절은 그들이 예수님을 만난 때를 '열 시쯤' 이라고 밝히고 있는데, '열 시' 에 대해서는 로마식 표기법에 따라 오전 10시라는 견해와 헬라식 표기법에 따라 오후 4시라는 견해가 있습니다. 아무튼 열 시쯤에 예수님을 만나 그 거처로 따라간 그 두 사람은 밤새도록 예수님과 대화하며 예수님께서 그리스도이심을 분명히 알게 되었습니다.

40-42절 요한의 말을 듣고 예수를 따르는 두 사람 중의 하나는 시몬 베드로의 형제 안드레라 그가 먼저 자기의 형제 시몬을 찾아

말하되 우리가 메시아를 만났다 하고 (메시아는 번역하면 그리스도라) 데리고 예수께로 오니 예수께서 보시고 이르시되 네가 요한의 아들 시몬이니 장차 게바라 하리라 하시니라 (게바는 번역하면 베드로라)

예수님을 따라온 두 사람 중에 하나는 시몬 베드로의 형제인 안드레였습니다. 예수님과 함께 하룻밤을 지내면서 예수님께서 그리스도이심을 확신한 안드레는 날이 밝자 제일 먼저 자기의 형제 시몬을 찾으러 갔습니다. 그리고 시몬을 만나자마자 "우리가 메시아를 만났다."라고 말하였습니다. 그리고는 시몬을 곧장 예수님께로 데려왔습니다. 여기서 우리는 가족 전도의 한 예를 볼 수 있습니다. 성경을 통해서 볼 때 안드레는 적극적으로 앞에 나서서 활동하는 행동파는 아니었습니다. 그러나 그는 보이지 않는 곳에서 묵묵히 일하는 신앙인의 모범이 되는 사람이었습니다. 그는 자기의 형제 시몬 베드로를 예수님께로 인도하였을 뿐 아니라, 훗날 보리떡 다섯 개와 물고기 두 마리를 가진 소년을 예수님께 데려와 '오병이어의 기적' 을 일으키는 결과를 낳게 하였습니다(6:8-9).

예수님께서는 안드레가 데려온 시몬을 주목하여 보시고 "네가 요한의 아들 시몬이니 장차 게바라 하리라."고 말씀하셨습니다. 예수님께서는 시몬과 초면이었고 그에 대해 사전에 들으신 것도 없었지만 첫 대면 하는 자리에서 그를 꿰뚫어 보시고 그에게 새 이름을 주신 것입니다. 성경을 보면 새 이름이 주어지는 경우가 여러 번 나옵니다. 아브람과 사래가 아브라함과 사라로(창 17:5,15), 야곱이 이스라엘로(창 32:28) 개명된 것이 그 대표적인 예라 할 수 있습니다. 그리고 이처럼 새 이름을 받은 사람은 새로운 권위를 부여받고 인격이 변화되는 것을 볼 수 있습니다.

시몬은 '게바', 즉 '베드로' 라는 새 이름을 받고 인격이 그 이름의 의미와 같이 반석처럼 변화되었으며 예수님의 사도로서의 권위를 부여받았습니다. 물론 그가 예수님을 첫 대면 하여 새 이름을 받았을 때 그의 인격이 즉시 변화된 것은 아닙니다. 예수님을 처음 만났을 때 그는 매우 충동적이고 다혈질적인 성격의 소유자였습니다. 그러므로 '반석' 이라는 이름이 그에게는 전혀 어울리지 않았습니다. 그러나 예수님께서는 현재의 그의 모습을 보시지 않고, 반석같이 변화된 장래의 그의 모습을 보시고 "너를 장차 게바라 하리라." 고 말씀하신 것입니다. 그가 사실상 '베드로' 라고 불리게 된 것은 가이사랴 빌립보에서 예수님께 신앙 고백을 한 다음부터였습니다(마 16:18). 그 후 베드로는 오순절 날 성령 충만함을 받아 초대 교회의 반석이 되었으며, 반석같이 굳센 믿음을 갖고 복음을 전파하다가 예수님의 뒤를 따라 십자가형을 받아 순교하였습니다.

43-46절 **이튿날 예수께서 갈릴리로 나가려 하시다가 빌립을 만나 이르시되 나를 따르라 하시니 빌립은 안드레와 베드로와 한동네 벳새다 사람이라 빌립이 나다나엘을 찾아 이르되 모세가 율법에 기록하였고 여러 선지자가 기록한 그이를 우리가 만났으니 요셉의 아들 나사렛 예수니라 나다나엘이 이르되 나사렛에서 무슨 선한 것이 날 수 있느냐 빌립이 이르되 와서 보라 하니라**

예수님께서는 갈릴리로 나가시려다가 빌립을 만나 제자로 부르셨습니다. 그런데 여기서 우리가 주목할 점은 안드레와 요한은 침례 요한의 증거를 듣고 예수님의 제자가 되었고 시몬 베드로는 전도를 받아 예수님의 제자가 되었지만, 빌립은 예수님께서 직접 제자로 부르셨다는 것입니다. 새로 예수님의 제자로 가입된 빌립은 안드레와 베드로와 같은 고향인 벳새다 사람이었습니다.

예수님의 제자로 부름 받은 빌립이 가장 먼저 행한 일은 예수님에 대해 증언하는 것이었습니다. 빌립은 전도의 열정을 가지고 나다나엘을 찾아 나섰습니다. 그리고 나다나엘을 발견하자, 그에게로 다가가서 "모세가 율법에 기록하였고 여러 선지자가 기록한 그이를 우리가 만났으니, 요셉의 아들 나사렛 예수니라." 고 말하였습니다. '모세가 율법에 기록하였고 여러 선지자가 기록한 그이' 는 구약 성경에 예언된 메시아를 뜻합니다. 빌립은 자신이 만난 예수님께서 수천 년 동안 이스라엘이 고대해 온 메시아라는 확신을 가지고 예수님에 대해 자신 있게 말한 것입니다.

그러나 빌립의 말을 들은 나다나엘의 반응은 냉담하다 못해 굴욕적이기까지 했습니다. "나사렛에서 무슨 선한 것이 날 수 있느냐?" 나다나엘이 이렇게 조롱 섞인 투로 말한 데에는 그럴 만한 이유가 있습니다. 나사렛은 갈릴리의 한 벽촌으로, 교양이 없고 이방인들과 교제하는 비천한 사람들이 사는 곳이라 하여 멸시를 받았습니다. 이러한 인식 때문에 나다나엘은 '나사렛 예수' 라는 말을 듣는 순간 노골적으로 빈정거린 것입니다.

나다나엘의 모욕적인 언사는 빌립의 전도의 열정을 꺼 버릴 만한 것이었습니다. 그러나 빌립은 열정을 잃지 않고 오히려 더욱 단호하게 나다나엘에게 전도하였습니다. "와서 보라." 빌립은 비록 자신이 나다나엘에게 만족할 만한 대답을 해 줄 수 없었지만, 일단 그가 예수님을 만나 보면 예수님께서 메시아이심을 믿게 될 것이라고 확신하였으므로 그에게 이렇게 강권한 것입니다.

47절 예수께서 나다나엘이 자기에게 오는 것을 보시고 그를 가리켜 이르시되 보라 이는 참으로 이스라엘 사람이라 그 속에 간사한 것이 없도다

나다나엘은 예수님께서 메시아라는 것을 믿을 수 없었지만, 빌립의 강권에 못 이겨 그와 함께 예수님께 갔습니다. 그가 예수님 앞으로 나아가자 예수님께서는 그를 보시고 "보라 이는 참으로 이스라엘 사람이라. 그 속에 간사한 것이 없도다" 라고 말씀하셨습니다.

'간사' 는 거짓으로 남을 속이거나 미혹시키는 것을 의미합니다. 그러므로 '그 마음속에 간사한 것이 없는 참이스라엘 사람' 이란 말은 '자신의 이익을 위해 다른 사람을 속이는 간교함이 없는, 진실되고 정직한 사람' 이라는 뜻입니다. 예수님께서는 나다나엘을 보시는 순간, 그의 마음 중심을 꿰뚫어 보시고 그의 마음에서 진실을 발견하신 것입니다.

48절 나다나엘이 이르되 어떻게 나를 아시나이까 예수께서 대답하여 이르시되 빌립이 너를 부르기 전에 네가 무화과나무 아래에 있을 때에 보았노라

예수님께서 자신에 대해 훤히 아시고 말씀하시자, 나다나엘은 깜짝 놀라 "어떻게 나를 아십니까?" 라고 여쭈었습니다. 이에 예수님께서 "빌립이 너를 부르기 전에 네가 무화과나무 아래에 있을 때에 보았노라." 고 대답하셨는데, 예수님의 이 말씀은 나다나엘을 더욱 놀라게 했습니다.

예수님께서는 나다나엘을 만나시기 전에 이미 그의 마음속을 꿰뚫어 보시고 그를 제자로 삼으시기로 결정하셨습니다. 이와 같이 놀라운 통찰력을 갖고 계신 예수님께서는 우리의 마음속을 훤히 꿰뚫어 보시며, 우리의 모든 형편과 사정을 알고 계십니다. 우리가 예수님을 알기 전부터 예수님께서는 우리를 알고 계셨으며, 지금 우리가 품고 있는 생각과 소원도 낱낱이 알고 계십니다. 그리고 전능한 능력으로 문제를 해결해 주시고, 소원을 이루어 주십니다. 그런데 이러한 예수님의 역사가 가만히 있는 사람에게는 일어나지 않습니다. 간절히 기도하는 사람만이 예수님의 기적의 역사를 체험할 수 있습니다. 예수님께서 우리의 생활에 관여하여 주도적으로 일하시게 하는 관건이 바로 우리의 기도이기 때문입니다.

성경에는 "너는 내게 부르짖으라 내가 네게 응답하겠고 네가 알지 못하는 크고 은밀한 일을 네게 보이리라"(렘 33:3)고 기록되어 있습니다. 또한 예수님께서도 "구하라 그리하면 너희에게 주실 것이요 찾으라 그리하면 찾아낼 것이요 문을 두드리라 그리하면 너희에게 열릴 것이니 구하는 이마다 받을 것이요 찾는 이는 찾아낼 것이요 두드리는 이에게는 열릴 것이니라"(마 7:7-8)고 말씀하셨습니다. 그러므로 우리는 어떠한 고난과 문제가 다가오더라도 낙심하지 않습니다. 우리가 아무것도 염려하지 않고 감사함으로 기도할 때, 하나님께서는 우리의 마음에 평안을 주시며 하나님의 위대한 역사를 직접 보게 해 주십니다. 그렇기 때문에 우리는 절체절명의 위기 상황 가운데서도 하나님께 간절히 기도함으로써 평안과 기쁨을 잃지 않고 살아갈 수 있는 것입니다.

49절 나다나엘이 대답하되 랍비여 당신은 하나님의 아들이시요 당신은 이스라엘의 임금이로소이다

예수님의 말씀을 듣자 나다나엘의 마음속에서 예수님에 대한 모든 의혹이 말끔히 사라지고 믿음과 감격이 샘솟기 시작했습니다. 그리하여 그는 "랍비여, 당신은 하나님의 아들이시요, 이스라엘의 임금이십니다."라고 자신의 믿음을 고백하였습니다. 나다나엘은 예수님께서 자신의 구주이시며 삶의 주인이시라고 고백한 것입니다.

나다나엘의 이 신앙 고백은 우리가 처음 예수님을 믿게 되었을 때에 드리는 고백과 같습니다. 우리는 예수님을 믿기로 결단하고 이렇게 고백의 기도를 드립니다. "사랑하시는 하나님, 저는 죄인입니다. 어디에서 와서, 왜 살며, 어디로 가는지 알지 못하고 방황하며 지냈습니다. 오늘 하나님의 부르심을 받고 믿음으로 일어났습니다. 예수님의 십자가 보혈로 저를 씻어 주옵소서. 저를 위하여 죽으시고 저를 위하여 부활하신 예수님을 저의 구주로 모셔 들입니다. 지금부터 영원토록 주님과 함께 살겠습니다. 하나님은 저의 아버지가 되셨습니다. 예수님은 저의 구주가 되셨습니다. 저는 하나님의 자녀가 되었습니다. 저를 구원해 주시니 감사합니다. 예수님의 이름으로 기도드립니다. 아멘."

또한 우리는 우리의 삶의 주인으로 모신 예수님 중심으로 살아가겠다고 수없이 결심하고 고백합니다. 그러나 순간순간 예수님이 아닌 자기 자신이 주인이 되어 있을 때가 많습니다. 그리하여 주님의 뜻을 구하지 않고 제멋대로 하다가 실패하기도 하는 것입니다. 여러분은 지금 누구를 삶의 주인으로 모시고 있습니까? 혹시 여러분 자신이 주인 노

릇을 하고 있지는 않습니까? 명예, 재물, 학식, 자녀가 주인이 되어 있지는 않습니까? 그렇다면 지금 이 시간에 마음속에서 깨끗이 몰아내십시오. 그리고 예수님을 삶의 진정한 주인으로 모신 인생을 사시기를 축원합니다.

50-51절 예수께서 대답하여 이르시되 내가 너를 무화과나무 아래에서 보았다 하므로 믿느냐 이보다 더 큰 일을 보리라 또 이르시되 진실로 진실로 너희에게 이르노니 하늘이 열리고 하나님의 사자들이 인자 위에 오르락내리락하는 것을 보리라 하시니라

나다나엘은 예수님께서 자신을 꿰뚫어 보시자 예수님 앞에 굴복하고 예수님을 자신의 구주로 고백하였습니다. 그러나 예수님께서는 "내가 너를 무화과나무 아래에서 보았다 하므로 믿느냐 이보다 더 큰 일을 보리라."고 말씀하심으로, 나다나엘을 알아보신 일이 지극히 작은 일에 불과하다는 것을 일깨워 주셨습니다. 그리고 계속하여 "진실로 진실로 너희에게 이르노니 하늘이 열리고 하나님의 사자들이 인자 위에 오르락내리락하는 것을 보리라."고 말씀하셨습니다. 여기서 '하늘이 열리고 하나님의 사자들이 인자 위에 오르락내리락한다'는 것은 예수님께서 하늘과 땅을 연결하는 분이심을 상징합니다. 즉, 예수님께서는 하늘과 땅, 곧 하나님과 세상 사이를 막고 있는 담을 헐어 버리심으로써 이제껏 단절되어 있던 하나님과 사람들이 교통할 수 있게 하는 중보자라는 사실을 말씀하신 것입니다.

예수님의 이 약속의 말씀들은 온전히 성취되었으며, 지금도 여전히

이루어지고 있습니다. 예수님께서는 수많은 기사와 이적, 죽음과 부활, 승천에 이르는 이 세상에서의 생애 전체를 통해 참으로 '큰일' 을 보이셨고, 지금은 하나님의 보좌 우편에서 하나님과 우리 사이에 영원하고 유일한 중보자로서 계십니다(딤전 2:5). 그렇기 때문에 우리는 예수님을 통해 하나님께 담대히 나아갈 수 있으며, 무엇이든지 예수님의 이름으로 구하면 하나님께서 응답해 주시는 놀라운 은혜를 누리는 것입니다.

제 2 장

첫 표적을 행하신 **예수님**

가나에서의 첫 번째 표적	2:1-11
성전 정화	2:12-22
예루살렘에서의 예수님	2:23-25

A COMMENTARY
ON THE GOSPEL OF
JOHN I

공생애 사역의 서두에 예수님께서 행하신 첫 표적은 갈릴리 가나의 혼인 잔치에서 물을 포도주로 변화시키신 것이었습니다. 이 일로 예수님의 영광이 드러났으며, 제자들은 예수님을 더욱 공고히 믿게 되었습니다.

그 후 유월절을 맞아 예루살렘 성전에 가신 예수님께서는 성전 안에서 상행위를 하는 것을 보시고 격노하셔서 장사하는 자들을 내쫓으시고 성전을 정화시키셨습니다. 이로 인해 예수님과 유대인들 사이에 논쟁이 있게 되었으며, 예수님께서는 자신의 죽음과 부활을 성전에 비유하여 말씀하셨습니다.

1. 가나에서의 첫 번째 표적(2:1-11)

1. 사흘째 되던 날 갈릴리 가나에 혼례가 있어 예수의 어머니도 거기
계시고 2. 예수와 그 제자들도 혼례에 청함을 받았더니 3. 포도주가
떨어진지라 예수의 어머니가 예수에게 이르되 저들에게 포도주가 없
다 하니 4. 예수께서 이르시되 여자여 나와 무슨 상관이 있나이까 내
때가 아직 이르지 아니하였나이다 5. 그의 어머니가 하인들에게 이
르되 너희에게 무슨 말씀을 하시든지 그대로 하라 하니라 6. 거기에
유대인의 정결 예식을 따라 두세 통 드는 돌 항아리 여섯이 놓였는지
라 7. 예수께서 그들에게 이르시되 항아리에 물을 채우라 하신즉 아
귀까지 채우니 8. 이제는 떠서 연회장에게 갖다 주라 하시매 갖다 주
었더니 9. 연회장은 물로 된 포도주를 맛보고도 어디서 났는지 알지
못하되 물 떠 온 하인들은 알더라 연회장이 신랑을 불러 10. 말하되
사람마다 먼저 좋은 포도주를 내고 취한 후에 낮은 것을 내거늘 그대
는 지금까지 좋은 포도주를 두었도다 하니라 11. 예수께서 이 첫 표
적을 갈릴리 가나에서 행하여 그의 영광을 나타내시매 제자들이 그
를 믿으니라

1-2절 사흘째 되던 날 갈릴리 가나에 혼례가 있어 예수의 어머니도 거기 계시고 예수와 그 제자들도 혼례에 청함을 받았더니

예수님께서 갈릴리에 오신 지 사흘째 되던 날, 갈릴리 가나에서 혼인 잔치가 있었습니다. 이 당시 팔레스타인 지역에서는 혼인 잔치를 당일만 하지 않고 일주일 동안 계속하였습니다. 그리고 그 일주일 동안 잔치에 참석한 모든 손님에게 음식과 포도주를 대접하는 관습이 있었습니다. 그런데 잔치가 끝나기 전에 음식이나 포도주가 떨어져서 손님을 대접하지 못하는 일이 생기면, 잔치 분위기가 깨어질 뿐만 아니라 잔치를 벌인 주인은 수치를 당하였습니다. 그러므로 잔치 도중에 음식과 포도주가 떨어지지 않도록, 잔칫집에서는 미리 충분한 양을 준비하여 손님 접대를 했습니다.

가나의 혼인 잔치에는 많은 손님이 왔고, 그중에는 예수님의 어머니도 있었습니다. 그리고 예수님과 예수님의 제자가 된 베드로와 안드레와 요한과 빌립과 나다나엘도 주인의 초청을 받아 참석하였습니다.

3절 포도주가 떨어진지라 예수의 어머니가 예수에게 이르되 저들에게 포도주가 없다 하니

가나의 혼인 잔칫집에서는 연일 흥겨운 잔치가 계속되고 있었습니다. 그런데 참으로 난처한 일이 벌어졌습니다. 잔치가 한창 무르익을 때 포도주가 떨어진 것입니다. 손님들은 아직 이 사실을 모르고 있었지만 이제 곧 포도주가 떨어졌다는 것을 알게 될 것이고, 그렇게 되면 잔치 분위기는 엉망이 될 상황이었습니다. 그렇기 때문에 잔칫집 주인은 몹시 당

황하고 난감해했습니다.

이때 예수님의 어머니가 이 사태를 알아차리고 예수님께 "저들에게 포도주가 없다."라고 말하였습니다. 예수님의 어머니 마리아가 잔칫집의 사정을 예수님께 알린 것은 단순히 자기가 아는 것을 말한 것도, 또 포도주를 구해 오라고 부탁한 것도 아니었습니다. 마리아는 예수님께서 하나님의 아들이심을 알고 있었으므로, 예수님께서 기적을 행하셔서 이 위기를 수습해 주기를 기대하면서 말했던 것입니다.

가나의 혼인 잔칫집에서 있었던 이러한 일은 우리의 인생살이 가운데서도 일어납니다. 우리 인생은 언제나 무엇인가가 모자랍니다. 겉으로 보기에는 정상적이고 풍족해 보이는 사람도 예외 없이 결핍을 느끼며 살아갑니다. 건강, 사랑, 인격, 능력, 지혜, 물질이 부족하여 어려움을 당하고 갈등을 겪습니다. 사람들은 그 결핍된 것을 채워 보려고 시도하고 노력하며 동분서주합니다. 그러나 그 어디서도, 누구에게서도 충족받지 못하고 더욱 좌절합니다.

우리의 결핍을 해소시키는 길은 예수님께만 있습니다. 성경에는 "네 입을 크게 열라 내가 채우리라"(시 81:10)고 기록되어 있습니다. 또한 예수님께서는 "내 이름으로 무엇이든지 내게 구하면 내가 행하리라"(14:14)고 약속하셨습니다. 예수님께서는 무궁무진한 삶의 자원의 근원이십니다. 그렇기 때문에 우리는 예수님을 우리의 삶의 자리에 영접하여 모셔 들이고, 부족한 것을 채워 달라고 구해야 합니다. 우리가 예수님께 도움을 요청할 때, 예수님께서 우리의 필요를 채워 주심으로써 우리로 하여금 부족함을 충족받고 풍족한 삶을 살게 해 주시는 것입니다.

4절 예수께서 이르시되 여자여 나와 무슨 상관이 있나이까 내 때가 아직 이르지 아니하였나이다

마리아의 말을 들으신 예수님께서는 "여자여, 나와 무슨 상관이 있나이까?" 라고 말씀하셨습니다. 이때 예수님께서는 마리아에게 '어머니' 라고 부르시지 않고 '여자' 라고 부르셨는데, 이는 이제 막 공생애 사역을 시작하시려는 예수님께서 인간의 요구에 맞추어 활동하시지 않는다는 것을 분명히 보여 줍니다. 즉, 예수님께서는 아무리 어머니라 할지라도 예수님의 사역에 관여할 수 없음을 단호하게 표현하신 것입니다.

예수님께서는 하나님의 뜻을 이루시기 위해 마리아의 몸을 통해 세상에 오신 하나님의 아들 메시아로서, 하나님의 때를 기다리고 계셨습니다. "내 때가 아직 이르지 아니하였나이다." 라는 예수님의 말씀은 오직 하나님께서 정하신 때가 되어야 예수님께서 사역을 하신다는 것을 가르쳐 주고 있습니다. 예수님께서는 때가 이르러야 일을 하십니다. 그러므로 우리는 이 사실을 명심하고, 주님께 기도하고 난 다음에는 때를 기다릴 줄 알아야 합니다. 우리가 스스로 때를 정해 놓거나 조급해한다고 해서 일이 이루어지는 것이 아니라, 어떤 일이든지 하나님의 때가 되어야 아름답게 이루어지는 것입니다.

하나님께서 이루어 주시는 때는 우리가 원하는 때와 비슷하거나 더 일찍 다가올 수도 있습니다. 그러나 반대로 늦게 올 수도 있습니다. 우리는 성경에서 이러한 예를 찾아볼 수 있습니다. 그 대표적인 예로 아브라함의 경우에는 기도한 지 25년 만에 아들을 얻게 되었습니다. 또한 요셉은 꿈으로 계시를 받은 지 13년 만에 그 꿈이 이루어졌으며, 모세는 40세에

민족을 구원할 뜻을 가졌지만 그로부터 40년이 지나 80세가 되었을 때에 하나님의 부르심을 받아 그 뜻을 이루게 되었습니다. 이와 같이 하나님께서는 때를 따라 일을 이루시기 때문에, 우리는 일단 기도하고 난 다음에는 조급해하지 말고 하나님께서 이루실 때까지 인내하여야 하는 것입니다.

5절 그의 어머니가 하인들에게 이르되 너희에게 무슨 말씀을 하시든지 그대로 하라 하니라

사람들 앞에서 아들에게 부탁을 했다가 한마디로 거절당하는 부모의 마음은 매우 무안할 것입니다. 그러나 마리아는 그렇지 않았습니다. 마리아는 조금도 무안해하거나 섭섭하게 생각하지 않고, 오히려 하인들에게 "예수님이 무슨 말씀을 하시든지 그대로 하라."고 당부해 놓았습니다. 여기서 우리는 마리아의 겸손한 신앙을 볼 수 있습니다. 일찍이 예수님을 잉태할 때에도 "주의 여종이오니 말씀대로 내게 이루어지이다"(눅 1:38)라고 하나님의 절대 주권을 인정하고 순종하였던 마리아는, 인간의 혈연관계를 떠나서 예수님이 하나님의 아들이심을 믿었으므로 예수님의 말씀에 순종하라고 당부한 것입니다.

이와 같이 순종하는 믿음은 하나님 나라의 백성 된 우리 모든 그리스도인들이 따라야 할 모범입니다. 대개 신앙의 초보 단계에 있는 사람들은 하나님 말씀에 즉시 순종하지 않고 자신이 갖고 있는 조건이나 경험, 또 인간적인 지식이나 이성에 맞추어 보며 하나님께 "왜요?"라고 따질 때가 많습니다. 그러나 우리가 아무리 따져 물어도 하나님께서는 대답하시지 않습니다. 하나님께서는 절대 주권자이시므로 당신께서 계획하

시고 결정하신 일을 그대로 행하시며, 이에 대해 일일이 설명하시지 않습니다. 그런데 한 가지 분명한 사실은, 하나님의 말씀과 그 뜻은 선하고 완전하며 반드시 이루어진다는 것입니다. 그렇기 때문에 장성한 신앙 단계에 오른 사람들은 하나님의 말씀에 즉시 "아멘!" 하고 순종합니다. "살든지 죽든지, 흥하든지 망하든지, 성하든지 쇠하든지 하나님의 말씀대로 순종하겠나이다. 주님의 뜻을 이루소서."라고 고백하며, 주님만을 의지하고 주님께 온전히 맡겨 드리는 절대 순종의 신앙을 보이는 것입니다. 이러한 신앙을 보일 때 하나님께서는 그의 일생을 책임져 주시고 그의 삶 가운데 역사해 주십니다.

6-8절 거기에 유대인의 정결 예식을 따라 두세 통 드는 돌 항아리 여섯이 놓였는지라 예수께서 그들에게 이르시되 항아리에 물을 채우라 하신즉 아귀까지 채우니 이제는 떠서 연회장에게 갖다 주라 하시매 갖다 주었더니

'유대인의 정결 예식'은 유대인들이 외출했다가 돌아왔을 때나 식사 전후에 손발을 씻어 몸을 성결하게 하는 정결 의식을 가리킵니다. 마침 잔치 자리에는 손님들이 손을 씻도록 갖다 놓은 돌 항아리 여섯 개가 있었습니다. 그 돌 항아리들은 약 40ℓ 들이 되는 것으로 두세 통의 물이 들어갈 만큼 큰 것들이었습니다.

예수님께서는 하인들에게 "항아리에 물을 채우라."고 명령하셨습니다. 하인들이 항아리마다 물을 가득 채우자 예수님께서 "이제는 떠서 연회장에게 갖다 주라."고 말씀하셨습니다. 여기서 '연회장'은 혼인 잔치를 관장하는 책임을 맡은 사람을 말합니다.

마리아로부터 예수님께서 무슨 말씀을 하시든지 순종하라는 말을 들었던 하인들은 아무런 불평도 하지 않고 예수님께서 하라는 대로 행하였습니다.

9-10절 **연회장은 물로 된 포도주를 맛보고도 어디서 났는지 알지 못하되 물 떠 온 하인들은 알더라 연회장이 신랑을 불러 말하되 사람마다 먼저 좋은 포도주를 내고 취한 후에 낮은 것을 내거늘 그대는 지금까지 좋은 포도주를 두었도다 하니라**

하인들이 예수님의 말씀에 순종하자 놀라운 기적이 일어났습니다. 돌항아리에 담긴 물이 포도주로 변한 것입니다.

연회장은 그 포도주를 맛보고 매우 감탄하여 신랑에게 놀라움을 표하였습니다. "사람마다 먼저 좋은 포도주를 내오고 취한 후에는 낮은 것을 내오는데 그대는 지금까지 좋은 포도주를 두었도다." 대개 잔칫집에서는 처음에는 좋은 포도주를 내오지만, 사람들이 취하면 품질이 떨어지는 포도주를 내옵니다. 그런데 가나의 혼인 잔칫집에서는 그러한 통례대로 하지 않고 오히려 잔치의 막바지에 최상품 포도주를 내왔으므로 연회장이 매우 놀라워한 것입니다. 연회장은 그 포도주가 물이 변하여 된 것이라는 사실을 전혀 알지 못하고 포도주 맛을 극구 칭찬하였지만 그것을 떠 온 하인들은 잘 알고 있었습니다. 그리고 본 절에는 언급되어 있지 않지만 신랑 역시 그 사실을 알고 있었을 것입니다. 그러므로 연회장이 감탄하는 말을 듣자 신랑은 너무 놀라 아무 말도 못하였을 것입니다.

신랑은 포도주가 떨어진 것을 알고 난감하여 어찌할 줄을 몰랐습니다. 잔치 분위기는 완전히 깨져 버릴 것이 분명하고 손님들에게서 어떤 수모를 받게 될지 모르는 상황에서, 그는 몹시 마음 졸이며 참담해하고 있었습니다. 그런데 예수님께서 기적을 행하여 주심으로 말미암아 잔치 자리는 더욱 흥겨워지고 사람들로부터 수모가 아닌 찬사를 받게 된 것입니다.

물이 포도주로 변한 이 사건은 신랑 신부에게 가장 크고 절실한 결혼 선물이 되었습니다. 예수님께서는 그들로 하여금 곤경을 면하게 해 주셨을 뿐만 아니라, 전혀 예기치도 않았던 은혜를 경험하고 결혼 생활을 시작하게 해 주신 것입니다.

11절 예수께서 이 첫 표적을 갈릴리 가나에서 행하여 그의 영광을 나타내시매 제자들이 그를 믿으니라

갈릴리 가나의 혼인 잔칫집에서 일어난 이 기적은 예수님의 첫 번째 표적이었습니다. 이 표적은 인생의 새 출발을 하는 신혼부부에게 부족한 것을 채워 주시는 복되고 은혜로운 것이었습니다. 그러나 예수님의 이 첫 번째 표적은 단순히 곤경에 처한 사람에게 도움을 주시는 차원이 아니라, 예수님께서 하나님의 아들 그리스도이심을 보여 주는 데에 그 진정한 목적이 있었습니다.

이 표적을 통해 예수님의 영광이 나타나고, 제자들은 예수님을 믿게 되었습니다. 여기서 우리는 '체험 신앙'의 중요성을 볼 수 있습니다. 당시 예수님과 함께 혼인 잔칫집에 참석했던 제자들은 기적을 보지 못하고 예수님의 제자가 되어 예수님을 따랐는데 이 기적을 직접 보고 난 후에는 믿음이 더욱 굳어진 것입니다.

오늘날 예수 그리스도를 믿어 예수님의 제자가 된 우리도 삶 가운데 크고 작은 기적을 체험할 때에 믿음이 더욱 확고해집니다. 그러므로 우리는 지금도 살아서 역사하고 계시는 주님을 믿고 의지하며 주님의 말씀에 즉시 순종함으로써 주님께서 역사하실 수 있도록 하여야 합니다. 그럴 때 주님께서 우리의 삶 가운데 기적을 행하여 주시고 주님의 영광을 나타내시는 것입니다.

2. 성전 정화(2:12-22)

12. 그 후에 예수께서 그 어머니와 형제들과 제자들과 함께 가버나움
으로 내려가셨으나 거기에 여러 날 계시지는 아니하시니라 13. 유
대인의 유월절이 가까운지라 예수께서 예루살렘으로 올라가셨더니
14. 성전 안에서 소와 양과 비둘기 파는 사람들과 돈 바꾸는 사람들
이 앉아 있는 것을 보시고 15. 노끈으로 채찍을 만드사 양이나 소를
다 성전에서 내쫓으시고 돈 바꾸는 사람들의 돈을 쏟으시며 상을 엎
으시고 16. 비둘기 파는 사람들에게 이르시되 이것을 여기서 가져
가라 내 아버지의 집으로 장사하는 집을 만들지 말라 하시니 17. 제
자들이 성경 말씀에 주의 전을 사모하는 열심이 나를 삼키리라 한 것
을 기억하더라 18. 이에 유대인들이 대답하여 예수께 말하기를 네
가 이런 일을 행하니 무슨 표적을 우리에게 보이겠느냐 19. 예수께
서 대답하여 이르시되 너희가 이 성전을 헐라 내가 사흘 동안에 일으
키리라 20. 유대인들이 이르되 이 성전은 사십육 년 동안에 지었거
늘 네가 삼 일 동안에 일으키겠느냐 하더라 21. 그러나 예수는 성전

된 자기 육체를 가리켜 말씀하신 것이라 22. 죽은 자 가운데서 살아 나신 후에야 제자들이 이 말씀하신 것을 기억하고 성경과 예수께서 하신 말씀을 믿었더라

12절 그 후에 예수께서 그 어머니와 형제들과 제자들과 함께 가버나움으로 내려가셨으나 거기에 여러 날 계시지는 아니하시니라

가나의 혼인 잔치에서 물로 포도주를 만드는 큰 기적을 행하신 후, 예수님께서는 가족들과 제자들을 이끌고 가버나움으로 가셔서 며칠 묵으셨습니다. '가버나움'은 갈릴리 호수 근처의 저지대였는데, 예수님께서는 공생애 기간에 이곳을 사역의 중심지로 삼고 활동하시며 많은 이적을 행하셨습니다.

13-16절 유대인의 유월절이 가까운지라 예수께서 예루살렘으로 올라가셨더니 성전 안에서 소와 양과 비둘기 파는 사람들과 돈 바꾸는 사람들이 앉아 있는 것을 보시고 노끈으로 채찍을 만드사 양이나 소를 다 성전에서 내쫓으시고 돈 바꾸는 사람들의 돈을 쏟으시며 상을 엎으시고 비둘기 파는 사람들에게 이르시되 이것을 여기서 가져가라 내 아버지의 집으로 장사하는 집을 만들지 말라 하시니

'유대인의 유월절'은 하나님께서 애굽의 모든 처음 난 것을 죽이는 재앙을 통해 이스라엘 백성을 구원하신 것을 기념하는 절기입니다. 출애굽기 7장부터 12까지는 하나님께서 이스라엘 백성을 애굽의 압제에서 구원하여 가나안 땅으로 인도하시기 위해 애굽에 내리신 열 가지 재앙이 기록되어 있습니다. 이 가운데 특히 열 번째 재앙은 하나님께서 재앙을 내

리시기 전에 먼저 모세를 통하여 이스라엘 백성들이 시행할 사항을 지시하셨던 것으로, 이스라엘 백성을 해방시키는 결정적인 사건이었습니다.

하나님께서는 이스라엘 백성들로 하여금 어린 양을 준비해 두었다가 정월 십사일 해 질 때에 그 양을 잡아 그 피를 문설주와 인방에 바르고 그 고기를 불에 구워 먹게 하셨습니다. 이에 이스라엘 백성들은 하나님께서 명령하신 대로 하였고, 그날 밤 하나님께서는 사자를 보내셔서 문설주와 인방에 피를 뿌리지 않은 집의 처음 난 것들은 사람이든지 짐승이든지 다 죽이되 피를 뿌린 집의 처음 난 것들은 죽이지 못하게 하셨습니다. 그리하여 이날 애굽 전국이 장자를 비롯하여 모든 처음 난 것들을 잃고 통곡하였지만 이스라엘 백성들은 이 재앙을 통해 하나님의 구원을 체험하였는데, 이것이 바로 유월절의 기원입니다.

이스라엘 백성들을 구원하신 하나님께서는 그들로 하여금 이처럼 큰 능력으로 하나님께서 이루신 구원을 기념하도록 유월절을 제정하시고 매년 이 절기를 지킬 것을 명령하셨습니다. 그러므로 해마다 때가 되면 모든 이스라엘 남자들은 예루살렘으로 가서 유월절을 지켰습니다.

유월절이 다가오자, 예수님께서는 이러한 관례에 따라 예루살렘으로 가셨습니다. 그런데 성전에 들어가서 보니, 제물로 쓸 짐승들을 파는 장사들과 돈을 바꾸어 주는 사람들이 장사진을 치고 있었습니다. 이 광경을 보신 예수님께서는 분노가 끓어올라 그들을 몰아내셨습니다. 노끈으로 채찍을 만들어 양과 소를 내쫓으시고, 돈 바꾸는 사람들의 돈을 바닥에 쏟고 상을 엎어 버리셨습니다. 그리고 비둘기 파는 사람들에게 새장을 들고 나가라고 호통을 치셨습니다. 예수님의 출현으로 성전 안은 삽시간에 아수라장이 되어 버렸습니다.

이 사건은 얼핏 보면 예수님께서 과격하고 혈기 있는 분인 듯한 느낌을 줍니다. 하나님께서는 일찍이 이스라엘 백성에게 율법과 규례들을 주실 때에 제물용 짐승을 매매하는 것과 돈을 바꾸는 것을 허용하셨습니다. 이에 대해 성경에는 "그러나 네 하나님 야훼께서 자기의 이름을 두시려고 택하신 곳이 네게서 너무 멀고 행로가 어려워서 네 하나님 야훼께서 그 풍부히 주신 것을 가지고 갈 수 없거든 그것을 돈으로 바꾸어 그 돈을 싸 가지고 네 하나님 야훼께서 택하신 곳으로 가서 네 마음에 원하는 모든 것을 그 돈으로 사되 소나 양이나 포도주나 독주 등 네 마음에 원하는 모든 것을 구하고 거기 네 하나님 야훼 앞에서 너와 네 권속이 함께 먹고 즐거워할 것이며" (신 14:24-26)라고 기록되어 있습니다. 즉, 하나님께서는 먼 지역에서 오는 사람들의 편의를 위해 상행위를 허용하신 것입니다. 또한 이스라엘 남자들은 해마다 성전세로 반 세겔을 내야 했으므로, 다른 화폐를 쓰는 이방 지역에서 온 이스라엘 사람들에게 돈을 바꾸어 주는 일 역시 필요했습니다. 그러므로 절기를 지키고 제사를 드리러 예루살렘에 오는 사람들에게 성전 근처에서 희생 짐승을 팔고 돈을 바꾸어 주는 것은 잘못된 일도, 하나님의 뜻에 반대되는 일도 아니었습니다.

그런데 이러한 상행위가 자연스럽게 자리를 잡아 가고 점차 성행하면서 그 본질적인 의도는 흐려져 버리고 잇속에 눈이 먼 상인들과 제사장들이 결탁하여 이윤을 챙기는 부정과 비리가 생겨났습니다. 더구나 상인들 사이에 경쟁이 심하여 서로 많은 이익을 얻기 위해 제사장에게 뇌물을 주고 성전 뜰에까지 들어가서 장사하는 현상이 벌어졌습니다. 그리하여 성전은 이권 다툼이 심한 시장터같이 되어 버린 것입니다. 예수님의 분노는 인간적인 혈기가 아니라, 바로 이와 같은 불경스러운 행위에 대한 의 분이었습니다.

예수님께서는 성전 뜰에서 장사꾼들을 다 몰아내시고 "내 아버지의 집으로 장사하는 집을 만들지 말라."고 말씀하셨습니다. 예수님의 이 말씀은 우리에게 경각심을 불러 일으켜 줍니다. 오늘날 하나님의 성전인 교회에서도 상행위가 버젓이 이루어지고 있는 것을 가끔 볼 수 있습니다. 신앙을 앞세우고 교회에서 장사를 하는 사람들도 볼 수 있습니다. 이러한 사람들에게 예수님께서는 채찍을 드십니다.

2천 년 전에 예루살렘 성전에서 채찍을 휘두르시며 성전을 정화시키신 예수님께서는 당신의 몸 된 교회를 정화시키기를 원하십니다. 예수님께서는 교회가 이권 다툼의 장이 되지 않고 예배의 처소요, 만민이 기도하는 집이 되기를 원하십니다. 교회가 세상에 나아가 빛을 비추고 세상 가운데 하나님의 뜻을 세워야지, 세상의 것이 교회에 들어와서 서면 안 됩니다. 그러므로 우리는 늘 이러한 점에 경각심을 갖고 교회의 정화에 힘쓰며, 나아가 성령께서 거하시는 성전 된 우리 자신을 잘 지켜 경건한 삶을 살아야겠습니다.

17절 제자들이 성경 말씀에 주의 전을 사모하는 열심이 나를 삼키리라 한 것을 기억하더라

"주의 전을 사모하는 열심이 나를 삼키리라"는 말씀은 다윗이 하나님에 대한 뜨거운 열정으로 인하여 사람들로부터 소외당하고 훼방받을 때에 하나님께 토로한 고백입니다(시 69:9). 예수님의 제자들은 성전에서 격분하시는 예수님을 보면서 이 말씀을 떠올렸습니다. 그들에게는 예수님의 행동이 '주의 전을 사모하는 열심'으로 보였던 것입니다.

18절 이에 유대인들이 대답하여 예수께 말하기를 네가 이런 일을 행하니 무슨 표적을 우리에게 보이겠느냐

예수님께서는 성전을 정화시키시면서 "내 아버지의 집으로 장사하는 집을 만들지 말라"(16절)고 말씀하심으로써 자신이 하나님의 아들이심을 간접적으로 알려 주셨습니다. 예수님께서 성전을 정화시키신 것은 하나님의 아들로서의 당연한 권리 행사였습니다. 그러나 이러한 사실을 전혀 알지 못하는 유대인들은 예수님의 행동이 한 청년의 난동 정도로 보였습니다. 그리고 그들은 예수님이 선지자일지도 모른다는 가능성도 배제할 수 없었습니다. 그래서 그들은 이를 확인해 보기 위해 예수님께 질문하였습니다. "네가 이런 일을 행하니 무슨 표적을 우리에게 보이겠느냐?" 이 말은 '도대체 무슨 권리로 네가 이런 일을 했느냐? 네가 이럴 권한이 있다면, 어디 한번 표적을 보여 증명해 보라.'는 말입니다. 그들은 예수님이 선지자라면 하나님께서 능력을 주셨을 것이니 그 능력을 행하여 보라고 요구한 것입니다.

19-21절 예수께서 대답하여 이르시되 너희가 이 성전을 헐라 내가 사흘 동안에 일으키리라 유대인들이 이르되 이 성전은 사십육 년 동안에 지었거늘 네가 삼 일 동안에 일으키겠느냐 하더라 그러나 예수는 성전 된 자기 육체를 가리켜 말씀하신 것이라

표적을 구하는 유대인들에게 예수님께서는 "너희가 이 성전을 헐라 내가 사흘 동안에 일으키리라."고 대답하셨습니다. 예수님께서는 자신의 몸을 성전에 비유하셔서, 자신이 죽었다가 사흘 만에 살아날 것을 말

씀하신 것입니다. 그러나 유대인들은 이 말씀의 참된 의미를 깨닫지 못하고 오해했습니다. 그들은 예수님께서 성전 건물을 허물면 사흘 만에 다시 재건할 수 있다고 말씀하시는 것으로 잘못 이해한 것입니다.

유대인들은 예수님의 말씀을 성전을 모독한 말로 간주하고 분개하며 말했습니다. "이 성전은 사십육 년 동안이나 지었는데 네가 삼 일 동안에 일으키겠느냐?" 당시 예루살렘 성전은 헤롯이 주전 19년경에 재건하기 시작하여 46년째 계속 공사하고 있었습니다. 그러므로 유대인들이 듣기에 예수님의 말씀은 도무지 가당치 않은 헛소리요, 성전을 모독하는 발언이었던 것입니다.

예수님께서는 유대인들이 말씀을 오해하고 있다는 것을 잘 알고 계셨지만, 해명하여 그들의 오해를 풀어 주시지 않았습니다. 그리하여 이 말씀은 끝까지 오해의 불씨로 남아 있다가, 훗날 예수님을 고소할 거리가 되었습니다(마 26:61; 막 14:58).

영적으로 무지하여 예수님의 말씀을 깨닫지 못했던 유대인들은 이 말씀으로 예수님을 고소하고 비방하며 죽였습니다. 그러나 예수님께서는 죽으신 지 사흘 만에 부활하심으로써 이 말씀을 온전히 성취시키셨습니다.

22절 죽은 자 가운데서 살아나신 후에야 제자들이 이 말씀하신 것을 기억하고 성경과 예수께서 하신 말씀을 믿었더라

예수님의 말씀을 알아듣지 못하기는 제자들도 마찬가지였습니다. 그 당시 영적으로 무지하기는 제자들도 유대인들과 마찬가지였던 것입니다. 제자들은 훗날 예수님께서 죽으셨다가 사흘 만에 살아나신 후에야 성령의 감동을 받아 예수님의 말씀을 기억하고 성경과 예수님의 말씀을 믿었습니다.

여기서 우리는 말씀과 성령으로 충만한 것이 얼마나 중요하고 필요한 일인지 알 수 있습니다. 예수님 당시 예수님을 죽이려던 유대인들은 누구보다도 성경을 많이 알고 연구하던 종교 지도자들이었습니다. 그러나 그들은 성경을 지식으로 알 뿐, 성경이 말씀하고 있는 의미를 올바로 이해하지 못하였습니다. 예수님의 제자들도 예수님과 3년 반 동안 함께 살며 예수님의 말씀을 들었지만, 그 말씀들을 제대로 이해하지 못하기는 유대인들과 다를 바 없었습니다. 다만 제자들은 예수님께서 그들에게 따로 설명해 주시는 것에 한해서 말씀을 이해할 수 있었습니다. 이처럼 영적으로 무지하고 듣는 귀가 없었던 제자들의 영안이 열리고 말씀에 대한 깨달음과 믿음이 생긴 것은 바로 오순절 날 성령 충만함을 받음으로써 이루어졌습니다.

예수님께서는 "보혜사 곧 아버지께서 내 이름으로 보내실 성령 그가 너희에게 모든 것을 가르치고 내가 너희에게 말한 모든 것을 생각나게 하리라"(14:26)고 말씀하셨습니다. 또 성경에는 "그러므로 믿음은 들음에서 나며 들음은 그리스도의 말씀으로 말미암았느니라"(롬 10:17)고 기록되어 있습니다. 성령의 조명을 받지 않고 말씀만 안다면 성경 지식만 많은 영적 맹인일 뿐이고, 반대로 말씀은 모르고 성령 충만함만 받으면 말씀의 기초가 없는 광신자가 될 뿐입니다. 그러므로 우리는 먼저 성령님을 인정하고 환영하고 모셔 들이고 의지해야 합니다. 그리고 성령님께서 비추어 주시는 빛을 받아 하나님의 말씀을 깨닫고 믿음을 더하는 건강한 신앙인이 되어야겠습니다.

3. 예루살렘에서의 예수님(2:23-25)

23. 유월절에 예수께서 예루살렘에 계시니 많은 사람이 그의 행하시는 표적을 보고 그의 이름을 믿었으나 24. 예수는 그의 몸을 그들에게 의탁하지 아니하셨으니 이는 친히 모든 사람을 아심이요 25. 또 사람에 대하여 누구의 증언도 받으실 필요가 없었으니 이는 그가 친히 사람의 속에 있는 것을 아셨음이니라

23절 유월절에 예수께서 예루살렘에 계시니 많은 사람이 그의 행하시는 표적을 보고 그의 이름을 믿었으나

예수님께서는 유월절 기간 내내 예루살렘에 계셨습니다. 이때에 예루살렘에는 유월절을 지키러 온 수많은 사람이 있었는데, 그중에는 예수님을 믿는 사람들도 많이 있었습니다. 그러나 그들의 믿음은 온전한 것이 아니었습니다. 그들은 단지 예수님께서 행하시는 표적을 보고 믿었을 뿐입니다.

24-25절 예수는 그의 몸을 그들에게 의탁하지 아니하셨으니 이는 친히 모든 사람을 아심이요 또 사람에 대하여 누구의 증언도 받으실 필요가 없었으니 이는 그가 친히 사람의 속에 있는 것을 아셨음이니라

예루살렘에서 많은 사람이 예수님을 믿었지만, 예수님께서는 자신을 그들에게 의탁하시지 않으셨습니다. 예수님께서는 그들이 진정한 믿음을 가진 것이 아니라 단지 예수님께서 행하시는 표적을 보고 예수님을 왕으로 세우려는 속셈을 갖고 있음을 간파하셨던 것입니다.

"또 사람에 대하여 누구의 증언도 받으실 필요가 없었으니 이는 그가 친히 사람의 속에 있는 것을 아셨음이니라". 예수님께서는 "주만 홀로 사람의 마음을 다 아심이니이다"(왕상 8:39)라는 성경 말씀과 같이 모든 사람의 속을 꿰뚫어 보시고 아십니다. 그러므로 예수님께서는 그 누구의 증언도 필요로 하시지 않습니다. 예수님께서는 오직 성령의 증거를 받으시고, 우리 인간은 그 증거를 믿고 받아들일 수 있을 뿐입니다.

예수님께서는 믿음이 없는 자를 기뻐하시지 않습니다. 또한 자신의 유익을 위해서 믿거나 표적을 보고서야 믿는, 온전하지 못한 믿음도 기뻐하시지 않습니다. 예수님께서는 순수한 믿음을 가지고 주님을 따르는 자를 사랑하시고 기뻐하십니다. 그러므로 우리는 자신의 신앙이 올바른가를 살펴보고 주님을 향해 순전한 마음과 믿음을 보여야겠습니다.

제 3 장

니고데모와의 대화와 **침례 요한의 증언**

니고데모와의 대화 3:1-12

예수 그리스도의 구속 사역 3:13-21

예수 그리스도에 대한 침례 요한의 마지막 증언 3:22-36

A COMMENTARY
ON THE GOSPEL OF
JOHN I

예수님께서는 소문을 듣고 찾아온 니고데모에게 거듭남의 중요성과 자신의 구속 사역에 대하여 말씀하셨습니다.

한편 예수님의 사역이 점점 더 사람들의 호응을 얻자, 이를 불안하게 여긴 침례 요한의 제자가 침례 요한에게 사태의 심각성에 대하여 설명하였습니다. 그러나 침례 요한은 자신이 예수님의 길을 예비하는 자로서 먼저 보내심을 받았다는 것을 분명히 밝히고 예수님의 성공적인 사역 소식에 기뻐하였으며, 하나님께로부터 오신 예수 그리스도에 대해 증언하였습니다.

1. 니고데모와의 대화(3:1-12)

1. 그런데 바리새인 중에 니고데모라 하는 사람이 있으니 유대인의
지도자라 2. 그가 밤에 예수께 와서 이르되 랍비여 우리가 당신은 하
나님께로부터 오신 선생인 줄 아나이다 하나님이 함께하시지 아니하
시면 당신이 행하시는 이 표적을 아무도 할 수 없음이니이다 3. 예수
께서 대답하여 이르시되 진실로 진실로 네게 이르노니 사람이 거듭
나지 아니하면 하나님의 나라를 볼 수 없느니라 4. 니고데모가 이르
되 사람이 늙으면 어떻게 날 수 있사옵나이까 두 번째 모태에 들어갔
다가 날 수 있사옵나이까 5. 예수께서 대답하시되 진실로 진실로 네
게 이르노니 사람이 물과 성령으로 나지 아니하면 하나님의 나라에
들어갈 수 없느니라 6. 육으로 난 것은 육이요 영으로 난 것은 영이
니 7. 내가 네게 거듭나야 하겠다 하는 말을 놀랍게 여기지 말라 8.
바람이 임의로 불매 네가 그 소리는 들어도 어디서 와서 어디로 가는
지 알지 못하나니 성령으로 난 사람도 다 그러하니라 9. 니고데모가
대답하여 이르되 어찌 그러한 일이 있을 수 있나이까 10. 예수께서
그에게 대답하여 이르시되 너는 이스라엘의 선생으로서 이러한 것들

을 알지 못하느냐 11. 진실로 진실로 네게 이르노니 우리는 아는 것을 말하고 본 것을 증언하노라 그러나 너희가 우리의 증언을 받지 아니하는도다 12. 내가 땅의 일을 말하여도 너희가 믿지 아니하거든 하물며 하늘의 일을 말하면 어떻게 믿겠느냐

1절 그런데 바리새인 중에 니고데모라 하는 사람이 있으니 유대인의 지도자라

'바리새인'은 유대교 안에서 발생한 종교 분파의 하나로서, 매우 율법주의적이고 교조주의적인 신앙생활을 하는 집단입니다. 그들은 천사의 존재와 부활을 믿고 의식을 중시하며 철저한 신앙생활을 하였습니다. 그들은 특히 유대교의 규례를 엄격히 지키고 전통과 관습을 전수하였는데, 이는 율법을 철저히 지킴으로써 구원을 얻는다고 믿었기 때문입니다.

이와 같은 바리새인 중에 니고데모라는 사람이 있었습니다. 그런데 그는 바리새인 중에서도 '유대인의 지도자'로 활동하는 사람이었습니다. 유대인의 지도자란 유대의 종교, 정치, 경제, 사회, 생활 제반을 관할하는 최고 기관인 '산헤드린'의 회원을 가리키는 말입니다. 즉, 니고데모는 산헤드린의 회원으로서 유대인들의 존경을 받는 지도층 인사였던 것입니다.

2절 그가 밤에 예수께 와서 이르되 랍비여 우리가 당신은 하나님께로부터 오신 선생인 줄 아나이다 하나님이 함께하시지 아니하시면 당신이 행하시는 이 표적을 아무도 할 수 없음이니이다

니고데모는 물이 변하여 포도주가 되게 하는 표적을 행하신 예수님의 능력에 감동을 받아 예수님을 한번 만나 뵙고 싶었습니다. 그래서 그는 예수님께서 묵고 계신 곳을 알아 놓았다가, 밤이 되자 은밀히 예수님을 찾아왔습니다.

그런데 니고데모가 예수님을 찾아온 때가 밤이었다는 점을 염두에 두고, 우리는 니고데모의 내면에 대해 두 가지로 생각해 볼 수 있습니다. 첫째, 그가 예수님을 찾아가는 것을 아무도 모르기를 바랐을 것이라는 생각을 할 수 있습니다. 그는 자신이 예수님을 찾아간 것을 사람들이 알았을 때에 나타날 반응과 그 결과로 자신이 감수해야 할 것들이 두려웠을지 모릅니다. 둘째, 그가 예수님과 오래도록 대화하기를 원했을 것이라는 생각을 할 수 있습니다. 낮에는 예수님께서도 사람들에게 둘러싸여 계셨고, 니고데모 자신도 직무를 하여야 했습니다. 그렇기 때문에 그는 자신도 한가하고 예수님 주위에 사람이 없는 밤 시간을 이용하여 충분한 대화를 하고 싶었을 것입니다. 이와 같이 니고데모가 밤에 예수님을 찾아온 이유에 대해서는 두 가지로 생각할 수 있습니다. 그러나 중요한 사실은, 그가 예수님을 찾아왔고 예수님께서 그를 환영해 주셨다는 것입니다.

예수님을 찾아온 니고데모는 "랍비여, 우리가 당신은 하나님께로부터 오신 선생인 줄 아나이다."라고 말하였습니다. '랍비' 는 일정 기간 정규적인 연구 과정을 거쳐 임명받은 율법 학자를 일컫는 말입니다. 그런데 니고데모가 랍비의 자격 조건을 갖추지 않은 평범한 청년에 불과한 예수님을 '랍비' 라고 부른 것은, 예수님을 '하나님께로부터 오신 선생' 이시며 '하나님께서 함께하시는 분' 이라고 믿었기 때문입니다. 여기서 우리는 니고데모가 마음이 열린 사람이요, 자신이 보고 듣는 것을 공평하고 객관적인 마음 자세로 받아들이는 사람이라는 것을 알 수 있습니다. 그는 고정관념이나 관습이나 전통의 틀에 맞추어 생각하고 판단하는 사람이 아니라, 있는 그대로를 객관적으로 보고 받아들일 줄 아는 사람이었습니다. 그렇기 때문에 그는 예수님의 지위나 배경이나 조건을 보지 않고, 예수님께서 행하시는 표적을 열린 마음으로 보고 예수님을 하나님께로부터 오신 분이라고 믿을 수 있었던 것입니다.

3절 예수께서 대답하여 이르시되 진실로 진실로 네게 이르노니 사람이 거듭나지 아니하면 하나님의 나라를 볼 수 없느니라

니고데모는 자신이 본 예수님의 표적에 관한 이야기를 꺼냈지만, 예수님께서는 화제를 돌려 중생에 대해 말씀하셨습니다. 니고데모는 구태의연한 사고 구조를 가지고 사는 사람이 아니었지만, 다른 바리새인들과 마찬가지로 율법을 지킴으로써 구원을 얻을 수 있다고 믿고 있었습니다. 예수님께서는 이처럼 잘못된 구원관을 갖고 있는 니고데모에게 참된 구원의 도리를 일깨워 주셨습니다.

"진실로 진실로 네게 이르노니 사람이 거듭나지 아니하면 하나님의 나라를 볼 수 없느니라". '거듭남', 곧 '중생' 이란 위에서 태어나는 것을 말합니다. 다시 말해서 하나님에 의해 새로 태어나는 것을 말합니다. 모든 사람은 육신적으로 세상에 태어나 세상에 속하여 세상 것들을 보며 살아갑니다. 그러나 거듭나는 순간부터 사람은 영의 눈이 뜨여 신령한 세계를 볼 수 있게 됩니다. 그리하여 중생한 사람은 더 이상 세상에 매인 채 세상 것에 연연해하지 않고, 하나님 나라의 시민으로서 하늘나라를 바라보며 살아갑니다. 또한 비록 육신은 아직 세상에 있지만, 그 마음속에 하나님 나라가 임하여 있으므로 항상 천국을 소유하고 체험하며 살아가는 것입니다.

4절 니고데모가 이르되 사람이 늙으면 어떻게 날 수 있사옵나이까 두 번째 모태에 들어갔다가 날 수 있사옵나이까

니고데모는 자신이 알고 믿어 온 구원관과는 전혀 다른 구원의 도리를 듣자, 도무지 무슨 의미인지 이해할 수 없었습니다. 영적으로 눈이 감겨 영적인 일을 알지 못하는 니고데모는 '거듭나야 한다는 것은 육신이 다시 태어나야 한다는 말인가? 그렇다면 다시 어머니 배 속에 들어갔다가 나야 한다는 말인가? 그것이 어디 있을 수 있는 일인가? 또 설사 가능하다 하더라도 어머니가 이미 돌아가신 사람은 어머니가 없으니 거듭날 수 없지 않은가? 도대체 무슨 말인지 모르겠다.' 라고 생각했습니다. 그래서 그는 솔직하게 자신의 생각을 털어놓고 예수님께 설명해 주시기를 청하였습니다.

5절 예수께서 대답하시되 진실로 진실로 네게 이르노니 사람이 물과 성령으로 나지 아니하면 하나님의 나라에 들어갈 수 없느니라

자신의 영적 무지를 솔직히 시인하며 설명을 구하는 니고데모에게 예수님께서 중생의 방법을 말씀해 주셨습니다. "진실로 진실로 네게 이르노니, 사람이 물과 성령으로 나지 아니하면 하나님의 나라에 들어갈 수 없느니라." 하나님의 나라에 들어가려면 중생하여야 하는데, 중생이란

'물과 성령으로 거듭나는 것' 을 말합니다. 물과 성령으로 거듭나는 것은 서로 연결되어 일어나는 연속적인 과정입니다. 먼저, 물로 거듭난다는 것은 회개하는 것을 의미합니다. 즉, 하나님 앞에서의 모든 불신앙과 불순종과 부도덕한 생활에서 돌이켜 죄 씻음을 받고 예수님을 구주로 믿는 것입니다. 이와 같이 회개한 사람, 즉 물로 거듭난 사람에게는 성령께서 오셔서 하나님의 생명을 부어 주시고 하나님의 자녀로서 새로운 삶을 살게 해 주십니다. 결국 중생이란 하나님 앞에 자신의 모든 죄를 회개하고 성령으로 새롭게 거듭나는 것이며, 이렇게 중생한 사람만이 구원을 얻어 하나님 나라에 들어갈 수 있는 것입니다.

6-7절 육으로 난 것은 육이요 영으로 난 것은 영이니 내가 네게 거듭나야 하겠다 하는 말을 놀랍게 여기지 말라

"육으로 난 것은 육이요 영으로 난 것은 영이니". 성경에는 "첫 사람은 땅에서 났으니 흙에 속한 자이거니와 둘째 사람은 하늘에서 나셨느니라" (고전 15:47)고 기록되어 있으며, 또한 "기록된바 첫 사람 아담은 생령이 되었다 함과 같이 마지막 아담은 살려 주는 영이 되었나니" (고전 15:45)라고 기록되어 있습니다.

첫 사람 아담의 후손인 모든 사람은 육의 생명을 가지고 태어납니다. 이 '육의 생명' 은 이 땅에 속한 연약하고 유한한 생명입니다. 그렇기 때문에 모든 사람이 세상에서 잠시 살다가 예외 없이 죽음을 맞게 되는 것입니다. 이처럼 모든 사람이 유한한 인생을 살게 된 것은 아담의 죄의 결과입니다. 이에 대하여 성경에는 "그러므로 한 사람으로 말미암아 죄가 세상에 들어오고 죄로 말미암아 사망이 들어왔나니 이와 같이 모든 사람이 죄를 지었으므로 사망이 모든 사람에게 이르렀느니라"(롬 5:12)고 기록되어 있습니다.

그러나 '둘째 사람', 곧 '마지막 아담' 이신 예수님을 믿고 성령으로 거듭난 사람은 하나님의 생명인 영원한 영적 생명을 얻습니다. 이에 대하여 성경에는 "이는 죄가 사망 안에서 왕 노릇 한 것같이 은혜도 또한 의로 말미암아 왕 노릇 하여 우리 주 예수 그리스도로 말미암아 영생에 이르게 하려 함이라"(롬 5:21)고 기록되어 있습니다. 예수님께서 죄와 질병과 저주와 절망과 죽음을 다 짊어지고 십자가에서 청산해 버리시고 죽으신 지 사흘 만에 부활하여 영원하고 신령한 생명의 씨앗이 되셨으므로, 이러한 예수님을 믿는 사람은 성령께서 주시는 영원하고 신령한 생명을 받아 누리게 되는 것입니다.

"내가 네게 거듭나야 하겠다 하는 말을 놀랍게 여기지 말라". 예수님께서는 니고데모에게 하나님 나라에 들어가는 조건과 그 방법을 가르쳐 주셨지만, 니고데모는 여전히 그 말씀을 이해할 수 없었습니다. 성령으로 거듭나지 않은 '육의 사람' 의 상태에 있는 니고데모로서는 예수님의 영적인 가르침이 놀랍기만 할 뿐, 무슨 의미인지 도무지 알 수가 없었던 것입니다. 이러한 니고데모의 마음을 아시고, 예수님께서는 '육의 사람' 을 '영의 사람' 으로 거듭나게 하는 성령의 역사에 대해 설명해 주셨습니다.

8절 바람이 임의로 불매 네가 그 소리는 들어도 어디서 와서 어디로 가는지 알지 못하나니 성령으로 난 사람도 다 그러하니라

예수님께서는 성령의 역사를 바람에 비유하여 설명하셨습니다. 바람은 우리의 눈에 보이지 않습니다. 또한 어디서 와서 어디로 가는지 알 수 없으며, 우리 마음대로 다루고 부릴 수도 없습니다. 이와 마찬가지로 우리는 성령께서 어떻게 임하시고 역사하시는지 알 수 없으며, 성령의 역사로 나타나는 결과는 뚜렷하지만 성령은 눈에 보이지 않으므로 아무도 본 자가 없습니다. 성령은 절대 주권을 가지신 하나님이시므로 임의로 역사하십니다. 그러므로 성령의 역사로 중생하는 것은 눈으로 보고 알 수는 없지만, 마치 바람을 맞는 사람이 바람의 존재를 알 듯 성령으로 거듭난 사람은 중생이 무엇인지 아는 것입니다.

9–10절 니고데모가 대답하여 이르되 어찌 그러한 일이 있을 수 있나이까 예수께서 그에게 대답하여 이르시되 너는 이스라엘의 선생으로서 이러한 것들을 알지 못하느냐

영적인 일은 인간의 이성이나 지식으로 아는 것이 아니라 체험으로 아는 것입니다. 그렇기 때문에 아무리 학식과 실력이 뛰어난 박사라도 거듭나지 않으면 거듭난 일자무식자보다 영적인 일에 대해서는 더 무지한 것입니다.

바리새인들은 혈통상 아브라함의 후손이며, 하나님께서 아브라함을 통해 명령하신 언약의 표징인 할례를 행함으로(창 17:11) 하나님의 백성이 된다는 고정관념을 가지고 있었습니다. 니고데모도 바리새인으로서 이러한 고정관념에 사로잡혀 있었으므로, 자신의 고정관념을 뒤엎는 예수님의 말씀이 생소하고 놀랍기만 했습니다. 더구나 아직 중생을 체험하지 못한 그로서는 중생에 대한 예수님의 설명이 도무지 납득되지 않았습니다. 그래서 그는 자신의 그러한 상태를 다시 고백했습니다. "어찌 그러

한 일이 있을 수 있나이까?"

이에 대하여 예수님께서는 "너는 이스라엘의 선생으로서 이러한 것들을 알지 못하느냐?" 고 니고데모를 책망하셨습니다. 하나님을 믿고 성경을 연구하며 하나님의 말씀을 백성들에게 가르치는 선생이 간단한 중생의 교리조차 깨닫지 못한다는 것은 통탄할 일이었습니다. 그렇기 때문에 예수님께서는 니고데모의 영적 무지를 질책하신 것입니다.

11절 진실로 진실로 네게 이르노니 우리는 아는 것을 말하고 본 것을 증언하노라 그러나 너희가 우리의 증언을 받지 아니하는도다

예수님께서는 유대인들이 예수님의 말씀과 증언을 의도적으로 거부한다고 지적하셨습니다. 유대인들은 예수님께서 행하시는 표적에 큰 관심을 갖고 예수님을 따르기도 했지만, 예수님께서 증언하시는 진리의 말씀은 받아들이지 않았던 것입니다.

12절 내가 땅의 일을 말하여도 너희가 믿지 아니하거든 하물며 하늘의 일을 말하면 어떻게 믿겠느냐

'땅의 일' 이란 예수님께서 설명하신 중생에 관한 일을 말합니다. 중생하는 것은 성령께서 이 땅에 오셔서 사람들에게 역사하심으로 말미암아 가능한 '땅의 일' 입니다. 이에 비해, '하늘의 일' 이란 예수 그리스도를 통한 구원 계획과 인류 구원의 완성 같은, 하늘에서 되어지는 일들을 말합니다.

예수님께서는 바람에 비유하여 '땅의 일', 즉 중생의 교리와 방법을

설명해 주셨지만, 니고데모는 그것을 믿지 못했습니다. 이처럼 땅의 일에 대해서 믿지 못하는 사람에게 하늘의 일에 대해 믿게 한다는 것은 기대할 수 없는 일입니다. 이런 사람에게는 '하늘의 일' 에 대해서 설명해 주어 봤자 이해하지 못할 것이 뻔합니다. 그렇기 때문에 예수님께서는 니고데모에게 "내가 땅의 일을 말하여도 너희가 믿지 아니하거든, 하물며 하늘의 일을 말하면 어떻게 믿겠느냐?" 고 말씀하신 것입니다.

2. 예수 그리스도의 구속 사역(3:13-21)

13. 하늘에서 내려온 자 곧 인자 외에는 하늘에 올라간 자가 없느니
라 14. 모세가 광야에서 뱀을 든 것같이 인자도 들려야 하리니 15.
이는 그를 믿는 자마다 영생을 얻게 하려 하심이니라 16. 하나님이
세상을 이처럼 사랑하사 독생자를 주셨으니 이는 그를 믿는 자마다 멸망하지 않고 영생을 얻게 하려 하심이라 17. 하나님이 그 아들을
세상에 보내신 것은 세상을 심판하려 하심이 아니요 그로 말미암아 세상이 구원을 받게 하려 하심이라 18. 그를 믿는 자는 심판을 받지
아니하는 것이요 믿지 아니하는 자는 하나님의 독생자의 이름을 믿지 아니하므로 벌써 심판을 받은 것이니라 19. 그 정죄는 이것이니
곧 빛이 세상에 왔으되 사람들이 자기 행위가 악하므로 빛보다 어둠을 더 사랑한 것이니라 20. 악을 행하는 자마다 빛을 미워하여 빛으
로 오지 아니하나니 이는 그 행위가 드러날까 함이요 21. 진리를 따

르는 자는 빛으로 오나니 이는 그 행위가 하나님 안에서 행한 것임을 나타내려 함이라 하시니라

13절 하늘에서 내려온 자 곧 인자 외에는 하늘에 올라간 자가 없느니라

아굴은 그의 잠언에서 "하늘에 올라갔다가 내려온 자가 누구인지, 바람을 그 장중에 모은 자가 누구인지, 물을 옷에 싼 자가 누구인지, 땅의 모든 끝을 정한 자가 누구인지, 그의 이름이 무엇인지, 그의 아들의 이름이 무엇인지 너는 아느냐"(잠 30:4)고 질문하였습니다. 창조 이래 하늘, 즉 하나님의 처소에 있다가 내려온 사람은 아무도 없습니다. 첫 사람 아담으로부터 시작하여 모든 사람이 땅에서 나서, 땅에서 살다가, 땅에서 인생을 마치고 있습니다. 그러나 하나님의 처소에서 하나님과 함께 계시다가 이 세상에 오신 분이 있는데, 그분이 바로 예수님이십니다. 하나님의 말씀, 즉 로고스인 예수님께서는 삼위일체 하나님의 제2위인 성자 하나님으로서 창세전부터 성부 하나님과 함께 계셨습니다. 예수님께서는 태초부터 성부 하나님과 함께 계시면서 친밀한 교제를 나누셨으므로 이 세상에 계시면서 하늘의 일을 권위 있게 선포하실 수 있었던 것입니다.

근본 하나님의 본체이심에도 불구하고 하늘나라의 영광을 버리시고 세상에 성육신하여 오신 예수님께서는 완전한 인간, 즉 '인자'로서의 생활을 하셨습니다. 그리고 인자로서 이 세상에서 구원 사역을 하시고 승천하셔서 하나님의 보좌 우편에 계십니다. 예수님께서는 '하늘의 일'을

완전히 아시는 '하나님의 아들' 로서 이 세상에 내려오셔서 하나님의 구원 사역을 이루셨으며, 지금은 '땅의 일' 을 완전히 체험하신 '인자' 로서 하늘에 올라가셔서 우리를 위해 중보하시는, 완전한 신성과 인성을 가지신 분입니다.

14-15절 모세가 광야에서 뱀을 든 것같이 인자도 들려야 하리니 이는 그를 믿는 자마다 영생을 얻게 하려 하심이니라

민수기 21장 4절부터 9절까지를 보면 '놋뱀 사건' 이 기록되어 있습니다. 이스라엘 백성의 출애굽 사건은 하나님께서 아브라함에게 말씀하신 예언의 성취였습니다(창 15:13-16). 하나님께서 큰 능력을 행하셔서 구원하여 주심으로 이스라엘 백성은 430년간의 노예 생활에서 해방되어 약속과 축복의 땅인 가나안을 향해 길을 떠났습니다. 그러나 광야로 나온 그들은 험하고 삭막한 사막 길로 나서게 되자 하나님과 모세를 원망했습니다. 그들은 큰 구원의 은혜를 베풀어 주신 하나님께 감사할 줄 모르고, 어려움이 생기고 문제가 닥칠 때마다 하나님께 원망과 불평을 했던 것입니다.

하나님과 모세를 원망한 이스라엘 백성에게 하나님께서는 불뱀을 보내어 징계하셨습니다. 사방에서 모여든 불뱀들에게 물린 사람들은 극심한 고통을 받으며 죽어 가기 시작했습니다. 수많은 사람이 불뱀의 공격을 받아 고통에 신음하며 죽는 것을 보면서 이스라엘 백성들은 죽음의 공포에 떨었습니다. 그들은 가족과 친구가 죽어 가는 현실을 바라보며, 비로소 그 참혹한 일이 자신들의 죄가 초래한 징벌이라는 사실을 깨달았습니다. 그래서 그들은 모세를 찾아가서 "모세여, 우리가 하나님과 당신에게 죄를 지었습니다. 우리를 살려 주십시오." 라고 애원했습니다. 이에 모세가 하나님께 기도하자, 하나님께서 응답해 주셨습니다. 그것은 놋으로 뱀을 만들어 장대 위에 달고 쳐다보라는 것이었습니다. 하나님께서 일러 주신 대로 모세는 즉시 놋뱀을 만들어 장대 위에 달았습니다. 그러자 참으로 놀라운 일이 일어났습니다. 불뱀에게 물려서 죽어 가던 사람들이 그 놋뱀을 쳐다보는 순간 고침을 받았던 것입니다.

이 '놋뱀 사건' 은 예수님의 구속 사역의 예표입니다. 놋뱀은 예수님의 예표이고, 놋뱀이 달린 장대는 십자가의 예표입니다. 예수님께서는 자신도 놋뱀처럼 들려야 한다고 말씀하셨습니다. 이 말씀은 예수님께서 십자가에 못 박혀 죽으실 것에 대한 예고였습니다. 그리고 과연 그 말씀대로 예수님께서는 십자가에 못 박혀 죽으심으로써 우리에게 영생의 길을 열어 주셨습니다. 죄를 알지도 못한 예수님께서 우리를 대신하여 죄가 되셔서 십자가에 못 박혀 우리의 죄를 다 청산해 주신 것입니다(고후 5:21). 그렇기 때문에 예수님을 믿음으로 바라볼 때 우리는 죄 사함을 받아 의롭게 되며, 죄의 삯인 죽음에서 구원받아 영생을 얻게 됩니다. 장대에 달린 놋뱀을 쳐다보는 사람마다 생명을 구했듯이, 십자가에 못 박히신 예수님을 바라보는 사람은 누구나 죽음의 고통에서 구원받고 영생을 얻게 되는 것입니다.

16절 하나님이 세상을 이처럼 사랑하사 독생자를 주셨으니 이는 그를 믿는 자마다 멸망하지 않고 영생을 얻게 하려 하심이라

본 절은 요한복음의 핵심이 되는 말씀이며, 나아가 성경 전체를 대표하는 요절로서 '작은 복음서' 라고 불리기도 합니다. 본 절은 우리가 받

은 구원이 하나님의 사랑으로 말미암은 은혜라는 것을 알려 줍니다. 성경에는 "하나님은 사랑이시라"(요일 4:16)고 기록되어 있습니다. 사랑이신 하나님께서는 세상을 사랑하시고 하나밖에 없는 아들을 주심으로 그 사랑을 보여 주셨습니다. 이에 대해 성경에는 "하나님의 사랑이 우리에게 이렇게 나타난바 되었으니 하나님이 자기의 독생자를 세상에 보내심은 그로 말미암아 우리를 살리려 하심이라"(요일 4:9)고 기록되어 있습니다. 사랑에는 반드시 그 사랑에 대한 자기희생이 따르는데, 하나님께서는 독생자를 우리에게 보내시기까지 우리를 사랑하신 것입니다.

하나님께서 독생자 예수님을 보내 주신 목적은 우리로 하여금 구원받고 영생을 얻게 하려는 것입니다. 우리는 하나님을 알지 못한 채 세상에 속하여 온갖 죄를 짓고 하나님을 반역하며 살았습니다. 그럼에도 불구하고 하나님께서는 죄 가운데 있는 우리를 사랑하시고 긍휼히 여기셔서, 예수님을 보내어 우리에게 구원을 주신 것입니다.

우리를 향한 하나님의 사랑의 절정은 예수님의 십자가 죽음입니다. 하나님의 사랑은 자신의 가장 소중한 독생자를 십자가에 내어 주신 희생적인 사랑이요, 큰 대가를 치른 사랑이었습니다. 그러므로 우리는 하나님께서 우리를 얼마나 사랑하시는가를 마음속 깊이 깨달아 알고 하나님께 감사드려야 합니다. 나아가 하나님의 사랑에 빚진 자로서 하나님을 사랑하고 이웃을 사랑하여야 합니다. 사랑을 받은 사람이 사랑을 베풀 수 있습니다. 그러므로 하나님의 큰 사랑을 먼저 받은 우리가 적극적으로 사랑을 실천하여야 하는 것입니다.

17-18절 하나님이 그 아들을 세상에 보내신 것은 세상을 심판하려

하심이 아니요 그로 말미암아 세상이 구원을 받게 하려 하심이라 그를 믿는 자는 심판을 받지 아니하는 것이요 믿지 아니하는 자는 하나님의 독생자의 이름을 믿지 아니하므로 벌써 심판을 받은 것이니라

하나님의 아들 예수 그리스도의 사역은 사람들로 하여금 구원을 받게 하는 것이었습니다. 하나님께서 독생자 예수님을 세상에 보내신 목적은 세상을 심판하기 위한 것이 아니라 구원하기 위한 것이었습니다. 예수 그리스도의 성육신, 죽으심, 부활은 인류를 구원하시려는 하나님의 계획과 뜻으로 인해 이루어진 사건입니다. 그러므로 구원은 예수님을 떠나서는 있을 수 없습니다. 구원은 오직 예수 그리스도를 믿음으로 얻을 수 있는 것입니다.

예수님께서 오신 목적은 세상 모든 사람을 구원하는 데 있습니다. 그런데 세상 구원의 이면에는 심판이 내재되어 있습니다. 복음을 듣는 사람 누구에게나 구원의 기회가 열려 있듯이 심판 역시 열려 있습니다. 그래서 복음을 듣고 예수님을 믿는 사람은 구원을 얻지만, 예수님을 영접하지 않는 사람은 심판을 받는 것입니다. 예수님을 믿는 사람은 믿는 순간부터 구원의 기쁨과 영원한 생명을 맛보며, 이 세상에서의 인생이 끝나면 영원한 하나님 나라에서 주님과 함께 살게 됩니다. 그러나 예수님을 믿지 않는 사람은 유일한 죄 사함의 방법을 거부하여 구원의 기회를 놓쳐 버림으로써 심판 가운데서 살다가 궁극적으로는 영원한 멸망을 받게 됩니다. 이와 같이 심판을 통한 멸망의 길과 구원을 통한 영생의 길은 바로 하나님의 독생자 예수 그리스도에 대한 우리의 믿음 여부에 따라

결정되는 것입니다.

19-21절 그 정죄는 이것이니 곧 빛이 세상에 왔으되 사람들이 자기 행위가 악하므로 빛보다 어둠을 더 사랑한 것이니라 악을 행하는 자마다 빛을 미워하여 빛으로 오지 아니하나니 이는 그 행위가 드러날까 함이요 진리를 따르는 자는 빛으로 오나니 이는 그 행위가 하나님 안에서 행한 것임을 나타내려 함이라 하시니라

"그 정죄는 이것이니 곧 빛이 세상에 왔으되 사람들이 자기 행위가 악하므로 빛보다 어둠을 더 사랑한 것이니라". 여기서 '정죄' 는 예수 그리스도를 믿지 않기 때문에 받는 심판을 가리킵니다. 그리고 '빛' 은 예수님을 가리킵니다. 예수님께서는 사람들을 구원하시기 위해 빛으로 세상에 오셨지만, 사람들은 빛을 싫어하고 어둠을 사랑했습니다. 사람들은 자기 행위가 악하므로 그 악행과 죄가 빛 가운데 드러나는 것을 견딜 수 없었습니다. 그래서 여전히 하나님과의 관계가 단절된 어둠 가운데 있기를 좋아한 것입니다. 이와 같이 어둠을 사랑하는 자는 단순히 빛을 피하기만 하는 것이 아니라, 빛을 미워하고 어둠 속에서 더욱더 죄악을 행하며 멸망의 길로 치닫습니다.

그러나 모든 사람이 어둠을 사랑하는 것은 아닙니다. 어둠을 사랑하는 사람이 있는 반면, 빛을 사랑하는 사람도 있습니다. 하나님을 믿고 진리를 찾는 자, 진리를 따라 행하는 자는 빛을 사랑하여 빛 가운데로 나아옵니다. 이들은 진리를 따라 하나님 안에서 믿음으로 행하며 살아왔기 때문에 빛 가운데로 당당히 나아와 생명의 빛 가운데서 삽니다.

영원한 생명의 길로 가는가, 아니면 영원한 멸망의 길로 가는가를 결

정하는 열쇠는 믿음의 결단입니다. 모든 사람은 아담의 원죄를 가진 죄인으로 어두운 죄악 세상에 태어나 죄 가운데서 살아갑니다. 그래서 성경에는 "의인은 없나니 하나도 없으며 깨닫는 자도 없고 하나님을 찾는 자도 없고 다 치우쳐 함께 무익하게 되고 선을 행하는 자는 없나니 하나도 없도다"(롬 3:10-12)라고 기록되어 있습니다. 그러나 이처럼 죄악이 더해 가는 어두운 세상에 진리의 빛, 생명의 빛이 비치었습니다. 이 빛 되신 예수 그리스도께로 나아가 자신의 죄를 회개하고 빛 되신 예수님을 믿음으로 영접하는 사람은 죄인에서 의인으로, 죄의 종에서 의의 종으로, 마귀의 하수인에서 하나님의 자녀로 신분이 바뀝니다.

성경은 "만일 우리가 우리 죄를 자백하면 그는 미쁘시고 의로우사 우리 죄를 사하시며 우리를 모든 불의에서 깨끗하게 하실 것이요"(요일 1:9)라고 말씀하고 있으며, 또한 "너희 자신을 종으로 내주어 누구에게 순종하든지 그 순종함을 받는 자의 종이 되는 줄을 너희가 알지 못하느냐 혹은 죄의 종으로 사망에 이르고 혹은 순종의 종으로 의에 이르느니라"(롬 6:16)고 말씀하고 있습니다. 그러므로 이미 죄를 회개하고 예수 그리스도를 믿어 빛 가운데 있는 우리는 항상 진리의 빛에 자신의 행실을 비추어 보며 진리를 좇아 순종하는 믿음의 생활을 할 뿐 아니라, 나아가 아직도 어두운 죄악 세상에서 방황하고 있는 사람들에게 진리의 빛인 복음을 전하여 빛 가운데로 인도하여야겠습니다.

3. 예수 그리스도에 대한 침례 요한의 마지막 증언(3:22-36)

22. 그 후에 예수께서 제자들과 유대 땅으로 가서 거기 함께 유하시
며 침례를 베푸시더라 23. 요한도 살렘 가까운 애논에서 침례를 베
푸니 거기 물이 많음이라 그러므로 사람들이 와서 침례를 받더라
24. 요한이 아직 옥에 갇히지 아니하였더라 25. 이에 요한의 제자 중
에서 한 유대인과 더불어 정결 예식에 대하여 변론이 되었더니 26.
그들이 요한에게 가서 이르되 랍비여 선생님과 함께 요단 강 저편에
있던 이 곧 선생님이 증언하시던 이가 침례를 베풀매 사람이 다 그에
게로 가더이다 27. 요한이 대답하여 이르되 만일 하늘에서 주신바
아니면 사람이 아무것도 받을 수 없느니라 28. 내가 말한바 나는 그
리스도가 아니요 그의 앞에 보내심을 받은 자라고 한 것을 증언할 자
는 너희니라 29. 신부를 취하는 자는 신랑이나 서서 신랑의 음성을
듣는 친구가 크게 기뻐하나니 나는 이러한 기쁨으로 충만하였노라
30. 그는 흥하여야 하겠고 나는 쇠하여야 하리라 하니라 31. 위로부
터 오시는 이는 만물 위에 계시고 땅에서 난 이는 땅에 속하여 땅에
속한 것을 말하느니라 하늘로부터 오시는 이는 만물 위에 계시나니
32. 그가 친히 보고 들은 것을 증언하되 그의 증언을 받는 자가 없도
다 33. 그의 증언을 받는 자는 하나님이 참되시다는 것을 인 쳤느니
라 34. 하나님이 보내신 이는 하나님의 말씀을 하나니 이는 하나님
이 성령을 한량없이 주심이니라 35. 아버지께서 아들을 사랑하사 만
물을 다 그의 손에 주셨으니 36. 아들을 믿는 자에게는 영생이 있고
아들에게 순종하지 아니하는 자는 영생을 보지 못하고 도리어 하나

님의 진노가 그 위에 머물러 있느니라

22-24절 그 후에 예수께서 제자들과 유대 땅으로 가서 거기 함께 유하시며 침례를 베푸시더라 요한도 살렘 가까운 애논에서 침례를 베푸니 거기 물이 많음이라 그러므로 사람들이 와서 침례를 받더라 요한이 아직 옥에 갇히지 아니하였더라

예수님께서는 제자들을 데리고 예루살렘을 떠나 유대 지역으로 가셨습니다. 이때에 예수님께서 가신 지역이 유대 땅 어디인지는 밝혀져 있지 않지만, 여리고에서 멀지 않은 요단 평야 근처로 추측되고 있습니다. 예수님께서는 그곳에 머물러 계시면서 찾아온 사람들에게 친히 침례를 주시지 않고 제자들로 하여금 침례를 베풀게 하셨습니다(4:2).

예수님의 제자들이 유대 지역에서 침례를 베풀고 있을 때, 침례 요한도 애논이라는 곳에서 사람들에게 침례를 베풀었습니다. '애논' 은 '샘들' 이라는 뜻을 가진 지명이며, 이곳은 그 이름의 뜻과 같이 물이 많아서 침례를 베풀기에 아주 적합한 곳이었습니다. 이와 같이 유대 지역에서는 예수님 일행이, 또 살렘 근처 애논에서는 침례 요한이 사람들에게 회개의 침례를 베풀었습니다.

"요한이 아직 옥에 갇히지 아니하였더라". 사람들에게 침례를 베푸는 요한의 사역은 투옥되기 전까지 계속되었습니다. 침례 요한은 회개의 메시지와 그리스도에 대한 증언을 하며 침례를 베풀다가, 당시 유대를 통치하던 분봉왕 헤롯이 동생의 아내인 헤로디아와 결혼한 것을 책망한 일로 인하여 투옥되어 결국 참수형을 당했습니다(마 14:1-12; 막 6:14-29;

눅 3:19-20).

25-26절 이에 요한의 제자 중에서 한 유대인과 더불어 정결 예식에 대하여 변론이 되었더니 그들이 요한에게 가서 이르되 랍비여 선생님과 함께 요단 강 저편에 있던 이 곧 선생님이 증언하시던 이가 침례를 베풀매 사람이 다 그에게로 가더이다

'정결 예식'은 죄와 더러움에서 깨끗하게 씻겨 정결하게 된다는 의미에서 '침례'와 같은 말로 쓰입니다. 어느 날 유대인과 침례 요한의 제자 한 사람 사이에 정결 예식, 즉 침례 문제를 놓고 논쟁이 일어났습니다. 침례 요한의 제자는 자기의 스승이 예수님에 대하여 증언하고 침례를 주었던 사실을 알고 있었습니다. 그러므로 그는 침례를 베푸는 것은 요한의 특권이며 다른 사람, 그것도 다름 아니라 요한에게 침례를 받은 예수님이 침례를 베푸는 것은 도저히 용납할 수 없는 배은망덕한 소행이라고 생각하였습니다. 더구나 그가 더 못 견뎠던 것은, 예수님께로 가서 침례를 받는 사람이 점점 더 많아진다는 것이었습니다. 이에 몹시 격분한 그는 다른 제자들과 함께 침례 요한에게 가서 이러한 현재의 사태를 알렸습니다.

27-28절 요한이 대답하여 이르되 만일 하늘에서 주신바 아니면 사람이 아무것도 받을 수 없느니라 내가 말한바 나는 그리스도가 아니요 그의 앞에 보내심을 받은 자라고 한 것을 증언할 자는 너희니라

침례 요한의 제자들은 스승이 자신들의 보고를 들으면 격분하고 시기

심과 질투심에 불타 모종의 조치를 취할 줄 알았습니다. 그러나 그들의 기대와 예상은 완전히 빗나갔습니다. 침례 요한은 예수님을 시기하기는 커녕 오히려 예수님의 성공적인 사역을 정당하다고 인정하였습니다.

"만일 하늘에서 주신바 아니면 사람이 아무것도 받을 수 없느니라". 침례 요한은 절대 주권을 가지고 섭리하시는 하나님의 손길을 보았습니다. 그는 자신이 하나님께서 주신 사명을 수행하고 있듯이, 예수님께서 하고 계신 사역도 하나님께서 부여하신 사명일 것이라고 믿고 인정하였던 것입니다.

"내가 말한바 나는 그리스도가 아니요 그의 앞에 보내심을 받은 자라고 한 것을 증언할 자는 너희니라". 침례 요한은 자신이 그리스도보다 앞서 보내심을 받아 그리스도의 길을 준비하는 자에 불과하다는 사실을 제자들에게 다시 한번 상기시켜 주었으며, 이와 함께 자신이 증언했던 것을 이제는 그들이 증언해야 한다고 말하였습니다.

29-30절 신부를 취하는 자는 신랑이나 서서 신랑의 음성을 듣는 친구가 크게 기뻐하나니 나는 이러한 기쁨으로 충만하였노라 그는 흥하여야 하겠고 나는 쇠하여야 하리라 하니라

침례 요한은 예수님의 성공적인 사역 소식에 큰 기쁨을 표했습니다. 그리고 그 기쁨을 결혼식에 비유하여 표현하였습니다.

유대인들의 결혼 풍습에 의하면, 결혼식에 참석한 신랑의 친구의 역할은 단순한 하객에 불과한 것이 아닙니다. 신랑의 친구는 신랑과 신부 사이를 중매하고, 신부를 신랑에게 인도하며, 신랑의 들러리로 서고, 결혼 잔치를 주관하는 등 참으로 중요하고도 책임이 따르는 역할을 합니

다. 그러나 막상 결혼 잔치가 끝나고 나면 그의 임무도 끝나므로 더 이상 할 일이 없습니다.

이처럼 결혼식에 있어 신랑의 친구는 크고 중요한 일을 맡지만, 정작 결혼식은 신랑의 친구를 위한 것이 아니라 신랑과 신부를 위한 것입니다. 신랑과 신부는 하나님과 사람들 앞에서 결혼 서약을 하고 서로를 믿고 사랑하며 새로운 한 가정을 이룹니다. 이처럼 사랑하는 사람과 결혼을 하고 인생의 새로운 전환점을 맞는 신랑 신부의 기쁨은 그 무엇과도 비교할 수 없이 큽니다. 그런데 이러한 결혼의 기쁨은 신랑 신부만 누리는 것이 아니라, 신랑의 친구도 누리게 됩니다. 신랑의 친구는 자신이 결혼을 주선하고 도운 일에 대해 큰 보람과 기쁨을 느끼게 되는 것입니다.

침례 요한의 비유에서 신랑은 예수님을, 신부는 예수님을 믿는 성도를, 신랑의 친구는 침례 요한 자신을 가리킵니다. 이와 같이 신랑이신 예수님의 역할과 신랑의 친구인 자신의 역할을 분명히 알고 있던 침례 요한은 예수님의 사역이 점점 더 흥왕하고 증대되어야 한다는 것을 잘 알고 있었습니다. 그래서 "그는 흥하여야 하겠고, 나는 쇠하여야 하리라." 고 겸손히 고백할 수 있었던 것입니다.

31-32절 위로부터 오시는 이는 만물 위에 계시고 땅에서 난 이는 땅에 속하여 땅에 속한 것을 말하느니라 하늘로부터 오시는 이는 만물 위에 계시나니 그가 친히 보고 들은 것을 증언하되 그의 증언을 받는 자가 없도다

'위로부터 오시는 이' 는 예수님을 가리킵니다. 그리고 '땅에서 난 이' 는 모든 사람을 가리키는데, 여기서는 특별히 침례 요한을 지칭하는 말로 쓰였습니다. 구약 시대에는 많은 선지자들이 하나님의 말씀을 선포했습니다. 그들은 꿈과 환상을 통해 하나님의 뜻을 계시 받고 그것을 백성들에게 선포했던 것입니다. 그런데 많은 구약의 선지자들 중 침례 요한은 구약 시대의 마지막 선지자로서 예수 그리스도의 길을 준비하는 중대한 사명을 감당하였습니다. 그러나 아무리 위대한 선지자라 할지라도 예수님과 비교될 만한 사람은 아무도 없었습니다. 그들은 '땅에서 난 자들' 로서 오실 메시아를 증언하는 사명을 받은 자들이었지만, 예수님께서는 '위로부터 오신 메시아' 로서 이 세상에서 메시아의 사명을 감당하셨기 때문입니다.

위로부터 오신 메시아 예수님께서는 선지자들과 달리 자신이 하늘나라에 계실 때에 직접 보고 들어서 아는 하나님의 뜻을 세상에 드러내셨습니다. 예수님 자신이 하나님의 계시요, 예수님의 말씀은 일점일획도 오류가 없는 진리입니다. 그러나 사람들은 예수님을 거부하고 진리를 받아들이지 않았습니다.

33-34절 그의 증언을 받는 자는 하나님이 참되시다는 것을 인 쳤느니라 하나님이 보내신 이는 하나님의 말씀을 하나니 이는 하나님이 성령을 한량없이 주심이니라

대부분의 사람들은 예수님께서 증언하시는 하나님의 말씀을 받아들이지 않았지만, 예수님의 증언을 받아들이는 사람은 인 침을 받습니다. 예수님의 증언을 받아들이는 것은 곧 하나님의 말씀을 받아들이는 것이요(7:16; 14:24), 하나님께서 참되시다는 사실을 인정하는 것입니다. '인' 을 친다는 표현은 성경에서 네 가지 경우에 사용되었습니다. 즉, 안전하게 보호하기 위해(마 27:66), 감추기 위해(계 22:10), 확실한 보장을 위해(고전 9:2), 소유권을 확인하기 위해(고후 1:22) 인을 쳤습니다. 이 중 본문의 '인 침' 은 세 번째 경우에 해당합니다. 즉, 예수님의 증언을 받아들이는 사람은 예수님께 확실한 보장을 받는 것입니다.

"하나님이 보내신 이는 하나님의 말씀을 하나니 이는 하나님이 성령을 한량없이 주심이니라". 여기서 '하나님이 보내신 이' 는 예수님을 가리킵니다. 예수님께서는 하나님의 대사로서 하나님을 증언하시고 그의 말씀을 전하셨는데, 이는 하나님께서 예수님께 성령을 한량없이 부어 주셨기 때문입니다.

오늘날 우리도 하나님의 말씀을 깨닫고 하나님 나라의 일을 증언하려면 성령의 도우심을 받아야 합니다. 이는 성도 개인뿐 아니라 교회도 마찬가지입니다. 성령 없는 교인은 기독교인이 아니며, 성령 없는 교회는 하나님의 교회가 아닙니다. 성령 없는 개인이나 교회는 비 없는 구름이요, 열매 없는 나무요, 물 없는 우물이요, 불 없는 화로요, 살았다 하나 완전히 죽은 존재에 불과한 것입니다. 우리가 진정한 성도가 되고 교회가 참된 하나님의 교회가 되기 위해서는 성령의 역동적인 활동이 있어야 합니다. 그러므로 우리는 항상 성령님을 인정하고 환영하고 모셔 들이고 의지하여 성령 충만한 삶을 살아야 하며, 우리가 섬기는 교회가 성령님께서 마음껏 역사하시는 교회가 되도록 기도하여야 하는 것입니다.

35-36절 아버지께서 아들을 사랑하사 만물을 다 그의 손에 주셨으니 아들을 믿는 자에게는 영생이 있고 아들에게 순종하지 아니하는 자는 영생을 보지 못하고 도리어 하나님의 진노가 그

위에 머물러 있느니라

하나님께서는 당신의 뜻에 온전히 순종하신 예수님에게 영광과 권세를 주셨습니다. 하나님께서는 예수님의 이름을 높이셔서, 하늘에 있는 자들과 땅에 있는 자들과 땅 아래 있는 자들이 모두 예수님의 이름 앞에 무릎을 꿇고 예수님을 주(主)라 시인하게 하셨습니다(빌 2:9-11). 또한 예수님에게 하늘과 땅의 모든 권세를 주셔서 천하 만물을 다스리게 하셨습니다(마 28:18). 뿐만 아니라 예수님에게 심판하는 권세를 주셔서 심판주로 삼으셨습니다(고후 5:10; 딤후 4:1; 요 5:22). 그러므로 '사느냐, 죽느냐'가 예수님의 이름에 달려 있습니다.

누구든지 예수님의 이름을 믿는 자는 하나님의 한없는 사랑과 영생을 얻습니다. 그러나 예수님의 이름을 믿지 않는 자는 하나님의 진노와 심판을 받습니다. 그러므로 우리는 예수님을 믿고 예수님 중심으로 살아야겠습니다. 그럴 때 하나님께서 우리에게 사랑과 은혜를 차고 넘치게 부어 주심으로 우리는 영원하고 복된 인생을 살게 될 것입니다.

제 4 장

사마리아 여자와의 대화

사마리아로 가신 예수님	4:1-6
사마리아 여자와 대화하시는 예수님	4:7-26
사마리아 여자의 증언	4:27-30
예수님과 제자들의 대화	4:31-38
사마리아인들의 회심	4:39-42
갈릴리로 오신 예수님	4:43-45
왕의 신하의 아들을 고치신 예수님	4:46-54

A COMMENTARY
ON THE GOSPEL OF
JOHN I

유대에서 성공적으로 사역하신 결과로 오히려 유대 지역을 떠나셔야 했던 예수님께서는 갈릴리로 가시던 중에 사마리아 지역을 경유하셨습니다.

사마리아의 수가라는 동네에서 예수님께서는 여섯 번째 남자와 살면서도 삶의 허기에 빠져 있던 여자를 만나셨습니다. 그리고 그녀에게 다시는 목마르지 않게 해 주는 생수에 관하여 말씀해 주시고 그녀의 구주가 되셨습니다. 예수님을 만나 인생의 전기를 맞은 사마리아 여자는 동네 사람들에게 예수님에 대해 전하였습니다. 그리하여 많은 사마리아인이 회심하여 예수님을 구주로 고백하게 되었습니다.

그 후 예수님께서는 갈릴리에 가셔서 죽어 가는 왕의 신하의 아들을 말씀으로 고치시는 기적을 행하셨습니다.

1. 사마리아로 가신 예수님(4:1-6)

1. 예수께서 제자를 삼고 침례를 베푸시는 것이 요한보다 많다 하는 말을 바리새인들이 들은 줄을 주께서 아신지라 2. (예수께서 친히 침례를 베푸신 것이 아니요 제자들이 베푼 것이라) 3. 유대를 떠나사 다시 갈릴리로 가실새 4. 사마리아를 통과하여야 하겠는지라 5. 사마리아에 있는 수가라 하는 동네에 이르시니 야곱이 그 아들 요셉에게 준 땅이 가깝고 6. 거기 또 야곱의 우물이 있더라 예수께서 길 가시다가 피곤하여 우물 곁에 그대로 앉으시니 때가 여섯 시쯤 되었더라

1-2절 예수께서 제자를 삼고 침례를 베푸시는 것이 요한보다 많다 하는 말을 바리새인들이 들은 줄을 주께서 아신지라 (예수께서 친히 침례를 베푸신 것이 아니요 제자들이 베푼 것이라)

기적을 행하시고 성전을 정화시키신 예수님의 능력과 권세에 관한 소

문은 삽시간에 퍼졌고, 이에 예수님을 찾아와서 침례를 받고 따르는 사람들이 점차 증가하였습니다. 이러한 소식은 다시 사람들의 입에서 입으로 전해져서 예수님에 대한 관심과 인기도 점차 높아져 갔습니다. 그러자 바리새인들은 이러한 현상에 대하여 즉각적인 반응을 보였습니다. 그렇잖아도 사람들에게 회개의 침례를 베풀며 메시아에 대하여 증언하는 침례 요한에게 신경이 쓰이던 터에 이제는 보잘것없는 시골 청년이 기적을 행하고 침례를 베풀며 모든 유대인의 관심의 대상이 되어 영향력이 커져 간다는 소문을 듣자, 바리새인들은 촉각을 곤두세우고 예수님을 주시하였습니다.

그러나 바리새인들이 알고 있는 소문은 사실과 다른 것이었습니다. 예수님의 인기가 높아져 가고 예수님을 찾아오는 사람들이 점차 증가하고 있는 것은 사실이지만, 예수님께서는 그 사람들에게 직접 침례를 베푸시지 않았습니다. 예수님을 찾아온 사람들에게 침례를 베푼 사람은 예수님이 아니라 예수님의 제자들이었던 것입니다.

3-4절 유대를 떠나사 다시 갈릴리로 가실새 사마리아를 통과하여야 하겠는지라

예수님께서는 바리새인들이 자신에게 신경을 쓰고 있다는 것을 아시고 그들과의 충돌을 피해 유대를 떠나셨습니다. 예수님께서 바리새인들을 피하신 것은 아직 때가 이르지 않았기 때문입니다. 예수님께서는 때가 되었을 때에는 바리새인들의 위선을 꾸짖으시고 그들과 충돌하셨지만, 이때는 그들과 충돌할 때가 아니었기 때문에 그들을 피하신 것입니다.

예수님께서는 유대를 떠나 갈릴리로 가셨습니다. 갈릴리는 유대 북쪽에 위치한 지역으로, 유대에서 갈릴리로 가는 길은 사마리아 지역을 통과해서 가는 길과 요단 강으로 돌아서 가는 길이 있었습니다. 그런데 유대인들은 사마리아 지역을 통과해서 가는 길이 훨씬 빠른데도 불구하고 굳이 요단 강으로 돌아서 가는 먼 길로 다녔습니다. 유대인들이 사마리아 지역을 통행하지 않는 이유는 사마리아인들과의 접촉을 꺼렸기 때문입니다. 북이스라엘이 주전 722년에 앗수르에게 멸망한 후, 앗수르의 정책에 의해 이방인들이 사마리아로 이주해 왔습니다. 그리하여 사마리아의 유대인들은 이방인들과 섞여 살면서 그들과 결혼하고 그들의 종교를 받아들여 혈통적으로나 종교적으로나 순수성을 잃어버렸습니다. 그렇기 때문에 유대인들은 사마리아인들을 이방인으로 취급하여 상종하지 않았습니다. 뿐만 아니라 유대인들은 사마리아인을 만나면 부정해진다고 여겼기 때문에, 갈릴리로 갈 때에는 가까운 사마리아 길로 가지 않고 굳이 먼 요단 강 길로 돌아서 갔던 것입니다.

그러나 예수님께서는 이와 같은 통례를 깨뜨리고 사마리아 길을 택하셨습니다. 예수님께서 사마리아 지역을 통과하신 이유는 그곳에서 하실 일이 있었기 때문입니다. 아무리 종교적으로 타락한 이방인과 같은 사람들이 사는 지역이라도 예수님의 구원 사역에서 제외될 수는 없습니다. 예수님께서는 잃어버린 자를 찾아 구원하시려고 하늘로부터 오신 목자이십니다(눅 15:4; 19:10). 그렇기 때문에 한 사람의 영혼을 구원하는 일이라면, 의식의 산을 넘고 전통의 벽도 뛰어넘고 어떠한 편벽된 견해도 뛰어넘어 그 영혼을 찾아가십니다. 이처럼 잃어버린 영혼을 향한 뜨거운 사랑이 있었기 때문에, 예수님께서는 유대인들이 모두 꺼려하는 사마리아 지역으로 서슴없이 들어가신 것입니다.

5-6절 사마리아에 있는 수가라 하는 동네에 이르시니 야곱이 그 아들 요셉에게 준 땅이 가깝고 거기 또 야곱의 우물이 있더라 예수께서 길 가시다가 피곤하여 우물 곁에 그대로 앉으시니 때가 여섯 시쯤 되었더라

사마리아 지역으로 들어가신 예수님께서는 '수가' 라는 동네에 이르셨습니다. '수가' 라는 곳은 정확히 어느 곳이라고 단정할 수는 없지만, 일반적으로 '세겜' 으로 간주되고 있습니다. 세겜은 야곱이 밧단아람에서의 생활을 청산하고 고향으로 돌아오던 중에 하몰에게서 매입하여 정착했던 곳이며(창 33:18-19), 임종하기 전에 요셉에게 물려준 땅입니다(창 48:21-22).

예수님께서 수가에 이르신 때는 '여섯 시쯤' 이었습니다. '여섯 시' 는 유대식 계산법에 의하면 정오입니다. 예수님께서는 여행으로 피곤한데다가 한낮의 뜨거운 열기까지 맹위를 떨치자 몹시 지치셔서, 마침 우물이 있는 것을 보시고 우물곁에 앉아 쉬셨습니다.

2. 사마리아 여자와 대화하시는 예수님(4:7-26)

7. 사마리아 여자 한 사람이 물을 길으러 왔으매 예수께서 물을 좀 달라 하시니 8. 이는 제자들이 먹을 것을 사러 그 동네에 들어갔음이러라

라 9. 사마리아 여자가 이르되 당신은 유대인으로서 어찌하여 사마
리아 여자인 나에게 물을 달라 하나이까 하니 이는 유대인이 사마리
아인과 상종하지 아니함이러라 10. 예수께서 대답하여 이르시되 네
가 만일 하나님의 선물과 또 네게 물 좀 달라 하는 이가 누구인 줄 알
았더라면 네가 그에게 구하였을 것이요 그가 생수를 네게 주었으리
라 11. 여자가 이르되 주여 물 길을 그릇도 없고 이 우물은 깊은데 어
디서 당신이 그 생수를 얻겠사옵나이까 12. 우리 조상 야곱이 이 우
물을 우리에게 주셨고 또 여기서 자기와 자기 아들들과 짐승이 다 마
셨는데 당신이 야곱보다 더 크니이까 13. 예수께서 대답하여 이르시
되 이 물을 마시는 자마다 다시 목마르려니와 14. 내가 주는 물을 마
시는 자는 영원히 목마르지 아니하리니 내가 주는 물은 그 속에서 영
생하도록 솟아나는 샘물이 되리라 15. 여자가 이르되 주여 그런 물을
내게 주사 목마르지도 않고 또 여기 물 길으러 오지도 않게 하옵소서
16. 이르시되 가서 네 남편을 불러오라 17. 여자가 대답하여 이르되
나는 남편이 없나이다 예수께서 이르시되 네가 남편이 없다 하는 말
이 옳도다 18. 너에게 남편 다섯이 있었고 지금 있는 자도 네 남편이
아니니 네 말이 참되도다 19. 여자가 이르되 주여 내가 보니 선지자
로소이다 20. 우리 조상들은 이 산에서 예배하였는데 당신들의 말은
예배할 곳이 예루살렘에 있다 하더이다 21. 예수께서 이르시되 여자
여 내 말을 믿으라 이 산에서도 말고 예루살렘에서도 말고 너희가 아
버지께 예배할 때가 이르리라 22. 너희는 알지 못하는 것을 예배하
고 우리는 아는 것을 예배하노니 이는 구원이 유대인에게서 남이라
23. 아버지께 참되게 예배하는 자들은 영과 진리로 예배할 때가 오나
니 곧 이때라 아버지께서는 자기에게 이렇게 예배하는 자들을 찾으
시느니라 24. 하나님은 영이시니 예배하는 자가 영과 진리로 예배할
지니라 25. 여자가 이르되 메시아 곧 그리스도라 하는 이가 오실 줄
을 내가 아노니 그가 오시면 모든 것을 우리에게 알려 주시리이다
26. 예수께서 이르시되 네게 말하는 내가 그라 하시니라

7-8절 사마리아 여자 한 사람이 물을 길으러 왔으매 예수께서 물을 좀 달라 하시니 이는 제자들이 먹을 것을 사러 그 동네에 들어갔음이러라

예수님께서 우물곁에 앉아서 쉬시는데, 마침 한 사마리아 여자가 물을 길으러 왔습니다. 대부분의 사람들은 더위가 한풀 꺾인 저녁에 물을 길으러 나오는데(창 24:11), 이 여자는 햇볕이 뜨겁게 내리쬐는 한낮에 물을 길으러 온 것입니다. 이 여자가 이처럼 사람들이 없는 시간을 골라서 물을 길으러 온 것은 사람들의 눈을 피해야만 할 사연이 있었기 때문입니다.

예수님께서는 우물곁에서 이 여자를 만나셨습니다. 예수님께서는 세상으로부터 버림받고 사람들에게 손가락질당하여 사람들을 기피하는 여자를 기다려 주셨고, 그 여자가 나타나자 말을 건네셨습니다. "물을 좀 달라." 이와 같이 예수님께서 여자에게 자연스럽게 물을 달라고 부탁하신 것은, 날이 더워서 목이 마르기도 했거니와 마침 제자들이 먹을 것을 사러 가고 없었기 때문입니다. 그러나 만일 제자들이 함께 있었더라도 예수님께서는 다른 방법으로 사마리아 여자와 대화하셨을 것입니다.

예수님과 사마리아 여자와의 만남에서 우리는 예수님의 사랑을 발견할 수 있습니다. 예수님께서는 떳떳하지 못한 생활을 하여 사람들과 어울리지 못하는 사마리아 여자를 기다리다가 만나 주셨습니다. 마찬가지로 오늘날 우리가 예수님을 만나게 된 것도 우리가 먼저 찾아가서 기다리다가 만난 것이 아닙니다. 예수님께서 우리 한 사람 한 사람을 기다려 주시고 만나 주셔서 구원을 얻게 하신 것입니다. 우리가 예수님을 알고 사랑한 것이 아니라, 예수님께서 먼저 우리를 아시고 사랑하여 만나 주신 것입니다.

또한 예수님과 사마리아 여자와의 만남에서 우리는 예수님께서 사랑하는 자들을 인격적으로 대해 주신다는 것을 알 수 있습니다. 예수님께서는 세상에서 소외된 사마리아 여자에게 친절하고 부드럽게 말을 건네셨습니다. 마찬가지로 오늘날도 예수님께서는 우리의 인격을 존중해 주시고, 우리 각자의 성격과 취향에 맞게 인도해 주시는 것입니다.

9절 **사마리아 여자가 이르되 당신은 유대인으로서 어찌하여 사마리아 여자인 나에게 물을 달라 하나이까 하니 이는 유대인이 사마리아인과 상종하지 아니함이러라**

예수님의 말씀에 사마리아 여자는 큰 충격을 받았습니다. 그녀가 보아하니 자신에게 말을 하는 사람은 유대인이 틀림없는데, 그 유대인 남자가 선뜻 자기에게 말을 건네 왔다는 것이 도무지 납득이 되지 않았습니다. 유대인들은 사마리아인이라면 같은 남자에게도 말을 하지 않는 것이 상례인데, 하물며 여자에게 말을 한다는 것은 도무지 있을 수 없는 일이었기 때문입니다. 그래서 그녀는 예수님께서 자신에게 친절하게 말을 건네신 데에 대해 놀라움을 표시하였습니다.

10절 **예수께서 대답하여 이르시되 네가 만일 하나님의 선물과 또 네게 물 좀 달라 하는 이가 누구인 줄 알았더라면 네가 그에게 구하였을 것이요 그가 생수를 네게 주었으리라**

본 절에서 '하나님의 선물' 은 '영생' 을 의미하고, '네게 물 좀 달라 하는 이' 는 메시아를 가리킵니다. 예수님께서는 사마리아 여자가 자기에게 물을 청한 사람이 누구인 줄 알았더라면 그에게 영원히 목마르지 않는 생수를 구하여 얻었을 것이라고 말씀하셨습니다.

그러나 사마리아 여자는 예수님께서 무슨 말씀을 하시는지 전혀 알아들을 수가 없었습니다. 아마도 그녀는 '조금 전에는 물을 달라고 하더니 이제는 도리어 물을 주겠다고 하니, 이상한 사람이 아닌가?' 라는 생각이 들었을 것입니다.

이와 같이 사마리아 여자가 예수님의 말씀을 알아듣지 못한 것은 영의 눈이 닫혀 있었기 때문입니다. 그녀는 눈이 있어도 보지 못하고 마음이 있어도 깨닫지 못하는 영적 맹인이었으므로 육안으로 보이는 대로 판단하고 생각하였습니다. 그렇기 때문에 자기 눈에 비치는 대로 예수님을 유대인 나그네로 보고, 예수님의 말씀도 이해하지 못한 것입니다. 사마리아 여자를 통해서 볼 수 있듯이, 영의 눈이 열리지 않은 사람은 예수님께서 눈앞에 계셔도 알아보지 못합니다. 오직 하나님의 은혜로 영의 눈이 뜨였을 때에야 비로소 예수님께서 메시아이심을 알게 되고, 예수님의 말씀을 깨닫게 되는 것입니다.

11-12절 여자가 이르되 주여 물 길을 그릇도 없고 이 우물은 깊은데 어디서 당신이 그 생수를 얻겠사옵나이까 우리 조상 야곱이 이 우물을 우리에게 주셨고 또 여기서 자기와 자기 아들들과 짐승이 다 마셨는데 당신이 야곱보다 더 크니이까

"네가 만일 하나님의 선물과 또 네게 물 좀 달라 하는 이가 누구인 줄 알았더라면 네가 그에게 구하였을 것이요 그가 생수를 네게 주었으리라" (10절)는 예수님의 말씀에 사마리아 여자는 즉시 반박하듯이 반문하였습니다. "주여, 물 길을 그릇도 없고 이 우물은 깊은데 어디서 당신이 그 생수를 얻겠사옵나이까?" 여기서 사마리아 여자가 예수님께 '주' 라고 부른 것은 예수님을 그리스도라 믿고 한 말이 아니라, 단순히 높여서 부른 호칭입니다. 유대 지역에는 우물이 상당히 깊습니다. 그래서 우물곁에 긴 두레박을 놓아두어 물 길으러 오는 사람들이 이용할 수 있도록 하였습니다. 그럼에도 사마리아 여자는 예수님께 물 길을 그릇이 없다고 말하였는데, 매일 온 동네 사람들이 물을 긷는 우물에 두레박이 없다는 것은 말이 안 됩니다. 그렇다면 두레박이 있음에도 불구하고 이 여자는 왜 두레박이 없다고 말하였을까요? 그 이유는 이러합니다. 유대인과 사마리아인은 서로 상종하지 않고 함께 식사하지도 않습니다. 그러므로 사마리아인들이 사용하는 두레박으로 유대인이 물을 긷지 않는 것은 당연한 일이었습니다. 바로 이러한 이유로 사마리아 여자는 유대인인 예수님께서 따로 물 길을 그릇, 즉 두레박도 없으면서 어떻게 생수를 주겠느냐고 말했던 것입니다.

그리고 사마리아 여자는 계속하여 "우리 조상 야곱이 이 우물을 우리에게 주었고, 또 여기서 그와 그의 아들들과 짐승이 다 먹었는데, 당신이 야곱보다 더 크니이까?" 라고 비난조로 반문하였습니다. 이 말은 "우리 조상 야곱도 이 우물 하나를 겨우 팠는데, 당신은 어디에 우물을 파 놓았기에 내게 물을 주겠다고 하십니까?" 라는 말입니다. 사마리아 여자가 알기로는 지금 자기가 와 있는 우물 외에는 다른 우물이 없었습니다. 그 우물은 수천 년 전에 야곱이 파서 그와 그의 아들들과 짐승들이 함께 물을 마셨으며, 그 후로도 계속 야곱의 후손들이 사용해 온 유일한 우물이었습니다. 그러므로 이러한 사실을 잘 알고 있는 사마리아 여자가 예수님께 이렇게 반문한 것은 당연한 질문으로 볼 수 있습니다. 그러나 이는 사마리아 여자가 아직 예수님께서 누구신지 알지 못했기 때문입니다. 사마리아 여자는 자신이 알고 있는 지식과 자신의 눈에 보이는 현실만을 고수할 뿐, 자신의 눈앞에 다가온 메시아와 그분께서 인간의 지식과 현실을 초월하여 베푸시는 구원을 보지 못하고 있었던 것입니다.

13-14절 예수께서 대답하여 이르시되 이 물을 마시는 자마다 다시 목마르려니와 내가 주는 물을 마시는 자는 영원히 목마르지 아니하리니 내가 주는 물은 그 속에서 영생하도록 솟아나는 샘물이 되리라

예수님을 야곱과 비교하여 "당신이 야곱보다 더 크니이까?" 라고 질문한 사마리아 여자에게 예수님께서는 야곱의 우물물과 예수님께서 주시는 생수를 비교하여 말씀해 주셨습니다.

"이 물을 마시는 자마다 다시 목마르려니와". 여기서 '마시는' 에 해당하는 헬라어는 현재 분사로, 계속적으로 마시는 것을 의미합니다. 즉, 우물물은 오늘, 내일, 한 달, 일 년 열두 달, 평생을 마셔도 늘 목이 마르다는 것입니다.

그러나 예수님께서 주시는 물은 사람이 판 우물물과 다릅니다. "내가 주는 물을 마시는 자는 영원히 목마르지 아니하리니 내가 주는 물은 그 속에서 영생하도록 솟아나는 샘물이 되리라". 여기서 '마시는' 에 해당하는 헬라어는 과거형으로, 단 한 번 마시는 것을 의미합니다. 즉, 예수님께서 주시는 물은 한 번만 마시면 다시 목마르지 않기 때문에 더 이상 마실 필요가 없다는 것입니다.

한편 예수님께서 말씀하신 우물물은 세상의 것을 포괄적으로 상징한

다고 볼 수 있습니다. 세상의 물로는 일시적으로 갈증을 해소할 수는 있지만 다시 목마르게 되듯이 세상의 것은 아무리 취(取)해도 만족함이 없습니다. 눈은 보아서 다함이 없고, 귀는 들어서 만족함이 없습니다. 이 세상의 온갖 부귀영화와 권세를 손에 쥐더라도 다함이 없고 계속 결핍증을 느끼는 것입니다. 그러나 예수님께서 주시는 영생 구원의 생수를 한 번 맛본 사람은 그 속에서 영생의 샘물이 솟아오르기 때문에 범사에 자족하며 기쁘게 살아가는 것입니다.

15절 **여자가 이르되 주여 그런 물을 내게 주사 목마르지도 않고 또 여기 물 길으러 오지도 않게 하옵소서**

사람들과 마주치는 것이 두려워서 매일 인적 없는 대낮에 물을 길어다가 먹어야 했던 사마리아 여자는 한 번만 마시면 다시 목마르지 않는 생수가 있다는 예수님의 말씀에 귀가 솔깃했습니다. 그래서 그녀는 즉시 예수님께 부탁드렸습니다. "주여, 정말 그런 물이 있거든 어서 제게 주십시오. 그래서 다시는 목마르지도 않고, 또 여기 물 길으러 오지 않아도 되게 해 주십시오." 사마리아 여자의 이 말을 통해 우리는 그녀가 예수님의 말씀을 단순히 마시는 물에 관한 이야기로 이해하고 있다는 것을 알 수 있습니다. 그러나 예수님께서 하신 말씀은 채우고 또 채워도 채워지지 않아서 늘 갈증을 느끼는 그녀의 공허한 삶을 두고 하신 말씀이었습니다. 예수님께서는 그 공허한 삶을 만족한 삶으로 바꾸어 주시기를 원하셨던 것입니다.

16-18절 **이르시되 가서 네 남편을 불러오라 여자가 대답하여 이르**

> 되 나는 남편이 없나이다 예수께서 이르시되 네가 남편이 없다 하는 말이 옳도다 너에게 남편 다섯이 있었고 지금 있는 자도 네 남편이 아니니 네 말이 참되도다

예수님께서는 사마리아 여자가 떳떳하지 못한 생활을 하고 있다는 것을 알고 계셨습니다. 그러나 이에 대해 직설적으로 지적하며 책망하지 않으시고, 단지 "가서 네 남편을 불러오라."고 말씀하셨습니다. 예수님께서는 그 여자로 하여금 스스로 마음 문을 열고서 자신의 죄를 모두 회개하고 그리스도를 영접하도록 인도해 주신 것입니다.

남편을 불러오라는 예수님의 말씀에 사마리아 여자는 양심이 찔렸습니다. 그러나 자신의 은밀하고 죄악투성이인 사생활을 어찌하든지 숨겨야겠다는 생각으로 "나는 남편이 없습니다."라고 대답하였습니다. 이러한 사마리아 여자의 대답은 얼핏 들으면 그녀를 정숙한 처녀나 과부로 착각하게 합니다. 그러나 아무리 잘 위장하고 태연하게 하는 말도 사람의 속을 꿰뚫어 보시는 예수님을 속일 수는 없습니다.

예수님께서는 자신의 죄를 인정하고 회개하지 않는 사마리아 여자를 책망하고 정죄하실 수도 있었습니다. 그러나 예수님께서는 한마디도 정죄하시지 않았습니다. 오히려 그 여자를 긍휼히 여기시고 그녀의 말을 수긍해 주셨습니다. "네가 남편이 없다 하는 말이 옳다." 그리고 이렇게 수긍해 주신 데서 그치지 않고, 예수님께서는 그녀가 살아온 과거와 현재의 상태를 지적하셨습니다. "네가 남편 다섯이 있었으나 지금 있는 자는 네 남편이 아니니 네 말이 참되다." 예수님께서는 그녀가 이혼을 다섯 번이나 하고 지금은 결혼도 하지 않은 채 남자와 동거하고 있다는 것을 알고 계셨기 때문에 남편이 없다는 그녀의 말을 옳다고 하신 것입니다.

예수님께서는 사마리아 여자와의 첫 대면에서 그녀의 삶이 얼마나 공허한지 알아보셨습니다. 그녀는 텅 빈 듯 공허하게만 느껴지는 삶의 허기를 채워 보려고 남편을 다섯 번이나 바꾸고 여섯 번째 남자와 살고 있었지만, 상황은 조금도 나아지지 않았습니다. 예수님께서는 바로 이러한 그녀의 삶의 정황을 아셨습니다. 그래서 '한 번 마시면 다시는 목마르지 않는 생수' 에 대해서 말씀하심으로 그녀가 이제까지의 공허한 삶을 청산하고 참된 만족이 있는 삶을 살도록 인도하신 것입니다.

지금 여러분의 삶은 어떻습니까? 사마리아 여자처럼 공허한 인생을 살면서 삶에 대한 회의와 인생의 무상함에 몸부림치고 있지는 않습니까? 사마리아 땅의 한 죄 많은 여자에게 찾아가셔서 영원한 생수를 주신 예수님께서는 지금 우리에게 찾아오셔서 우리의 삶을 복된 삶, 참된 기쁨과 만족이 넘치는 삶, 행복한 삶으로 변화시켜 주기를 원하십니다. 자신의 죄를 회개하고, 죄악된 생활을 청산하기로 결단하고, 예수님을 자신의 구주로 영접하십시오. 그리하여 예수님께서 주시는 '그 속에서 영생하도록 솟아나는 샘물' 을 받아 복된 인생을 살게 되시기를 축원합니다.

19-20절 여자가 이르되 주여 내가 보니 선지자로소이다 우리 조상들은 이 산에서 예배하였는데 당신들의 말은 예배할 곳이 예루살렘에 있다 하더이다

사마리아 여자는 자신의 처지를 정확하게 꿰뚫어 보시는 예수님의 통찰력에 놀라 예수님께 "주여, 내가 보니 선지자로소이다." 라고 고백하였습니다. 그러나 그녀는 아직도 예수님께서 메시아라는 사실을 깨닫지 못하고, 다만 예수님을 선지자 중의 한 사람으로 믿을 뿐이었습니다.

예수님을 선지자로 확신한 사마리아 여자는 종교적인 문제, 즉 유대인들과 사마리아인들 사이에서 오랫동안 논쟁거리가 되어 왔던 예배 장소에 대해 말하였습니다. “우리 조상들은 이 산에서 예배하였는데, 당신들의 말은 예배할 곳이 예루살렘에 있다 하더이다.” 여기서 말하는 ‘이 산’은 ‘그리심 산’을 가리킵니다. 그리심 산은 이스라엘 백성들이 축복을 선포하던 산입니다(신 11:29; 27:12). 그런데 사마리아인들은 이에 더하여 그리심 산을 아브라함과 야곱이 제단을 쌓은 곳이요(창 12:7; 33:20), 모세가 단을 쌓으라고 지시한 곳으로(신 27:4-6) 잘못 알고 있었습니다. 그래서 그들은 그리심 산이야말로 하나님께서 성별하신 장소라고 주장했으며, 주전 400년경에 그리심 산에 성전을 세우고 그곳에서 예배를 드렸습니다.

반면에, 유대인들은 하나님께서 성별하신 예배 장소는 예루살렘이라고 주장하며 예루살렘 성전에서 예배드리는 것을 고수하였습니다. 나아가 그들은 사마리아인들의 예배 장소를 인정하지 않고 주전 129년에 사마리아인들의 성전을 헐어 버렸습니다. 이 일로 인하여 유대인들과 사마리아인들 사이에는 적대감이 더욱 증대되었고, 이후로 유대인들과 사마리아인들 사이에는 예배 장소에 대해 심한 갈등과 논쟁이 계속되어 왔습니다.

사마리아 여자는 예수님을 유대인 선지자로 알았으므로, 유대인들과 사마리아인들 사이에 오랜 논쟁거리가 되어 왔던 예배 장소에 관하여 예수님께 답변을 구하였습니다.

21-22절 예수께서 이르시되 여자여 내 말을 믿으라 이 산에서도 말

고 예루살렘에서도 말고 너희가 아버지께 예배할 때가 이르리라 너희는 알지 못하는 것을 예배하고 우리는 아는 것을 예배하노니 이는 구원이 유대인에게서 남이라

예수님께서는 예배 장소에 대해 묻는 사마리아 여자에게 "이 산에서도 말고 예루살렘에서도 말고 너희가 아버지께 예배할 때가 이르리라." 고 말씀하셨습니다. 아직은 때가 이르지 않아서 유대인들은 예루살렘에서, 사마리아인들은 그리심 산에서 예배를 드리지만, 장차 때가 이르면 예배 장소에 구애받지 않고 어디서나 하나님을 예배할 수 있게 된다는 것입니다.

그러고 나서 예수님께서는 예배 장소보다는 예배 대상을 바로 알고 예배드리는 일이 더 중요하다는 것을 일깨워 주셨습니다. "너희는 알지 못하는 것을 예배하고 우리는 아는 것을 예배하노니". 여기서 '너희' 는 사마리아인을, '우리' 는 유대인을 가리킵니다. 사마리아인들은 모세 오경만을 경전으로 인정하고 모세 오경 외에 기록된 하나님의 계시는 받아들이지 않았으므로, 결과적으로 하나님에 관하여 아는 바가 많지 않았습니다. 더욱이 사마리아인들은 사마리아 땅에 이주한 이방인들의 종교를 받아들여 야훼 신앙을 순전하게 지키지 못하고 혼합주의적 신앙을 갖고 있었습니다. 그러므로 그들의 예배는 잘 알지도 못하는 하나님께 우상숭배적인 예식을 행하는 의식 행위일 뿐이었습니다. 이에 비해 유대인들은 모세 오경뿐 아니라 시편과 선지서도 경전으로 인정하였으므로 사마리아인들보다 하나님에 관하여 많이 알았습니다. 또한 유대인들은 야훼 신앙을 순전하게 보존해 왔으며, 하나님의 계명과 율법을 철저히 지켜 왔습니다.

"이는 구원이 유대인에게서 남이라". 예수님께서는 사마리아인들이 하나님을 모르고 잘못 예배드리는 데 비해 유대인들은 하나님을 알고 예배드릴 수 있는 근거는 '구원이 유대인에게서 나기 때문' 이라고 말씀하셨습니다. 이 말씀은 인류를 구원할 메시아께서 유대인 중에서 나신다는 것을 의미하는데, 과연 메시아이신 예수님께서는 유대인, 그중에서도 유다 지파 다윗의 후손으로 나셔서 인류 구원의 큰 위업을 이루셨습니다.

23-24절 아버지께 참되게 예배하는 자들은 영과 진리로 예배할 때가 오나니 곧 이때라 아버지께서는 자기에게 이렇게 예배하는 자들을 찾으시느니라 하나님은 영이시니 예배하는 자가 영과 진리로 예배할지니라

"아버지께 참되게 예배하는 자들은 영과 진리로 예배할 때가 오나니 곧 이때라". 이 말씀은 예배를 드리는 데 있어서 예배드리는 자의 마음 상태, 즉 예배 태도가 어떠해야 하며, 이것이 얼마나 중요한지를 보여 주고 있습니다. 유대인들은 형식과 의식에 치우쳐 영적인 예배를 드리지 못했습니다. 반면에 사마리아인들은 하나님을 잘 알지 못하여 진리에서 떠난 예배를 드렸습니다. 이와 같은 유대인들과 사마리아인들의 예배는 둘 다 온전한 예배가 될 수 없었습니다. 그렇기 때문에 예수님께서 참된 예배는 영과 진리로 드리는 예배라고 일깨워 주셨으며, 그 이유는 예배의 대상이신 하나님께서 '영' 이시기 때문이라고 말씀하셨습니다.

하나님께서는 영이시기 때문에 시간과 장소에 구애받으시지 않습니다. 하나님께서는 언제 어디서나 계시며, 당신께 영과 진리로 예배드리는 자들을 찾으시고 그들과 함께하십니다. 그러므로 시간과 장소를 중시하

고 형식과 의식에 매여 예배드리는 것은 하나님께 큰 의미가 없습니다.

하나님께서 기쁘게 받으시는 예배는 '영'과 '진리'로 드리는 예배입니다. 그러므로 우리는 하나님께 영적인 예배, 진리의 예배를 드려야 합니다. 그런데 영적인 예배는 성령의 도우심 없이는 드릴 수 없습니다. 또한 진리의 예배는 진리이신 예수님을 떠나서는 드릴 수 없습니다. 결국 하나님께서 받으시는 참된 예배는 예수님을 중심으로 모시고 성령님의 도우심을 받아서 드리는 예배인 것입니다.

예수님을 구주로 모시고 영적인 예배를 드리고 있는 곳이야말로 진정한 예배당이요, 하나님께서 계시는 성전이 됩니다. 그러므로 우리는 이와 같은 예배 태도의 중요성을 인식하고, 예배를 드릴 때마다 우리의 마음 상태를 살펴보고 온전한 예배를 드려야겠습니다.

25-26절 여자가 이르되 메시아 곧 그리스도라 하는 이가 오실 줄을 내가 아노니 그가 오시면 모든 것을 우리에게 알려 주시리이다 예수께서 이르시되 네게 말하는 내가 그라 하시니라

예수님께서는 예배 장소가 중요한 것이 아니라 예배드리는 자의 마음 자세가 중요하다고 가르쳐 주셨지만, 사마리아 여자는 예수님의 가르침을 받아들이지 않고 언제인가 메시아께서 오시면 모든 것을 가르쳐 주실 것이라고 말하였습니다. 자기 눈앞에 메시아께서 계심에도 불구하고 사마리아 여자는 메시아를 알아보지 못하고 있었던 것입니다. 이에 예수님께서는 자신이 메시아이심을 밝히셨습니다. "네게 말하는 내가 그라." 예수님의 이 말씀 한마디에 사마리아 여자는 영의 눈이 뜨여 예수님을 메시아로 모셔 들였습니다.

3. 사마리아 여자의 증언(4:27-30)

27. 이때에 제자들이 돌아와서 예수께서 여자와 말씀하시는 것을 이상히 여겼으나 무엇을 구하시나이까 어찌하여 그와 말씀하시나이까 묻는 자가 없더라 28. 여자가 물동이를 버려두고 동네로 들어가서 사람들에게 이르되 29. 내가 행한 모든 일을 내게 말한 사람을 와서 보라 이는 그리스도가 아니냐 하니 30. 그들이 동네에서 나와 예수께로 오더라

27절 이때에 제자들이 돌아와서 예수께서 여자와 말씀하시는 것을 이상히 여겼으나 무엇을 구하시나이까 어찌하여 그와 말씀하시나이까 묻는 자가 없더라

예수님께서 수가 성 우물가에서 사마리아 여자와 말씀하시고 계실 때, 제자들은 먹을 것을 사러 성안에 가서 그 자리에 없었습니다. 그런데 제자들이 먹을 것을 사 가지고 우물가로 돌아와 보니 눈앞에 깜짝 놀랄 상황이 벌어지고 있었습니다. 당시 유대 랍비들은 거리에서 여자와 이야기하는 것이 금지되었습니다. 이러한 금지 조항은 아내에게도 예외 없이 적용되어 거리에서는 자기 아내에게도 이야기하지 못하였습니다. 그런데 예수님께서 유대인들이 상종하지도 않는 부정한 사마리아 여자와 대화하시는 것을 보았으니, 제자들이 어리둥절하고 이상하게 여긴 것은 당

연한 일입니다.

제자들은 저마다 속으로 '도대체 무슨 일로 사마리아 여자와 말씀하시고 계실까? 이래도 되는 것인가?' 라고 생각하였습니다. 그러나 이러한 생각을 입 밖에 낸 사람은 아무도 없었습니다. 이처럼 제자들이 이상히 여기면서도 정작 예수님께 아무런 질문도 하지 않은 것은 예수님을 믿고 존경하였기 때문입니다. 그들은 예수님과 함께 생활하면서 예수님을 신뢰하고 존경하게 되었으므로, 예수님께서 사마리아 여자와 대화하시는 데에는 분명한 이유가 있을 것이라고 생각했던 것입니다.

28-30절 여자가 물동이를 버려두고 동네로 들어가서 사람들에게 이르되 내가 행한 모든 일을 내게 말한 사람을 와서 보라 이는 그리스도가 아니냐 하니 그들이 동네에서 나와 예수께로 오더라

예수님께서 메시아라는 사실을 알게 된 사마리아 여자는 너무 기쁘고 흥분되어 가만히 있을 수가 없었습니다. 그녀의 마음속에는 오직 한 가지 생각, 즉 자신이 만난 메시아를 사람들에게 알려야 한다는 생각으로 가득하였습니다. 그래서 그녀는 물동이를 버려둔 채 동네로 뛰어갔습니다.

동네에 들어간 그녀는 보이는 사람마다 붙잡고 전도하였습니다. "내가 행한 모든 일을 내게 말한 사람을 와서 보라. 이는 그리스도가 아니냐." 급히 뛰어와서 숨이 턱에 차서 헐떡거리며 전도하는 사마리아 여자의 모습은 바로 그리스도를 믿음으로써 완전히 새롭게 된 '새로운 피조물' 의 모습 그 자체입니다. 잠시 전까지만 해도 사람들을 피하여 일부러 인적이 없는 시간을 택해서 물을 길으러 왔던 여자가, 이제는 제 발로 사

람들을 찾아다니면서 자신의 수치스러운 과거를 거리낌 없이 간증하며 메시아를 만나 보라고 전도하고 있는 것입니다.

이와 같은 사마리아 여자의 열정적인 전도는 사람들의 마음을 움직였습니다. 전도를 받은 사람들은 너나없이 예수님께로 나아왔습니다. 천하보다도 한 영혼을 귀히 여기시는 사랑으로 예수님께서는 모든 사람에게서 조롱받고 배척받던 한 여인을 구원하여 맑고 밝고 환한 새 인생을 살게 해 주셨고, 이토록 큰 은혜를 받은 여인은 전도의 씨앗이 되어 사마리아 성을 복음화하기에 이른 것입니다(39절).

4. 예수님과 제자들의 대화(4:31-38)

31. 그 사이에 제자들이 청하여 이르되 랍비여 잡수소서 32. 이르시
되 내게는 너희가 알지 못하는 먹을 양식이 있느니라 33. 제자들이
서로 말하되 누가 잡수실 것을 갖다 드렸는가 하니 34. 예수께서 이
르시되 나의 양식은 나를 보내신 이의 뜻을 행하며 그의 일을 온전히
이루는 이것이니라 35. 너희는 넉 달이 지나야 추수할 때가 이르겠
다 하지 아니하느냐 그러나 나는 너희에게 이르노니 너희 눈을 들어
밭을 보라 희어져 추수하게 되었도다 36. 거두는 자가 이미 삯도 받
고 영생에 이르는 열매를 모으나니 이는 뿌리는 자와 거두는 자가 함
께 즐거워하게 하려 함이라 37. 그런즉 한 사람이 심고 다른 사람이
거둔다 하는 말이 옳도다 38. 내가 너희로 노력하지 아니한 것을 거

두려 보내었노니 다른 사람들은 노력하였고 너희는 그들이 노력한 것에 참여하였느니라

31–34절 그 사이에 제자들이 청하여 이르되 랍비여 잡수소서 이르시되 내게는 너희가 알지 못하는 먹을 양식이 있느니라 제자들이 서로 말하되 누가 잡수실 것을 갖다 드렸는가 하니 예수께서 이르시되 나의 양식은 나를 보내신 이의 뜻을 행하며 그의 일을 온전히 이루는 이것이니라

사마리아 여자가 동네에 들어가서 예수님에 관한 소식을 전하고 있는 사이에 우물가에서는 예수님과 제자들이 대화를 하고 있었습니다. 예수님께서는 사마리아의 수가 성에 이르셨을 때에 허기지고 피곤에 지치셔서, 먹을 것을 사 오도록 제자들을 보내시고 자신은 우물곁에 앉아 계셨습니다(6절). 그러므로 제자들은 '예수님이 무척 시장하시겠다!' 고 생각하여 자신들이 사 온 음식을 예수님께 권하였습니다.

그러나 예수님께서는 음식을 잡수시지 않고 제자들에게 이해하기 어려운 말씀을 하셨습니다. "내게는 너희가 알지 못하는 먹을 양식이 있느니라." 제자들은 이 말씀을 듣고 어리둥절했습니다. '그렇다면 우리가 없는 동안에 누가 먹을 것을 갖다 드렸나?' 제자들은 예수님의 말씀을 이해하지 못하고 이렇게 추측하였습니다. 그러자 예수님께서는 이러한 제자들의 생각을 아시고 그들에게 "나의 양식은 나를 보내신 이의 뜻을 행하며 그의 일을 온전히 이루는 이것이니라." 고 설명해 주셨습니다.

예수님께서는 공생애 사역을 시작하시기 전에 광야에서 사십 일 동안

금식하시고 마귀에게 시험을 받으실 때에도 "사람이 떡으로만 살 것이 아니요 하나님의 입으로부터 나오는 모든 말씀으로 살 것이라" (마 4:4)는 말씀으로 시험을 이기셨습니다. 이 말씀을 통해서 알 수 있듯이 사람에게는 두 가지 양식이 있습니다. 먼저 모든 사람에게 생계의 수단이 되는 '육신의 양식' 이 있습니다. 육신의 양식을 먹지 않으면 육신의 생명을 유지할 수 없습니다. 그러나 육신의 양식만 먹고는 신앙생활을 할 수 없습니다. 그렇기 때문에 우리 그리스도인들은 육신의 양식뿐만 아니라 '영혼의 양식' 도 먹어야 합니다. '영혼의 양식' 이란 하나님의 뜻을 행하며 하나님의 일을 이루는 것을 말합니다. 우리 인간을 향한 하나님의 뜻은 우리가 예수 그리스도를 믿는 것이며, 하나님의 뜻을 행한다는 것은 곧 순종을 가리킵니다. 그리고 하나님의 일은 복음 전파이며, 하나님의 일을 이룬다는 것은 복음 전파 사명을 감당하는 것을 말합니다. 즉, 우리가 예수 그리스도를 믿고 복음을 전하는 것이 '영혼의 양식' 을 먹는 것입니다.

예수님께서는 하나님의 뜻에 순종하여 사마리아 지역으로 가셔서 하나님의 일, 즉 사마리아 여자에게 복음을 전하심으로 영혼의 양식을 드셨기 때문에 육신의 허기를 잊어버리셨습니다. 마찬가지로 오늘날 우리도 영적으로 하나님의 은혜가 충만하여 복음을 전하면 마음속에 기쁨이 넘치고 영혼의 양식으로 배불린 포만감을 느끼게 됩니다. 그러므로 우리는 매일 육신의 양식을 먹어 육신의 생명을 유지하듯이, 하나님의 뜻에 전적으로 순종하고 하나님께서 주신 사명을 열심히 수행함으로써 우리의 영혼도 건강하게 유지하여야겠습니다.

35절 너희는 넉 달이 지나야 추수할 때가 이르겠다 하지 아니하느냐 그러나 나는 너희에게 이르노니 너희 눈을 들어 밭을 보라 희어져 추수하게 되었도다

사마리아 여자의 전도를 받고 나아오는 사마리아인들의 무리를 보시면서 예수님께서는 영적 추수기에 대해 말씀하셨습니다. 즉, 들판의 곡식들은 아직 추수할 때가 되지 않았지만, 영혼의 추수는 바로 지금 하여야 한다고 말씀하셨습니다.

곡식은 논밭에 씨를 뿌린 다음에 그것이 다 자라서 추수하게 될 때까지 기다려야 합니다. 그러나 영혼을 구원하는 일에는 때가 따로 없습니다. 지금도 세상 들판에 있는 영혼들은 추수를 기다리고 있습니다. 그러므로 추수 때에 일꾼들이 땀 흘려 곡식을 거두어들이듯이, 영적 추수꾼인 우리는 우리의 손길을 기다리고 있는 세상의 영혼들을 추수하여 구원의 곳간에 들이는 일에 열심을 내어야겠습니다.

36-38절 거두는 자가 이미 삯도 받고 영생에 이르는 열매를 모으나니 이는 뿌리는 자와 거두는 자가 함께 즐거워하게 하려 함이라 그런즉 한 사람이 심고 다른 사람이 거둔다 하는 말이 옳도다 내가 너희로 노력하지 아니한 것을 거두러 보내었노니 다른 사람들은 노력하였고 너희는 그들이 노력한 것에 참여하였느니라

"거두는 자가 이미 삯도 받고 영생에 이르는 열매를 모으나니". 영혼을 거두어들이는 추수꾼들은 자기 자신만 구원받는 것이 아니라, 귀중한 영혼을 영원한 생명으로 이끄는 역할을 함으로써 그리스도 안에서

열매를 풍성히 맺게 됩니다. 그러므로 추수꾼의 보람과 기쁨은 말할 수 없이 큽니다. 그런데 이러한 보람과 기쁨은 비단 추수꾼들만의 것이 아닙니다. 영적 추수에는 추수꾼과 씨를 뿌린 자가 수확의 기쁨을 함께 나눕니다. 즉, 한 영혼이 구원받을 때, 그에게 복음의 씨를 뿌린 전도자와 그를 주님께로 인도한 추수꾼이 동일한 기쁨을 갖게 되는 것입니다.

그러나 영혼 구원은 전도자나 추수꾼이 하는 것이 아니라 하나님께서 하시는 일입니다. 이에 대해 사도 바울은 "나는 심었고 아볼로는 물을 주었으되 오직 하나님께서 자라나게 하셨나니 그런즉 심는 이나 물 주는 이는 아무것도 아니로되 오직 자라게 하시는 이는 하나님뿐이니라 심는 이와 물 주는 이는 한가지이나 각각 자기가 일한 대로 자기의 상을 받으리라"(고전 3:6-8)고 말하였습니다. 그러므로 전도하고 나서 전도 대상자가 즉시 구원받지 못한다고 해서 슬퍼하거나 낙심할 필요가 없습니다. 또한 누군가를 주님께로 인도했다고 해서 우쭐해서도 안 됩니다. 영적 추수는 나 혼자 독자적으로 하는 것이 아니라, 협력하여 선을 이루는 협동 사역입니다. 그러므로 영적 추수에 있어서 우리는 단지 자기 몫의 사명을 수행하는 것이요, 정작 영혼을 구원하는 일은 하나님께서 주도하신다는 사실을 깨닫고 겸손히 최선을 다해 사명을 완수해 나가야 하는 것입니다.

5. 사마리아인들의 회심(4:39-42)

39. 여자의 말이 내가 행한 모든 것을 그가 내게 말하였다 증언하므로 그 동네 중에 많은 사마리아인이 예수를 믿는지라 40. 사마리아인들이 예수께 와서 자기들과 함께 유하시기를 청하니 거기서 이틀을 유하시매 41. 예수의 말씀으로 말미암아 믿는 자가 더욱 많아 42. 그 여자에게 말하되 이제 우리가 믿는 것은 네 말로 인함이 아니니 이는 우리가 친히 듣고 그가 참으로 세상의 구주신 줄 앎이라 하였더라

39절 여자의 말이 내가 행한 모든 것을 그가 내게 말하였다 증언하므로 그 동네 중에 많은 사마리아인이 예수를 믿는지라

우물가에서 예수님과 제자들의 대화가 계속되는 동안에 사마리아 수가 성에서는 구원의 파장이 점점 더 확산되고 있었습니다. 자기에게 일어난 일을 증언하는 사마리아 여자의 전도를 받은 많은 사마리아인이 예수님께 나아와 예수님을 믿게 되었습니다.

사마리아 여자 한 사람의 전도로 수많은 영혼이 주님께로 인도된 것을 볼 때, 우리는 전도의 위력을 알 수 있습니다. 위력 있는 전도를 하는 데에는 특별히 말을 잘해야 한다든지 많은 학식이 필요한 것이 아닙니다. 자신이 예수님을 만남으로써 어떻게 변화되었는지를 간증하는 것만으

로도 훌륭한 전도가 됩니다. 우리 그리스도인들은 어느 한 사람도 예외 없이 개인적으로 주님을 만나서 믿게 된 자기만의 체험이 있습니다. 바로 그 체험을 사람들에게 말할 때, 그 배후에서 성령께서 듣는 이들의 마음에 감동 감화를 주어 역사하심으로 그들로 하여금 예수 그리스도를 믿게 하여 구원받게 해 주시는 것입니다. 그러므로 '나는 전도할 줄 모른다.' 고 뒷걸음질치고 두려워하는 것은 잘못된 것입니다. 오직 영혼을 구원하시는 주님께 기도로 맡기고 성령의 도우심을 받아 때를 얻든지 못 얻든지 복음을 전하여야 하는 것입니다.

40-42절 사마리아인들이 예수께 와서 자기들과 함께 유하시기를 청하니 거기서 이틀을 유하시매 예수의 말씀으로 말미암아 믿는 자가 더욱 많아 그 여자에게 말하되 이제 우리가 믿는 것은 네 말로 인함이 아니니 이는 우리가 친히 듣고 그가 참으로 세상의 구주신 줄 앎이라 하였더라

예수님을 찾아온 사마리아인들은 예수님과 단 며칠이라도 함께 있기를 소원하였습니다. 예수님께서는 그들의 간절한 소원을 물리치지 않으시고 그들과 이틀 동안 함께 지내셨습니다.

그 이틀 동안 사마리아에서는 하나님의 구원의 역사가 놀랍게 일어났습니다. 이틀 동안 예수님과 함께 지내며 말씀을 듣는 중에 수많은 사람이 예수님을 믿게 된 것입니다. 하나님의 놀라운 역사는 여기서 그치지 않고, 먼저 예수님을 찾아왔던 사람들의 신앙을 성숙한 단계로 도약시키는 것으로도 나타났습니다. 사마리아 여자의 증언을 듣고 예수님을 찾아왔던 초보적인 신앙 단계에서 벗어나 "이제 우리가 믿는 것은 우리가 친

히 듣고 예수님께서 참으로 세상의 구주신 줄 앎이라." 고 고백하기에 이른 것입니다. 이와 같은 사마리아인들의 고백에서 볼 수 있듯이, 신앙은 예수님과 개인적으로 직접 만나는 체험을 바탕으로 갖게 되며, 참된 믿음은 예수님의 말씀을 들음으로써 생겨나는 것입니다(롬 10:17).

6. 갈릴리로 오신 예수님(4:43-45)

43. 이틀이 지나매 예수께서 거기를 떠나 갈릴리로 가시며 44. 친히 증언하시기를 선지자가 고향에서는 높임을 받지 못한다 하시고 45. 갈릴리에 이르시매 갈릴리인들이 그를 영접하니 이는 자기들도 명절에 갔다가 예수께서 명절 중 예루살렘에서 하신 모든 일을 보았음이더라

43-44절 이틀이 지나매 예수께서 거기를 떠나 갈릴리로 가시며 친히 증언하시기를 선지자가 고향에서는 높임을 받지 못한다 하시고

사마리아에서 이틀간의 사역을 마치신 예수님께서는 갈릴리로 가시면서 "선지자가 고향에서는 높임을 받지 못한다." 라고 말씀하셨습니다. 예수님께서는 자신이 자기 백성들로부터 환영받지 못하고 철저히 배척당할 것을 알고 계셨습니다. 그렇기 때문에 고향에서 높임을 받지 못

하는 현실에 특별히 놀라거나 당황하지 않으셨습니다.

45절 갈릴리에 이르시매 갈릴리인들이 그를 영접하니 이는 자기들도 명절에 갔다가 예수께서 명절 중 예루살렘에서 하신 모든 일을 보았음이더라

예수님께서는 갈릴리에 이르러 갈릴리인들로부터 대대적인 환영을 받으셨습니다. 예수님을 환영한 갈릴리인들의 무리는 유월절에 예루살렘에 갔다가 예수님께서 행하시는 표적을 보았던 사람들입니다(2:23).

갈릴리인들의 관심은 예수님께서 행하시는 표적에 있었습니다. 그들은 예수님을 메시아로 믿고 영접한 것이 아니라, 그저 놀라운 표적과 이적을 행하는 자에게 갖는 기대와 관심을 가지고 예수님을 영접한 것입니다. 따라서 예수님께서 표적을 행하시는 여부에 따라 이들의 태도는 호의적인 데에서 적대적인 것으로 돌변할 수도 있었습니다.

이와 같이 예수님이 아닌 표적에만 관심을 가지고 있는 사람들은 우리 주변에서도 찾아볼 수 있습니다. 교회에 출석하고 예수님을 믿는다고 하면서도 눈에 보이는 기적을 보는 일에만 관심을 보이고, 정작 믿음의 열매를 맺지 못하는 사람들이 있습니다. 또한 의술로 고칠 수 없는 치명적인 병에 걸리거나 결코 해결할 수 없는 문제를 안고 있을 때에만 주님께 나아와 병을 치료받고 문제를 해결 받으려는 사람들도 있습니다. 이러한 사람들은 자신이 예수님을 한낱 자신의 필요나 욕구를 채워 주는 수단으로 대하고 있다는 것조차 깨닫지 못하고 있습니다.

여러분은 어떻습니까? 예수님을 자신의 진정한 구주로 섬기고 계십니까? 표적은 주님께서 불신자들에게 하나님의 살아 계심과 역사하심을 계

시하는 수단일 뿐입니다. 그러므로 우리가 바라보아야 하는 대상은 표적이 아니라, 전능하신 하나님이시며 우리를 죽음에서 구원하신 구주 예수님입니다. 성경에는 "믿음의 주요 또 온전하게 하시는 이인 예수를 바라보자"(히 12:2)라고 기록되어 있습니다. 우리는 우리를 구원하신 예수님을 믿고 의지하고 바라보며 우리의 삶 가운데 믿음의 열매를 맺어야 겠습니다.

7. 왕의 신하의 아들을 고치신 예수님(4:46-54)

**46. 예수께서 다시 갈릴리 가나에 이르시니 전에 물로 포도주를 만
드신 곳이라 왕의 신하가 있어 그의 아들이 가버나움에서 병들었더
니 47. 그가 예수께서 유대로부터 갈릴리로 오셨다는 것을 듣고 가
서 청하되 내려오셔서 내 아들의 병을 고쳐 주소서 하니 그가 거의
죽게 되었음이라 48. 예수께서 이르시되 너희는 표적과 기사를 보
지 못하면 도무지 믿지 아니하리라 49. 신하가 이르되 주여 내 아이
가 죽기 전에 내려오소서 50. 예수께서 이르시되 가라 네 아들이 살
아 있다 하시니 그 사람이 예수께서 하신 말씀을 믿고 가더니 51. 내
려가는 길에서 그 종들이 오다가 만나서 아이가 살아 있다 하거늘
52. 그 낫기 시작한 때를 물은즉 어제 일곱 시에 열기가 떨어졌나이
다 하는지라 53. 그의 아버지가 예수께서 네 아들이 살아 있다 말씀
하신 그때인 줄 알고 자기와 그 온 집안이 다 믿으니라 54. 이것은**

46-47절 예수께서 다시 갈릴리 가나에 이르시니 전에 물로 포도주를 만드신 곳이라 왕의 신하가 있어 그의 아들이 가버나움에서 병들었더니 그가 예수께서 유대로부터 갈릴리로 오셨다는 것을 듣고 가서 청하되 내려오셔서 내 아들의 병을 고쳐 주소서 하니 그가 거의 죽게 되었음이라

예수님께서는 다시 갈릴리 가나로 가셨습니다. 가나는 전에 예수님께서 물을 포도주로 변화시키는 첫 기적을 행하셨던 곳입니다(2:1-11).

예수님께서 갈릴리 지역으로 오시자, 이 소식을 들은 왕의 신하가 예수님을 찾아왔습니다. 그는 헤롯 왕의 왕궁에 소속된 관리로 추측됩니다. 그는 고위 관리로서 권세와 명예를 가지고 남들이 부러워할 만한 생활을 하였습니다. 그러나 어느 날 그의 가정에 큰 불행이 덮쳐 왔습니다. 그가 끔찍이 사랑하는 아들이 중병이 들어 사경을 헤매게 된 것입니다. 죽어 가는 아들을 지켜보는 그의 심정은 비탄과 절망의 심연으로 빠져 들어가고 있었습니다.

그런데 바로 그때 그의 귀에 "예수님께서 갈릴리에 오셨다."라는 말이 들렸습니다. 그러자 그의 마음에 한 가지 기억이 떠오르며 소망이 생겨났습니다. '예수님이라면, 전에 기적을 행하셨던 분이 아닌가! 그분이라면 내 아들을 고쳐 주실 수 있으리라.' 이러한 생각으로 그는 서둘러 예수님을 찾아왔습니다.

가버나움에서 갈릴리 가나까지는 약 34㎞의 거리입니다. 그러나 한시

가 급한 그는 그 먼 길을 한달음에 달려 예수님께 왔습니다. 예수님을 만난 그는 곧장 자신의 소원을 간청하였습니다. "내려오셔서 내 아들의 병을 고쳐 주소서." 그는 예수님께서 자신의 아들을 고쳐 주실 수 있다는 믿음이 있었습니다. 그러나 그의 믿음은 아직 초보적인 것이었습니다. 그는 예수님께서 직접 가버나움으로 가셔서 자신의 아들에게 안수를 해 주셔야 나을 것이라고 믿고 있었던 것입니다.

48절 예수께서 이르시되 너희는 표적과 기사를 보지 못하면 도무지 믿지 아니하리라

예수님께서는 왕의 신하의 간절한 요청을 들어주시기에 앞서, 그 자리에 모여 있던 사람들에게 이렇게 말씀하셨습니다. "너희는 표적과 기사를 보지 못하면 도무지 믿지 아니하리라." 갈릴리인들은 예수님께서 왕의 신하의 간청에 기적으로 응답해 주시는 것을 목격하여야만 믿었을 것입니다. 예수님께서는 바로 이러한 갈릴리인들의 얕은 믿음을 아셨으므로 그들을 질책하신 것입니다.

예수님께서는 단지 이적과 기사를 보고 믿는 자들도 맞아 주십니다(14:11). 그러나 이러한 믿음은 칭찬받을 만한 믿음이 아닙니다. 예수님께서는 "너는 나를 본 고로 믿느냐 보지 못하고 믿는 자들은 복되도다"(20:29)라고 말씀하셨습니다. 표적을 보지 못하고도 예수님을 믿고 그분의 말씀을 순전하게 믿는 사람이야말로 큰 믿음의 소유자요, 하나님으로부터 인정받고 칭찬받는 참된 신앙인인 것입니다.

49–50절 신하가 이르되 주여 내 아이가 죽기 전에 내려오소서 예수

께서 이르시되 가라 네 아들이 살아 있다 하시니 그 사람이 예수께서 하신 말씀을 믿고 가더니

왕의 신하는 예수님께 가버나움에 가셔서 자기의 아들을 고쳐 달라고 간청했으나, 예수님께서는 빨리 들어주시지 않고 사람들을 질책하시며 지체하셨습니다. 그러자 그는 마음이 더욱 조급해져서 재차 간청했습니다. "주여, 내 아이가 죽기 전에 내려오소서." 이처럼 다급하게 재촉하는 그의 말에서 어찌하든지 아들을 살려 보려는 아버지로서의 사랑과 예수님께서 반드시 고칠 수 있으리라는 믿음을 읽을 수 있습니다. 그러나 한편 이 말에는 예수님의 능력을 제한적으로 믿는 그의 연약한 믿음 또한 여실히 나타나 있습니다. 그는 예수님께서 자기 아들에게 가서 직접 안수해 주셔야만 그 아이가 살 수 있을 것이라고 믿었으며, 예수님께서 도착하시기 전에 아이가 죽으면 살릴 수 없을 것이라고 생각했던 것입니다. 이것은 말씀만으로 천지를 창조하시고 기적을 행하시며 죽은 자를 살리시는 예수님의 전능한 능력을 알지 못하고 말하는 무지한 소리였습니다.

왕의 신하는 조급하게 서두르며 예수님을 빨리 모셔 가려고 재촉했습니다. 그러나 예수님께서는 미동도 하지 않으시고 다만 이 한마디 말씀만 해 주셨습니다. "가라. 네 아들이 살아 있다." 표적을 직접 볼 것을 기대하고 있는 사람에게는 예수님의 이 말씀이 시험과도 같았을 것입니다. 그러나 왕의 신하는 예수님의 말씀을 듣는 순간 그 말씀에 대한 믿음이 생겼습니다. 표적을 보아야 믿을 수 있었던 그의 초보적인 신앙이 한순간에 말씀을 믿는 믿음, 보지 않고도 믿는 신앙으로 진보한 것입니다. 예수님의 말씀을 믿음으로 받아들인 왕의 신하는 가벼운 발걸음으로 집으로 향하였습니다.

예수님께서는 시간과 공간의 제약을 받지 않고 역사하십니다. 창세 때에 말씀으로 천지 만물을 창조하시고 2천 년 전에 이 세상에 성육신하셔서 말씀으로 수많은 기적을 행하신 예수님께서는 오늘날도 말씀으로 기적을 베푸시며 역사하고 계십니다. 그러므로 우리는 살아서 역사하는 예수님의 능력의 말씀, 믿음의 말씀을 구하여야 합니다. "주여, 말씀만 하옵소서. 제가 믿겠나이다." 이렇게 말씀을 구하고, 말씀이 주어졌을 때 즉시 그 말씀을 믿음으로 받아들여야 합니다. 그럴 때 하나님께서 그 믿음에 역사하심으로 말씀이 현실로 이루어지는 놀라운 신앙 체험을 하게 되는 것입니다.

51-53절 내려가는 길에서 그 종들이 오다가 만나서 아이가 살아 있다 하거늘 그 낫기 시작한 때를 물은즉 어제 일곱 시에 열기가 떨어졌나이다 하는지라 그의 아버지가 예수께서 네 아들이 살아 있다 말씀하신 그때인 줄 알고 자기와 그 온 집안이 다 믿으니라

예수님의 말씀을 믿고 가버나움으로 돌아가던 왕의 신하는 도중에 자기 집에서 부리는 종들과 만나 아이가 살아 있다는 소식을 들었습니다. 자신이 떠날 때만 해도 다 죽어 가던 아들이 살아 있다는 소식에 그는 뛸 듯이 기뻤습니다. 그런데 순간적으로 그의 뇌리에 '혹시?' 하는 생각이 스쳤습니다. 그래서 그는 종들에게 아이가 낫기 시작한 때가 언제인지를 물었습니다. 그리고 과연 아이가 나은 시간이 예수님께서 "네 아들이 살아 있다."라고 말씀하신 때와 일치한다는 것이 확인되자, 비로소 예수님을 믿었습니다.

여기서 우리는 왕의 신하의 믿음이 진보되어 가는 과정을 볼 수 있습니다. 처음에 그는 예수님의 능력을 믿고 예수님을 찾아왔습니다. 그런

데 예수님을 만나서 말씀을 들은 후에 그는 예수님의 말씀을 믿게 되었고, 결국에는 예수님을 믿게 된 것입니다. 건강하게 잘 자라던 아이가 병들어 죽게 된 것은 큰 시련이요, 환난이었습니다. 그러나 예수님을 만남으로써 그는 죽어 가던 아이가 살아나는 기적을 체험하였으며, 예수 그리스도를 믿는 영적인 복을 받았습니다. 뿐만 아니라 이 일련의 과정을 통해 예수님을 믿지 않던 가족들도 모두 구원받는 복이 그의 가정에 임하였습니다.

성경에는 "우리가 알거니와 하나님을 사랑하는 자 곧 그의 뜻대로 부르심을 입은 자들에게는 모든 것이 합력하여 선을 이루느니라"(롬 8:28)고 기록되어 있습니다. 지금도 우리 가운데 역사하시는 주님께서는 어떠한 환난 가운데서도 우리를 지켜 주시고 궁극적으로 선을 이루어 주십니다. 그러므로 우리는 어떤 환난이 다가오더라도 기뻐하고 감사할 수 있는 것입니다.

54절 이것은 예수께서 유대에서 갈릴리로 오신 후에 행하신 두 번째 표적이니라

'이것' 은 예수님께서 왕의 신하의 아들을 고치신 표적을 가리키는 말입니다. 본문에서는 이 표적이 '예수께서 유대에서 갈릴리로 오신 후에 행하신 두 번째 표적' 이라고 말씀하고 있습니다. 이는 예수님께서 유대에서 갈릴리로 오셔서 이 표적을 행하시기에 앞서 다른 표적을 행하셨다는 말이 아니라, 이 표적이 공생애 초기에 혼인 잔치에서 물을 포도주로 바꾸셨던 기적(2:1-11)에 이어 예수님께서 두 번째로 갈릴리 가나에서 행하신 표적이라는 뜻입니다.

제 5 장

생명과 심판의 주관자이신 **예수님**

서른여덟 해 된 병자를 고치신 예수님 5:1-18

생명의 수여자이시며 심판자이신 예수님 5:19-30

예수님에 대한 증언 5:31-47

A COMMENTARY
ON THE GOSPEL OF
JOHN I

명절을 지키기 위하여 예루살렘에 오신 예수님께서는 베데스다 연못가에서 서른여덟 해 된 병자를 고쳐 주셨습니다. 그런데 이 일을 안식일에 행하셨다는 이유로, 유대인들은 예수님을 박해하였습니다. 이에 예수님께서는 자신이 하나님의 아들이며 생명을 주고 심판을 하는 권세를 위임받았다는 것과, 이 사역은 미래에 있을 사건일 뿐만 아니라 바로 이 순간 이곳에서도 일어나는 사건임을 증언하셨습니다.

1. 서른여덟 해 된 병자를 고치신 예수님
(5:1-18)

1. 그 후에 유대인의 명절이 되어 예수께서 예루살렘에 올라가시니라
2. 예루살렘에 있는 양문 곁에 히브리 말로 베데스다라 하는 못이 있
는데 거기 행각 다섯이 있고 3. 그 안에 많은 병자, 맹인, 다리 저는
사람, 혈기 마른 사람들이 누워 [물의 움직임을 기다리니 4. 이는 천
사가 가끔 못에 내려와 물을 움직이게 하는데 움직인 후에 먼저 들어
가는 자는 어떤 병에 걸렸든지 낫게 됨이러라] 5. 거기 서른여덟 해
된 병자가 있더라 6. 예수께서 그 누운 것을 보시고 병이 벌써 오래
된 줄 아시고 이르시되 네가 낫고자 하느냐 7. 병자가 대답하되 주여
물이 움직일 때에 나를 못에 넣어 주는 사람이 없어 내가 가는 동안에
다른 사람이 먼저 내려가나이다 8. 예수께서 이르시되 일어나 네 자
리를 들고 걸어가라 하시니 9. 그 사람이 곧 나아서 자리를 들고 걸
어가니라 이날은 안식일이니 10. 유대인들이 병 나은 사람에게 이르
되 안식일인데 네가 자리를 들고 가는 것이 옳지 아니하니라 11. 대
답하되 나를 낫게 한 그가 자리를 들고 걸어가라 하더라 하니 12. 그

들이 묻되 너에게 자리를 들고 걸어가라 한 사람이 누구냐 하되 13.
고침을 받은 사람은 그가 누구인지 알지 못하니 이는 거기 사람이 많
으므로 예수께서 이미 피하셨음이라 14. 그 후에 예수께서 성전에서
그 사람을 만나 이르시되 보라 네가 나았으니 더 심한 것이 생기지
않게 다시는 죄를 범하지 말라 하시니 15. 그 사람이 유대인들에게
가서 자기를 고친 이는 예수라 하니라 16. 그러므로 안식일에 이러
한 일을 행하신다 하여 유대인들이 예수를 박해하게 된지라 17. 예
수께서 그들에게 이르시되 내 아버지께서 이제까지 일하시니 나도
일한다 하시매 18. 유대인들이 이로 말미암아 더욱 예수를 죽이고
자 하니 이는 안식일을 범할 뿐만 아니라 하나님을 자기의 친아버지
라 하여 자기를 하나님과 동등으로 삼으심이러라

1절 그 후에 유대인의 명절이 되어 예수께서 예루살렘에 올라가시니라

'유대인의 명절' 은 유월절을 말합니다. 유월절은 유대인에게 있어서 가장 큰 명절로서, 오순절(맥추절, 칠칠절)과 장막절(초막절)과 함께 '3대 절기' 로 손꼽힙니다. 하나님께서는 모든 이스라엘 남자는 매년 세 번, 즉 3대 절기를 하나님께서 택하신 곳에서 지키라고 명령하셨습니다(출 23:14-17; 신 16:16). 이 명령에 따라 이스라엘 남자들은 절기가 가까워지면 하나님께서 택하신 성소인 예루살렘으로 와서 절기를 지켰습니다.

유월절이 다가오자 예수님께서는 절기를 지키기 위해 예루살렘에 가셨습니다.

2-4절 예루살렘에 있는 양문 곁에 히브리 말로 베데스다라 하는 못

이 있는데 거기 행각 다섯이 있고 그 안에 많은 병자, 맹인, 다리 저는 사람, 혈기 마른 사람들이 누워 [물의 움직임을 기다리니 이는 천사가 가끔 못에 내려와 물을 움직이게 하는데 움직인 후에 먼저 들어가는 자는 어떤 병에 걸렸든지 낫게 됨이러라]

예루살렘 성전의 서북쪽 출입구인 양문 곁에는 '베데스다'라는 연못이 있었습니다. 그리고 이 연못가에는 다섯 개의 행각이 있었는데, 행각마다 그 안에 전국 각지에서 모여든 온갖 병자, 맹인, 다리 저는 사람, 혈기 마른 사람들이 누워서 연못 물을 지켜보며 물이 끓어오르기를 기다렸습니다. 이는 가끔 천사가 하늘에서 내려와서 연못 물이 끓어오르게 하는데 그때 물속에 제일 먼저 들어간 사람은 어떤 병에 걸렸든지 고침을 받았기 때문입니다. 이처럼 기적이 일어나는 베데스다 연못은 사람들 사이에 소문으로 전해져서 베데스다 연못의 행각은 병을 치료하려는 사람들로 늘 붐볐습니다.

베데스다 연못을 통해서 우리는 우리를 치료하기를 원하시는 하나님을 볼 수 있습니다. 하나님께서는 '치료하는 야훼'이십니다(출 15:26). 예수님 당시 유대 사회는 종교 지도자들이 타락하고 율법주의와 의식주의만을 강조하였으므로 하나님의 진정한 뜻을 모르고 영적으로 병들어 있었습니다. 그런데 베데스다 연못이라는 자연환경을 통해, 하나님께서는 병을 고침 받고 건강하게 되는 것이 하나님의 뜻임을 보여 주셨습니다. 치료가 하나님의 뜻이라는 사실은 예수님의 공생애 사역 중 약 70%가 병 고치는 것이었다는 데서도 증명됩니다.

오늘날 치료에 대한 하나님의 뜻은 교회에 계승되었습니다. 예수님께서는 제자들을 파송하실 때에 그들에게 "복음을 전하고 병을 고치라."고 명령하셨으며(마 10:7-8; 눅 9:1-6; 10:9), 승천하시기 전에는 믿는 자들에게 병자를 치료하는 표적이 따를 것이라고 말씀하셨습니다(막 16:18). 또한 성경은 교회에게 이와 같이 명령하고 있습니다. "너희 중에 병든 자가 있느냐 그는 교회의 장로들을 청할 것이요 그들은 주의 이름으로 기름을 바르며 그를 위하여 기도할지니라 믿음의 기도는 병든 자를 구원하리니 주께서 그를 일으키시리라 혹시 죄를 범하였을지라도 사하심을 받으리라 그러므로 너희 죄를 서로 고백하며 병이 낫기를 위하여 서로 기도하라 의인의 간구는 역사하는 힘이 큼이니라" (약 5:14-16). 이처럼 기독교의 복음과 치료는 불가분의 관계에 있으며, 하나님의 치료의 역사는 지금도 우리 가운데서 넘쳐 나고 있는 것입니다.

그러므로 모든 예수 그리스도의 교회는 베데스다 연못이 되어야 합니다. 베데스다 연못 물도 천사가 와서 끓어오르게 하면 치료하는 능력이 생겼는데, 하물며 그리스도의 몸 된 교회에 성령의 역사가 일어나야 하지 않겠습니까? 그리스도의 몸 된 교회는 성령의 능력으로 치료의 역사가 일어나는 '치료의 장소' 입니다. 죄를 용서받아 영혼이 치료되고, 불안과 초조와 절망과 공포를 몰아내어 마음이 치료되고, 온갖 육체의 질병과 연약함을 고침받아 육신이 치료된 새사람이 되는 역사가 일어나는 곳입니다. 이러한 치료의 역사가 일어나지 않는 교회는 의식적이고 형식적인 면으로 치우쳐 병이 들고 맙니다. 그러므로 교회는 치료가 하나님의 뜻임을 믿고, 영혼과 마음과 육신의 질병을 치료하시는 성령의 능력을 의지하여 치료를 위해 기도하여야 합니다. 그럴 때 병든 개인이 건강해지고, 교회가 건강해지며, 나아가 사회가 건강하게 되는 것입니다.

5절 거기 서른여덟 해 된 병자가 있더라

행각 안에 누워 있는 수많은 병자 가운데 서른여덟 해 된 병자가 있었습니다. 하룻밤만 앓아도 고통스러운데, 이 사람은 무려 서른여덟 해 동안 병을 앓았으니 평생을 거의 앓고 지내 온 것입니다. 또한 그가 앓은 지 서른여덟 해나 되었다는 것을 볼 때, 그의 병은 불치병이었던 것 같습니다. 그러나 그는 어떤 의사도 고치지 못하는 병에 걸려 오랜 병고에 시달리면서도 치료받고야 말겠다는 소망을 잃지 않았습니다. 그래서 다른 병자들과 마찬가지로 이제나저제나 하고 연못 물이 움직일 때를 기다리고 있었습니다. 그렇게 한 해가 지나고 두 해가 지나고 다시 한 해가 지나는 동안에 여러 사람이 치료되어 연못가에서 떠나갔지만, 그에게는 연못 물이 움직이는 것을 보고 물속에 들어가려 해도 들어갈 기회가 없었습니다. 그는 병이 너무 중해서 누군가가 도와주기 전에는 물속에 들어갈 방도가 없었던 것입니다. 그럼에도 불구하고 그는 여전히 치료의 소망을 품고 베데스다 연못가 행각에 누워 있었습니다. 그런데 그곳에 예수님께서 찾아오셨습니다. 치료의 근원이 되시는 예수님께서 그를 찾아오신 것입니다.

6-7절 예수께서 그 누운 것을 보시고 병이 벌써 오래된 줄 아시고 이르시되 네가 낫고자 하느냐 병자가 대답하되 주여 물이 움직일 때에 나를 못에 넣어 주는 사람이 없어 내가 가는 동안에 다른 사람이 먼저 내려가나이다

예수님께서는 서른여덟 해 된 병자를 보시는 순간, 그의 병이 무척 오래되었다는 것을 아시고 그를 긍휼히 여기셨습니다. 그래서 그에게 다

가가서서 "네가 낫고자 하느냐?" 고 물으셨습니다. 이 질문은 그의 마음속에 낫고자 하는 뜨거운 소원이 있는지를 묻는 것이었습니다.

서른여덟 해 된 병자는 낫고자 하는 뜨거운 소원이 있었습니다. 그러나 그는 예수님이 누구이신지, 또 그 질문의 의미가 무엇인지 제대로 알지 못하여 이렇게 대답하였습니다. "주여, 물이 움직일 때에 나를 못에 넣어 주는 사람이 없어 내가 가는 동안에 다른 사람이 먼저 내려가나이다."

사실 그는 병구완해 주는 사람도 없이 혼자서 오랜 투병 생활을 해 왔습니다. 그렇기 때문에 연못 물이 움직일 때 아무에게도 도움을 받지 못하여 물속에 제일 먼저 들어가는 데 번번이 실패했으며, 이로 인하여 그의 마음속에는 사람들에 대한 원망이 꽉 들어차 있었습니다. 그렇기 때문에 예수님께서 물으셨을 때 그의 마음속에 가득한 원망이 그대로 나오고 말았던 것입니다.

그는 자기에게 말을 걸어 온 예수님께서 자기의 사정을 들으면 자기를 불쌍히 보고 물이 움직일 때에 물속에 넣어 줄까 하는 기대는 했을 것입니다. 하지만 예수님께서 당장에 자기의 불치병을 치료해 주시리라는 것은 전혀 상상도 하지 못했습니다.

8-9절 예수께서 이르시되 일어나 네 자리를 들고 걸어가라 하시니 그 사람이 곧 나아서 자리를 들고 걸어가니라 이날은 안식일이니

서른여덟 해 된 병자의 넋두리를 들으신 예수님께서는 그에게 "일어나 네 자리를 들고 걸어가라." 고 명령하셨습니다. 예수님을 믿기는커녕 알지도 못하는 그로서는 이 명령이 황당하게 들릴 수도 있었습니다. 또

한 거동이 불편한 그로서는 이 명령을 듣는 순간 '아니, 이 사람이 지금 누굴 놀리고 있나?' 라고 생각하며 불쾌해할 수도 있었습니다. 그러나 그는 아무런 불평도 하지 않고 그 명령에 따랐습니다. 위엄 있고 권세 있는 예수님의 명령에는 도저히 거역할 수 없는 힘이 있었기 때문입니다. 그는 예수님의 권세 있는 말씀을 듣자, 자신도 모르는 사이에 벌떡 일어나 자리를 들고 걷기 시작하였습니다. 예수님의 말씀에 순종하는 순간, 지난 서른여덟 해 동안 고질적으로 그에게 고통을 주던 불치병이 깨끗이 치료된 것입니다.

오늘도 예수님께서는 우리에게 말씀하십니다. "일어나 네 자리를 들고 걸어가라." 질병의 병상에 누워 있는 사람, 가난의 병상에 누워 있는 사람, 낭패와 실망의 병상에 누워 있는 사람, 가정적인 불행의 병상에 누워 있는 사람에게 그 병상에서 일어나 걸어가라고 말씀하십니다. 우리에 대한 주님의 뜻은 우리의 영혼이 잘되고 범사에 잘되며 강건하게 되는 것입니다. 예수님께서는 "도둑이 오는 것은 도둑질하고 죽이고 멸망시키려는 것뿐이요 내가 온 것은 양으로 생명을 얻게 하고 더 풍성히 얻게 하려는 것이라"(10:10)고 말씀하셨습니다. 그러므로 우리는 예수님을 믿고 의지하며 예수님의 말씀에 순종하여, 죽음과 질병과 가난과 저주와 절망의 병상에서 일어나 생명과 건강과 부요와 축복과 소망의 길로 걸어가야겠습니다.

10절 유대인들이 병 나은 사람에게 이르되 안식일인데 네가 자리를 들고 가는 것이 옳지 아니하니라

유대인들은 사람의 생명보다 의식과 형식을 더 존중하였습니다. 그들은 "일곱째 날은 네 하나님 야훼의 안식일인즉 너나 네 아들이나 네 딸이나 네 남종이나 네 여종이나 네 가축이나 네 문 안에 머무는 객이라도 아무 일도 하지 말라"(출 20:10)는 계명을 근거로 하여 안식일에는 아무 일도 하지 못하게 했습니다. 심지어는 병자가 치료받는 것조차 일이라고 하여 치료를 금하였습니다. 그러나 예수님께서는 의식이나 형식에 앞서 사람을 존중하셨습니다. "너희 중에 어떤 사람이 양 한 마리가 있어 안식일에 구덩이에 빠졌으면 끌어내지 않겠느냐 사람이 양보다 얼마나 더 귀하냐 그러므로 안식일에 선을 행하는 것이 옳으니라"(마 12:11-12). 이 말씀에서도 볼 수 있듯이 예수님께서는 사람을 사랑하시고 사람의 생명을 귀중히 여기셨습니다. 이와 같이 예수님과 유대인들은 서로 관점이 다르고 가치관이 달랐습니다. 그러므로 예수님과 유대인들 사이가 편하지 못한 것은 지극히 당연한 일이라고 할 수 있습니다.

베데스다 연못가에 있던 병자가 침상을 들고 걸어 다니는 것을 본 유대인들은 몹시 흥분했습니다. 그런데 그들의 흥분은 서른여덟 해 된 불치병이 한순간에 나았다는 데에 대한 놀라움에서 나온 것이 아니라, 안식일에 계명을 어기고 침상을 들고 다니는 일을 했다는 데에 대한 격분에서 나온 것이었습니다. 유대인들은 오랜 고질병으로 시달렸던 병자의 고통과 그가 병을 치료받고 느끼는 기쁨에는 아랑곳없이, 자신들의 율법적인 기준만을 중시하였던 것입니다. 그래서 결국 그들은 이 일을 문제시하여 정죄하기 시작했습니다.

11-13절 대답하되 나를 낫게 한 그가 자리를 들고 걸어가라 하더라 하니 그들이 묻되 너에게 자리를 들고 걸어가라 한 사람이 누구

냐 하되 고침을 받은 사람은 그가 누구인지 알지 못하니 이는
거기 사람이 많으므로 예수께서 이미 피하셨음이라

"안식일인데 네가 자리를 들고 가는 것이 옳지 아니하니라"(10절)고 정죄하는 유대인들의 호통은 가히 위협적이었습니다. 유대인들의 이 말은 율법에 근거한 것입니다. 율법에 의하면 안식일에 물건을 옮기는 일을 하는 사람은 죽임을 당하였습니다. 그러나 병 나은 사람은 이러한 율법에 의한 처형을 두려워하는 마음보다는 병이 깨끗이 나은 데에 대한 기쁨과 감격이 더 컸습니다. 그래서 그는 유대인들에게 서슴없이 "나를 낫게 한 그가 자리를 들고 걸어가라 하더라."고 대답하였습니다.

이에 유대인들이 다시 그에게 질문하였습니다. "너에게 자리를 들고 걸어가라 한 사람이 누구냐?" 모든 생각과 판단이 오직 율법과 형식에만 맞추어져 있는 유대인들에게는 눈앞에서 벌어진 기적보다는 자신들의 판단 기준인 율법에 맞는 여부만이 관심사가 되었던 것입니다. 유대인들의 질문에 병 나은 사람은 그제야 자기를 고쳐 주신 분이 누군지 전혀 모르고 있다는 사실을 깨닫고 주위를 두리번거리면서 찾아보았습니다. 그러나 아무리 둘러보아도 도무지 찾을 수가 없었습니다. 이때 예수님께서 사람들을 피하여 몸을 이미 숨기셨기 때문에 수많은 사람이 밀집해 있는 가운데서 예수님을 찾는다는 것은 거의 불가능한 일이었던 것입니다.

14절 그 후에 예수께서 성전에서 그 사람을 만나 이르시되 보라 네가
나았으니 더 심한 것이 생기지 않게 다시는 죄를 범하지 말라
하시니

그 후에 예수님께서는 성전에서 병 나은 사람에게 다가오셔서 "보라, 네가 나았으니 더 심한 것이 생기지 않게 다시는 죄를 범하지 말라." 고 권면하셨습니다. 이를 통해 우리는 그에게 서른여덟 해 동안 고통을 주었던 고질병이 그의 죄로 말미암은 것이었음을 알 수 있습니다. 물론 근원적으로 병은 아담과 하와가 죄짓고 타락함으로 인하여 세상에 왔지만, 그렇다고 반드시 죄 때문에 병에 걸리는 것은 아닙니다. 그러나 이 사람의 경우는 죄로 인하여 병에 걸린 것이었으므로, 예수님께서는 그에게 다시 죄를 지으면 이전에 앓았던 병보다 더 나쁜 결과를 초래하게 될 것이라고 경고하셨습니다.

마태복음을 보면 예수님께서 이와 같이 말씀하셨습니다. "더러운 귀신이 사람에게서 나갔을 때에 물 없는 곳으로 다니며 쉬기를 구하되 쉴 곳을 얻지 못하고 이에 이르되 내가 나온 내 집으로 돌아가리라 하고 와 보니 그 집이 비고 청소되고 수리되었거늘 이에 가서 저보다 더 악한 귀신 일곱을 데리고 들어가서 거하니 그 사람의 나중 형편이 전보다 더욱 심하게 되느니라" (마 12:43-45). 이러므로 죄를 용서받고 병마를 쫓아내어 건강해진 사람은 다시 죄를 짓지 않도록 각별히 주의하여야 합니다. 죄된 생각, 죄된 행실, 죄를 즐기는 사람들, 죄짓기 쉬운 환경에서 떠나야 합니다.

그러면 이를 위해서 어떻게 하여야 할까요? 성경에는 "청년이 무엇으로 그의 행실을 깨끗하게 하리이까 주의 말씀만 지킬 따름이니이다" (시 119:9)라고 기록되어 있습니다. 그러므로 우리는 주야로 하나님의 말씀을 읽고 묵상하여 마음에 새김으로써 말씀이 생각을 주장하고 행실을 깨끗하고 온전하게 하며 죄에서 떠난 삶을 살게 하는 지표가 되도록 하여야 하는 것입니다.

15-16절 그 사람이 유대인들에게 가서 자기를 고친 이는 예수라 하니라 그러므로 안식일에 이러한 일을 행하신다 하여 유대인들이 예수를 박해하게 된지라

병 나은 사람은 자기를 치료해 주신 분이 예수님이시라는 것을 알게 되자, 즉시 유대인들에게 가서 그 사실을 알렸습니다. 그는 아무도 고치지 못했던 자신의 고질병을 말씀 한마디로 치료하신 예수님의 능력에 놀라는 한편, 그처럼 놀라운 능력을 행하시는 예수님을 존경하여 여봐란듯이 "나를 고친 이는 예수님이시다."라고 말했던 것입니다. 그러나 율법과 형식에만 맞추어 생각하고 판단하는 유대인들은 그의 말을 '안식일에 자리를 들고 다니라고 한 율법의 대적자가 예수다.'라는 말로 해석하였습니다. 그리하여 결국 서른여덟 해 된 병자를 고쳐 주신 일이 유대인들이 예수님을 대적하고 박해하게 되는 이유가 되고 말았습니다.

17-18절 예수께서 그들에게 이르시되 내 아버지께서 이제까지 일하시니 나도 일한다 하시매 유대인들이 이로 말미암아 더욱 예수를 죽이고자 하니 이는 안식일을 범할 뿐만 아니라 하나님을 자기의 친아버지라 하여 자기를 하나님과 동등으로 삼으심이러라

안식일에 일을 했다는 이유로 정죄하는 유대인들을 향하여 예수님께서는 "내 아버지께서 이제까지 일하시니 나도 일한다."라고 말씀하셨습니다. 태초에 천지 만물을 창조하신 하나님께서는 지금도 쉬지 않고 우

주와 자연의 질서를 유지시키시고, 모든 피조물을 다스리시며 섭리하고 계십니다. 안식일도 예외는 아니어서 하나님께서는 오늘날 우리가 안식일로 지키는 주일에도 영혼을 구원하시고 병을 치료하시며 문제를 해결해 주시는 등 끊임없이 일을 하십니다. 그러므로 성경에서는 하나님을 일컬어 "일을 행하시는 야훼, 그것을 만들며 성취하시는 야훼"(렘 33:2)라고 표현하고 있습니다.

예수님께서는 하나님께서 끊임없이 일하고 계시므로 자신도 일을 한다고 말씀하셨는데, 이는 유대인들의 안식일 규정에 정면으로 도전하는 것이었습니다. 유대인들은 십계명 중에 제4계명인 '안식일을 기억하여 거룩히 지키라. 안식일에는 아무 일도 하지 말라.'는 하나님의 명령을 문자적으로 해석하여, 안식일에 자기들이 결정하여 허용한 정도 이상의 일을 하면 계명을 어긴 자로 정죄하고 처형하였습니다. 그들은 율법은 중시하되 율법에 담긴 진정한 하나님의 뜻은 간과하고 있었던 것입니다.

원래 안식일 규례에 담긴 하나님의 뜻은 하나님의 백성들이 하나님 안에서 참된 평안과 안식을 누리게 하는 데 있습니다. 그러므로 안식일에 병으로 고통받는 사람을 치료하여 고통에서 벗어나 편히 안식할 수 있게 해 주는 일은 안식일을 범한 범죄 행위가 아니라, 오히려 안식일을 제정하신 하나님의 뜻에 맞는 선행입니다. 그러나 자신들의 교리와 판단 기준만이 옳다고 믿고 있는 독선적인 유대인들의 마음에는 그러한 깨달음이 들어올 여지가 없었으며, 그들의 굳어진 귀에는 예수님의 말씀이 거슬리기만 했습니다.

이러한 유대인들에게 예수님께서 하나님을 '내 아버지'라고 말씀하시자, 유대인들의 분노는 극에 달했습니다. 그들은 '안식일을 범한 것도 용서받을 수 없는데, 이제는 감히 하나님을 자기의 친아버지라고 하다니! 어떻게 저런 자를 살려둘 수 있겠는가!' 라고 분개하여 예수님을 죽여야겠다고 작정하였습니다.

2. 생명의 수여자이시며 심판자이신 예수님(5:19-30)

**19. 그러므로 예수께서 그들에게 이르시되 내가 진실로 진실로 너희
에게 이르노니 아들이 아버지께서 하시는 일을 보지 않고는 아무것
도 스스로 할 수 없나니 아버지께서 행하시는 그것을 아들도 그와 같
이 행하느니라 20. 아버지께서 아들을 사랑하사 자기가 행하시는
것을 다 아들에게 보이시고 또 그보다 더 큰 일을 보이사 너희로 놀
랍게 여기게 하시리라 21. 아버지께서 죽은 자들을 일으켜 살리심같
이 아들도 자기가 원하는 자들을 살리느니라 22. 아버지께서 아무
도 심판하지 아니하시고 심판을 다 아들에게 맡기셨으니 23. 이는
모든 사람으로 아버지를 공경하는 것같이 아들을 공경하게 하려 하
심이라 아들을 공경하지 아니하는 자는 그를 보내신 아버지도 공경
하지 아니하느니라 24. 내가 진실로 진실로 너희에게 이르노니 내
말을 듣고 또 나 보내신 이를 믿는 자는 영생을 얻었고 심판에 이르
지 아니하나니 사망에서 생명으로 옮겼느니라 25. 진실로 진실로
너희에게 이르노니 죽은 자들이 하나님의 아들의 음성을 들을 때가
오나니 곧 이때라 듣는 자는 살아나리라 26. 아버지께서 자기 속에**

생명이 있음같이 아들에게도 생명을 주어 그 속에 있게 하셨고 27. 또 인자 됨으로 말미암아 심판하는 권한을 주셨느니라 28. 이를 놀랍게 여기지 말라 무덤 속에 있는 자가 다 그의 음성을 들을 때가 오나니 29. 선한 일을 행한 자는 생명의 부활로, 악한 일을 행한 자는 심판의 부활로 나오리라 30. 내가 아무것도 스스로 할 수 없노라 듣는 대로 심판하노니 나는 나의 뜻대로 하려 하지 않고 나를 보내신 이의 뜻대로 하려 하므로 내 심판은 의로우니라

19절 그러므로 예수께서 그들에게 이르시되 내가 진실로 진실로 너희에게 이르노니 아들이 아버지께서 하시는 일을 보지 않고는 아무것도 스스로 할 수 없나니 아버지께서 행하시는 그것을 아들도 그와 같이 행하느니라

유대인들이 예수님을 죽이려는 이유 가운데 하나는 예수님께서 하나님을 자신의 친아버지라고 말씀하셨기 때문입니다. 유대인들은 예수님께서 나사렛 출신이라는 것을 알고 있었습니다. 그 당시 나사렛은 사회에서 낙오된 자들, 가난한 자들, 불량배와 범죄자들이 모여 사는 빈민가요, 우범 지대였습니다. 그러므로 유대인들은 나사렛 출신의 한 청년이 사람들을 선동하여 추종을 받으며 수천 년 동안 지켜 온 안식일 규례에 정면으로 도전하고 하나님을 모독하기까지 한다 하여 본격적으로 예수님을 박해하고 죽이기로 작정한 것입니다.

그러나 예수님께서는 살기등등한 유대인들에게 담대히 자신을 증언하셨습니다. "내가 진실로 진실로 너희에게 이르노니, 아들이 아버지께서 하시는 일을 보지 않고는 아무것도 스스로 할 수 없나니 아버지께서

행하시는 그것을 아들도 그와 같이 행하느니라." 예수님께서는 하나님께서 행하시는 것을 보고 그 본 것만을 하실 수 있다고 말씀하셨습니다. 즉, 성자 예수님께서는 성부 하나님과 별개로, 성부 하나님과 상관없이, 성부 하나님을 떠나서 독단적으로 일을 행하실 수 없다는 말씀입니다. 예수님께서 하시는 일은 성부 하나님으로부터 연유된 것이요, 곧 하나님께서 하시는 일인 것입니다.

20-21절 아버지께서 아들을 사랑하사 자기가 행하시는 것을 다 아들에게 보이시고 또 그보다 더 큰 일을 보이사 너희로 놀랍게 여기게 하시리라 아버지께서 죽은 자들을 일으켜 살리심같이 아들도 자기가 원하는 자들을 살리느니라

성자 예수님께서 보고 행하시는 성부 하나님의 일은 성부 하나님께서 '보이신 것' 입니다. 하나님께서 예수님에게 친히 보이시고 교제하시는 것은 아들에 대한 아버지의 사랑 때문입니다. 예수님께서는 하나님께서 이러한 사랑으로 더 큰 일을 자신에게 보이셔서 유대인들을 놀라게 하실 것이라고 말씀하셨습니다. 여기서 '더 큰 일' 이란 하나님께서 죽은 자들을 살리신 것같이 예수님께서도 살리기 원하는 자들을 살리신다는 것입니다.

죽은 자를 살리는 것은 하나님의 능력입니다. 성경에는 "하나님은 죽은 자를 살리시며 없는 것을 있는 것으로 부르시는 이시니라"(롬 4:17)고 기록되어 있습니다. 이와 같이 생살여탈권을 가지고 인간의 생사화복을 주관하시는 하나님께서는 엘리야와 엘리사를 통해서도 죽은 자를 살리셨습니다(왕상 17:17-24; 왕하 4:32-37).

그런데 이처럼 죽은 자를 살리는 하나님의 능력은 예수님께서도 보이셨습니다. 예수님께서는 나인 성 과부의 아들을 살리셨고(눅 7:11-15), 회당장 야이로의 딸을 살리셨으며(막 5:35-43), 나사로를 다시 살리셨습니다(11:38-44). 죽은 자를 살리시는 예수님의 사역은 장차 심판주로서 모든 사람을 심판하실 때에 모든 사람을 부활시키는 데서도 찾아볼 수 있습니다(29절). 이와 같이 예수님께서 죽은 자를 살리시는 능력을 행하신다는 것은, 곧 예수님께서 하나님과 동등하신 분이시며 하나님의 본체이시라는 증거가 됩니다.

22-23절 아버지께서 아무도 심판하지 아니하시고 심판을 다 아들에게 맡기셨으니 이는 모든 사람으로 아버지를 공경하는 것같이 아들을 공경하게 하려 하심이라 아들을 공경하지 아니하는 자는 그를 보내신 아버지도 공경하지 아니하느니라

하나님께서는 예수님을 사랑하셔서 심판을 예수님께 맡기셨습니다. 유대인들은 '성부 하나님께서 심판자이시므로 심판 날에 모든 사람은 하나님 앞에 서게 된다.' 고 믿고 있었습니다. 그런데 예수님께서는 "아버지께서 아무도 심판하지 아니하시고 심판을 다 아들에게 맡기셨다." 고 말씀하셨습니다. 그리고 이렇게 하신 목적은 모든 사람이 하나님을 공경하듯이 예수님을 공경하게 하려는 데 있다고 말씀하셨습니다.

이러한 예수님의 말씀에 의하면, 예수님을 공경하지 않는 것은 하나님을 공경하지 않는 것이고 예수님을 공경하는 것은 하나님을 공경하는 것이 됩니다. 그러므로 예수님을 믿지 않고 하나님만 믿는 사람은 하나님과 관계가 없는 불신자와 다를 것이 없습니다. 예수님께서는 "내가 곧 길

이요 진리요 생명이니 나로 말미암지 않고는 아버지께로 올 자가 없느니라 너희가 나를 알았더라면 내 아버지도 알았으리로다 이제부터는 너희가 그를 알았고 또 보았느니라”(14:6-7)고 말씀하셨습니다. 하나님을 믿는다고 하면서도 예수님을 믿지 않는 사람은 아무리 하나님 아버지를 불러도 하나님께서 인정해 주시지 않습니다. 우리가 하나님을 믿고 아버지라고 부를 수 있는 것은 예수님을 통해서만 가능하며, 하나님께서는 이러한 사람을 자녀로 인정해 주시는 것입니다.

24절 **내가 진실로 진실로 너희에게 이르노니 내 말을 듣고 또 나 보내신 이를 믿는 자는 영생을 얻었고 심판에 이르지 아니하나니 사망에서 생명으로 옮겼느니라**

“내 말을 듣고 또 나 보내신 이를 믿는 자는 영생을 얻었고”. 예수님께서는 예수님의 말씀을 듣고 예수님을 보내신 하나님을 믿는 사람은 영생을 얻었다고 말씀하셨습니다. ‘영생’ 은 ‘하나님의 생명’ 을 의미합니다. 생명은 낳아 준 부모의 생명을 그대로 따라 받게 됩니다. 사람의 자식으로 태어나면 사람의 생명을 얻고, 짐승의 새끼로 태어나면 짐승의 생명을 얻고, 하나님으로 말미암아 태어나면 하나님의 생명인 영생을 갖게 되는 것입니다. 우리는 사람의 자식으로 태어나 사람의 생명을 가졌습니다. 그런데 예수님을 믿고 구원받는 순간 ‘하나님의 자녀’ 가 되어 하나님의 생명인 영생을 소유하게 된 것입니다. 우리 안에 영생이 있으므로 우리는 심판과 사망의 자리에서 생명의 나라로 옮겨졌습니다. 하나님께서 마귀의 권세에서 우리를 건지셔서 하나님의 아들 나라로 옮기셨기 때문에 우리는 이미 영원한 생명의 나라에서 사망이나 심판과 상관없는 삶을 사는 것입니다.

25절 진실로 진실로 너희에게 이르노니 죽은 자들이 하나님의 아들의 음성을 들을 때가 오나니 곧 이때라 듣는 자는 살아나리라

'죽은 자' 는 영적으로 죽은 자, 곧 불신자를 가리키며, '이때' 는 예수님의 음성을 듣고 믿는 때를 가리킵니다. 예수님께서는 자신이 영적으로 죽은 자들을 향해 음성을 발하실 때 그 음성을 듣는 자는 살아나게 된다고 말씀하셨습니다.

불신자는 살았다 하나 실상은 죽은 자입니다. 육신은 살아 있으나, 영혼은 육신 속에 죽은 채로 있다가 육신마저 죽으면 영원한 죽음의 자리로 들어가는 것입니다. 아담과 하와의 타락 이후, 모든 인류는 영혼이 죽었습니다. 그러므로 인간의 삶이란 결국 사형 선고를 받아 놓고서 죽음의 생활을 하다가 처형장을 향해 나아가는 사형수의 절망적인 발걸음과 같은 것입니다. 그런데 이처럼 영원한 죽음을 향해 나아가는 인류에게 죄를 용서받고 형벌을 면제받는 길이 열렸습니다. 누구든지 예수님의 음성을 귀 기울여 듣고 믿으면 모든 죄를 사함 받고 영혼이 살아나서 영원한 사망의 자리에서 해방되어 하나님의 생명을 얻게 된 것입니다.

예수님께서는 이미 2천 년 전에 이 세상에 오셔서 우리의 영혼을 살리는 복음을 선포하셨습니다. 그런데 영혼이 살아나기 위해서는 한 가지 조건이 요구됩니다. 그것은 바로 '믿음' 입니다. 성경에는 "그러므로 믿음은 들음에서 나며 들음은 그리스도의 말씀으로 말미암았느니라" (롬 10:17)고 기록되어 있습니다. 복음은 모든 사람에게 주어졌으나, 그 말씀을 듣고 믿는 사람만이 영혼이 살아나고 영생을 얻는 복을 받아 누리게

되는 것입니다.

하나님께서는 온 인류를 구원하시기를 원하십니다. 다시 말해서, 모든 사람이 영적으로 살아나 영생을 얻기를 원하십니다. 이를 위해서 지금도 시급하게 요청되는 일은 '복음 전파' 입니다. 복음을 듣지 못한 사람들이 아직도 우리 주변에는 많이 있습니다. 이들은 복음을 알지도 못한 채 죽어 가고 있습니다. 이들의 영혼이 지금 우리를 향하여 손짓하고 있습니다.

예수님께서는 승천하시기 전에 우리에게 명령하셨습니다. "너희는 온 천하에 다니며 만민에게 복음을 전파하라"(막 16:15). 복음 전파는 모든 그리스도인들이 평생 수행하여야 하는 예수님의 지상 명령이요, 사명입니다. 그러므로 우리는 기도로 준비하고 성령님의 인도하심을 받아 때를 얻든지 못 얻든지 복음을 전하여, 세상 가운데서 신음하고 있는 불신자들을 영생의 길로 인도하여야겠습니다.

26-27절 **아버지께서 자기 속에 생명이 있음같이 아들에게도 생명을 주어 그 속에 있게 하셨고 또 인자 됨으로 말미암아 심판하는 권한을 주셨느니라**

"아버지께서 자기 속에 생명이 있음같이 아들에게도 생명을 주어 그 속에 있게 하셨고". 생명은 하나님에게서 오는 것이요, 하나님의 선물입니다. 이에 대해 성경에는 "진실로 생명의 원천이 주께 있사오니 주의 빛 안에서 우리가 빛을 보리이다"(시 36:9)라고 기록되어 있습니다. 예수님 안에는 생명의 근원이신 하나님의 생명이 있습니다. 예수님께서는 자신에 대하여 "내가 곧 길이요 진리요 생명이니"(14:6)라고 말씀하셨는데,

예수님께서 생명이시라는 것은 곧 예수님은 하나님의 생명이 그 안에서 넘치는 참생명의 근원이심을 의미합니다. 즉, 예수님께서는 성부 하나님과 마찬가지로 생명을 주시는 능력을 가지고 계신 생명의 원천이신 것입니다.

"또 인자 됨으로 말미암아 심판하는 권한을 주셨느니라". 성경에는 세상을 심판하시는 분은 하나님이시라고 분명히 기록되어 있습니다(창 18:25). 그런데 본문을 보면 하나님께서 예수님에게 심판권을 주셨다고 말씀합니다. 그리고 그렇게 하신 이유는 예수님께서 인자, 즉 사람이 되셨기 때문이라고 밝혔습니다. 온 세상의 심판권을 갖고 계신 예수님께서는 심판 날에 흰 보좌에 앉아 심판하실 것입니다(계 20:11-15).

28-29절 **이를 놀랍게 여기지 말라 무덤 속에 있는 자가 다 그의 음성을 들을 때가 오나니 선한 일을 행한 자는 생명의 부활로, 악한 일을 행한 자는 심판의 부활로 나오리라**

본문에서 예수님께서는 자신이 생명의 원천으로서 생명을 주는 이요, 심판자라는 것을 이상하게 여기지 말라고 말씀하시고 장차 모든 죽은 자를 부활시켜 심판하실 것임을 밝히셨습니다.

사람은 누구나 육신의 수명이 다하면 죽어서 흙으로 돌아갑니다. 이처럼 유한한 인생의 무상함에 대해, 일찍이 모세는 "우리의 연수가 칠십이요 강건하면 팔십이라도 그 연수의 자랑은 수고와 슬픔뿐이요 신속히 가니 우리가 날아가나이다" (시 90:10)라고 고백하였습니다.

그러나 우리의 인생은 육신의 죽음으로 완전히 끝나는 것이 아닙니다. 성경에는 "한 번 죽는 것은 사람에게 정해진 것이요 그 후에는 심판이 있으리니"(히 9:27)라고 기록되어 있습니다. 이 세상 마지막 날에는 이 세상을 거쳐 간 모든 사람이 심판자이신 예수님께 심판을 받게 되는데, 이에 앞서 육체적인 부활을 하게 됩니다. 이때 악인과 의인의 구별 없이 모든 사람이 육체적인 부활을 하게 되는 것입니다. 부활한 몸은 지금 우리가 입고 있는 몸처럼 연약하고 질병을 앓고 노쇠해 가고 죽어서 썩어지는 것이 아닙니다. 이 육신의 몸이 신령한 몸으로, 약한 몸이 강한 몸으로, 추한 몸이 영화로운 몸으로, 죽을 몸이 영원히 살 몸으로 변화됩니다.

그리고 부활한 다음에는 심판이 있습니다. 부활한 사람들은 심판을 받고 영원한 세계로 들어가게 되는데, 그 세계는 '생명' 세계와 '사망' 세계, 즉 천국과 지옥입니다. 이 두 가지 중 어느 곳으로 들어가느냐 하는 것은 이 세상에서 사는 동안 '선한 일을 행하였는가, 아니면 악한 일을 행하였는가?' 에 달려 있습니다. 선한 일을 행한 자는 천국에 들어가 영생을 누리게 되지만, 악한 일을 행한 자는 지옥에 들어가 영원한 죽음의 고통을 받게 되는 것입니다.

그러면 우리의 내세의 운명을 결정하는 선한 일과 악한 일은 무엇일까요? '선한 일' 은 예수님의 말씀을 듣고 믿는 것을 가리키고, '악한 일' 은 예수님의 말씀 듣기를 거부하고 믿지 않는 것을 가리킵니다. 결국 이 세상에 사는 동안 예수님을 자신의 구주로 영접하고 믿었느냐, 거부하였느냐에 따라 우리의 운명이 결정되는 것입니다. 그러므로 이미 예수님을 믿고 구원받은 우리는 영생의 소망을 주신 주님께 감사하며, 나아가서 아직 주님을 영접하지 않은 가족과 이웃에게 힘써 전도하여야겠습니다.

30절 내가 아무것도 스스로 할 수 없노라 듣는 대로 심판하노니 나는

나의 뜻대로 하려 하지 않고 나를 보내신 이의 뜻대로 하려 하므로 내 심판은 의로우니라

예수님께서는 자신이 하는 것은 모두 하나님의 뜻에 따른 것이라고 말씀하셨습니다. 심판도 예외가 아니어서 예수님께서는 심판자로 위임을 받으셨지만, 심판의 기준을 예수님 임의로 정하시는 것이 아니라 하나님의 뜻대로 하신다고 말씀하셨습니다. 그리고 하나님의 뜻대로 심판하므로 자신의 심판은 의롭다고 말씀하셨습니다. 이와 같이 모든 일을 하나님의 뜻대로 행하시고 심판권을 갖고 계시면서도 철저히 하나님의 뜻대로 심판하시는 예수님에게서 우리는 진정한 겸손과 순종을 배울 수 있습니다.

우리는 신앙생활을 하면서 때때로 자신에게 있는 능력을 과신할 때도 있고, 하나님의 뜻을 구하지 않고 자신의 뜻대로 일을 할 때도 있습니다. 이것은 하나님께서 가장 미워하시는 교만이요, 불신앙입니다. 그렇기 때문에 아무리 열심히 능력을 행하고 하나님의 일을 할지라도 그것은 하나님 앞에 죄를 쌓는 악행일 뿐이요, 하나님의 징계를 초래하는 범죄를 더하는 것입니다. 성경에는 "하나님은 교만한 자를 대적하시되 겸손한 자들에게는 은혜를 주시느니라 그러므로 하나님의 능하신 손 아래에서 겸손하라"(벧전 5:5-6)고 기록되어 있습니다. 또한 "야훼께서 번제와 다른 제사를 그의 목소리를 청종하는 것을 좋아하심같이 좋아하시겠나이까 순종이 제사보다 낫고 듣는 것이 숫양의 기름보다 나으니 이는 거역하는 것은 점치는 죄와 같고 완고한 것은 사신 우상에게 절하는 죄와 같음이라"(삼상 15:22-23)고 기록되어 있습니다.

우리는 자신의 능력조차 하나님께서 주신 것이라는 점을 잊어서는 안

됩니다. 그리고 모든 일은 하나님께서 주관하신다는 사실을 인정하여야 합니다. 우리는 오직 사도 바울과 같이 "내게 능력 주시는 자 안에서 내가 모든 것을 할 수 있느니라"(빌 4:13)고 고백하며 범사에 하나님의 뜻을 구하여 그 뜻대로 행하여야 하는 것입니다.

3. 예수님에 대한 증언(5:31-47)

31. 내가 만일 나를 위하여 증언하면 내 증언은 참되지 아니하되 32.
나를 위하여 증언하시는 이가 따로 있으니 나를 위하여 증언하시는
그 증언이 참인 줄 아노라 33. 너희가 요한에게 사람을 보내매 요한
이 진리에 대하여 증언하였느니라 34. 그러나 나는 사람에게서 증
언을 취하지 아니하노라 다만 이 말을 하는 것은 너희로 구원을 받게
하려 함이니라 35. 요한은 켜서 비추이는 등불이라 너희가 한때 그
빛에 즐거이 있기를 원하였거니와 36. 내게는 요한의 증거보다 더
큰 증거가 있으니 아버지께서 내게 주사 이루게 하시는 역사 곧 내가
하는 그 역사가 아버지께서 나를 보내신 것을 나를 위하여 증언하는
것이요 37. 또한 나를 보내신 아버지께서 친히 나를 위하여 증언하
셨느니라 너희는 아무 때에도 그 음성을 듣지 못하였고 그 형상을 보
지 못하였으며 38. 그 말씀이 너희 속에 거하지 아니하니 이는 그가
보내신 이를 믿지 아니함이라 39. 너희가 성경에서 영생을 얻는 줄
생각하고 성경을 연구하거니와 이 성경이 곧 내게 대하여 증언하는
것이니라 40. 그러나 너희가 영생을 얻기 위하여 내게 오기를 원하

지 아니하는도다 41. 나는 사람에게서 영광을 취하지 아니하노라
42. 다만 하나님을 사랑하는 것이 너희 속에 없음을 알았노라 43. 나
는 내 아버지의 이름으로 왔으매 너희가 영접하지 아니하나 만일 다
른 사람이 자기 이름으로 오면 영접하리라 44. 너희가 서로 영광을
취하고 유일하신 하나님께로부터 오는 영광은 구하지 아니하니 어찌
나를 믿을 수 있느냐 45. 내가 너희를 아버지께 고발할까 생각하지
말라 너희를 고발하는 이가 있으니 곧 너희가 바라는 자 모세니라
46. 모세를 믿었더라면 또 나를 믿었으리니 이는 그가 내게 대하여
기록하였음이라 47. 그러나 그의 글도 믿지 아니하거든 어찌 내 말
을 믿겠느냐 하시니라

31-32절 내가 만일 나를 위하여 증언하면 내 증언은 참되지 아니하되 나를 위하여 증언하시는 이가 따로 있으니 나를 위하여 증언하시는 그 증언이 참인 줄 아노라

하나님께서 모세를 통해 주신 규례에 의하면 판결할 때에 한 사람의 증언으로 확정하지 말고 두세 사람의 증언으로 사건을 확정하라고 했습니다(민 35:30; 신 17:6; 19:15). 이 규례에 따라 유대인들은 두세 증인의 증언이 있어야 판결을 했는데, 이러한 구례는 예수님께서도 강조하셨으며(마 18:16) 초대 교회 시대에도 철저히 지켜졌습니다(고후 13:1).

본 절을 보면, 예수님께서는 스스로 자신에 관하여 증언하시지 않고 자신을 위하여 증언하시는 분이 따로 있다고 말씀하셨습니다. 여기서 '예수님을 위하여 증언하시는 분' 이 누구인가에 대해서는 의견이 분분합니다. 어떤 사람들은 '침례 요한' 이라고 주장하는가 하면, 또 어떤 사람들은 '성부 하나님' 이라고 주장합니다. 이러한 상이한 주장 가운데 후

자가 더 일반적으로 받아들여지고 있습니다. 그런데 성경을 보면 성부 하나님도(마 3:17; 17:5; 막 1:11; 9:7; 눅 3:22; 요 1:33), 또 침례 요한도(마 3:11; 막 1:7-8: 눅 3:16-17; 요 1:26-27, 29-36) 예수님에 대해 증언한 것을 알 수 있습니다. 성부 하나님께서도 침례 요한도 예수님께서 하나님의 아들이시요, 메시아이심을 증언하였습니다.

33-35절 너희가 요한에게 사람을 보내매 요한이 진리에 대하여 증언하였느니라 그러나 나는 사람에게서 증언을 취하지 아니하노라 다만 이 말을 하는 것은 너희로 구원을 받게 하려 함이니라 요한은 켜서 비추이는 등불이라 너희가 한때 그 빛에 즐거이 있기를 원하였거니와

예수님께서는 자신에 관해 증언하는 다섯 가지 증거에 대하여 말씀하셨습니다(33-47절). 본문은 그 가운데 첫째 증거인 침례 요한에 대한 말씀입니다. 유대 지도자들은 침례 요한이 메시아인가 알아보려고 그에게 사람들을 보내어 확인해 보았습니다(1:19-28). 이때 침례 요한은 그들에게 자신의 역할을 밝히고 진리이신 예수님에 대하여 증언했습니다.

그러나 예수님께서는 침례 요한의 증언이 필요하지 않다고 말씀하셨습니다. 예수님께서는 빛이시고 침례 요한은 캄캄한 세상에 이 빛을 증언하는 등불이었기 때문입니다. 등불은 어둠 가운데서는 필요하지만, 일단 빛이 비치면 더 이상 필요하지 않게 됩니다. 빛이신 예수님께서 공식적으로 활동하시기 전에는 등불인 침례 요한이 죄로 어두운 세상을 일시적으로나마 밝히는 역할을 하였습니다. 그러나 예수님께서 활동을 시작하시자, 침례 요한의 역할은 끝이 났습니다. 빛이신 예수님께서 계시

는 곳에는 등불이 필요하지 않았기 때문입니다. 예수님께서 빛 자체이기 때문에 아무 증언이 없어도 밝히 드러나는 것입니다. 이와 같이 사람의 증언, 즉 침례 요한의 증언이 예수님께는 별다른 의미가 없었지만, 예수님께서는 침례 요한의 증언을 인용하여 사람들로 하여금 구원을 얻게 하려고 하셨습니다.

36절 내게는 요한의 증거보다 더 큰 증거가 있으니 아버지께서 내게 주사 이루게 하시는 역사 곧 내가 하는 그 역사가 아버지께서 나를 보내신 것을 나를 위하여 증언하는 것이요

예수님에 관하여 증언하는 둘째 증거는 예수님께서 행하신 역사입니다. 예수님께서 행하신 역사는 침례 요한의 증거보다 더 크고 중요한 증거입니다.

예수님께서는 수많은 병자를 깨끗이 치료하시고, 귀신을 쫓아내시고, 죽은 자를 살리시고, 물 위를 걸으시고, 거센 풍랑을 잠재우시고, 보리떡 다섯 개와 물고기 두 마리로 수많은 사람을 배불리 먹이시는 등 참으로 많은 기사와 이적을 행하셨습니다. 이러한 일들은 하나님이 아니시고는 절대로 할 수 없는 일들입니다. 그렇기 때문에 니고데모는 "랍비여 우리가 당신은 하나님께로부터 오신 선생인 줄 아나이다 하나님이 함께하시지 아니하시면 당신이 행하시는 이 표적을 아무도 할 수 없음이니이다"(3:2)라고 말했던 것입니다.

예수님께서는 기사와 이적과 하나님의 놀라운 능력을 행하심으로 하나님의 아들로 인정된 메시아이십니다. 유사 이래 예수님처럼 죄를 사하시고 병을 고치시고 귀신을 쫓아내시고 죽은 자를 살리시고 굶주린 자를

먹이시고 절망에 처한 자에게 소망을 주신 분은 없습니다. 예수님의 전체 사역과 행동 하나하나가 다 예수님께서 메시아이심을 증언하는 것입니다. 그러므로 예수님께서는 "아버지께서 내게 주사 이루게 하시는 역사 곧 내가 하는 그 역사가 아버지께서 나를 보내신 것을 나를 위하여 증언하는 것이다."라고 힘주어 말씀하신 것입니다.

37-38절 또한 나를 보내신 아버지께서 친히 나를 위하여 증언하셨느니라 너희는 아무 때에도 그 음성을 듣지 못하였고 그 형상을 보지 못하였으며 그 말씀이 너희 속에 거하지 아니하니 이는 그가 보내신 이를 믿지 아니함이라

예수님에 관하여 증언하는 셋째 증거는 성부 하나님입니다. 성부 하나님께서는 예수 그리스도께서 오실 것을 무려 3백 번 이상이나 예언하셨습니다. 구약 시대의 여러 선지자들을 통하여 여러 부분과 여러 모양으로 예수님에 대하여 예언하신 것입니다.

"너희는 아무 때에도 그 음성을 듣지 못하였고 그 형상을 보지 못하였으며". 여기서 '너희'는 유대인들을 가리킵니다. 예수님께서는 유대인들이 하나님의 음성을 들어 보지 못하고 하나님의 형상도 본 적이 없다고 말씀하셨습니다. 구약 시대에는 실제로 하나님을 보고 그 음성을 들은 사람이 없습니다. 그러나 하나님의 본체이신 예수님께서 오심으로 예수님을 통하여 하나님을 보고 그분의 음성을 듣게 되었습니다. 그렇기 때문에 예수님께서는 하나님을 보여 달라는 빌립에게 "빌립아 내가 이렇게 오래 너희와 함께 있으되 네가 나를 알지 못하느냐 나를 본 자는 아버지를 보았거늘 어찌하여 아버지를 보이라 하느냐 내가 아버지 안에

거하고 아버지는 내 안에 계신 것을 네가 믿지 아니하느냐 내가 너희에게 이르는 말은 스스로 하는 것이 아니라 아버지께서 내 안에 계셔서 그의 일을 하시는 것이라"(14:9-10)고 말씀하셨던 것입니다.

하나님께서 선지자들을 통해 예언하신 말씀대로 예수님이 오셨으나, 유대인들은 직접 예수님을 보고 그의 말씀을 들으면서도 믿지 않았습니다. 그들의 마음속에 말씀이 거하지 않으므로 그들은 자신들에게 오신 메시아를 영접하여 믿지 못하고 오히려 메시아를 십자가에 못 박아 죽이는 죄를 짓고 말았습니다. 그들은 하나님의 선민이라는 긍지와 믿음을 가지고 하나님께서 약속하신 메시아를 기다리며 하나님의 말씀대로 살기 위해 애써 왔습니다. 그러나 그들은 하나님의 말씀을 한 귀로 듣고 마음속에 간직해 두지 못한 채 다른 한 귀로 흘려버리고 말았으며, 하나님께 대해서도 참된 믿음이 없었습니다. 그렇기 때문에 예수님께서는 유대인들에게 "그 말씀이 너희 속에 거하지 아니하니 이는 그가 보내신 이를 믿지 아니함이다."라고 지적하신 것입니다.

39-40절 너희가 성경에서 영생을 얻는 줄 생각하고 성경을 연구하거니와 이 성경이 곧 내게 대하여 증언하는 것이니라 그러나 너희가 영생을 얻기 위하여 내게 오기를 원하지 아니하는도다

예수님에 관하여 증언하는 넷째 증거는 성경입니다. 구약 성경에는 예수님께서 이 세상에 오셔서(사 7:14; 미 5:2) 구원 사역을 하시고(창 3:15; 사 61:1-2; 슥 9:9) 승천하실 것이 예언되어 있습니다(시 68:18; 110:1).

예수님께서는 생명이시며, 자신을 구주로 믿고 나아오는 자들에게 영생을 주시는 생명의 원천이십니다. 그러므로 영생을 얻기 원하는 자는

예수님께로 나아와야 합니다. 그런데 유대인들은 영생을 얻기 위하여 참으로 열심히 성경을 상고하고 연구하였지만, 정작 성경이 증거하고 있는 예수님을 거부함으로써 영생을 얻을 기회를 놓치고 더욱 깊은 절망의 구덩이 속으로 빠져들었습니다.

41-42절 나는 사람에게서 영광을 취하지 아니하노라 다만 하나님을 사랑하는 것이 너희 속에 없음을 알았노라

예수님께서는 사람들로부터 영광을 받으시기 위해 이 세상에 오신 것이 아닙니다. 예수님께서는 사람들의 칭찬이나 인기를 원하시지도, 필요로 하시지도 않으셨습니다. 그러나 많은 사람이 표적을 보고서 예수님을 믿고 따름에 따라 예수님의 인기와 칭송이 점점 커져 갔습니다. 그러자 유대인들은 예수님을 계속 주시하다가 예수님께서 안식일 규례를 어겼다는 이유로 본격적으로 박해하기 시작하였습니다.

"다만 하나님을 사랑하는 것이 너희 속에 없음을 알았노라". 예수님께서는 유대인들이 자신에게 나아오기를 거부하고 자신을 박해하는 이유는 그들의 마음속에 하나님에 대한 사랑이 없기 때문이라고 지적하셨습니다. 유대인들은 하나님을 사랑한다고 자부했습니다. 그리고 율법을 열심히 지키는 것이 바로 하나님께 대한 자신들의 사랑의 증거라고 생각했습니다. 그러나 이러한 유대인들의 생각은 대단한 착각이었습니다. 그들은 율법을 지키는 일에만 치중하여 정말 중요한 것, 곧 율법에 담겨 있는 진정한 하나님의 뜻을 간과해 버리고 말았습니다. 그리하여 그들은 지극히 형식적이고 의식적인 종교만 가졌지 하나님을 사랑하는 마음이 없었던 것입니다.

사람은 누군가를 사랑하면 그 대상에 대해서 부단히 알고 싶어 하고, 그가 원하는 대로 맞추어 주며, 생사고락을 같이하고 싶어 합니다. 그러므로 유대인들이 진정으로 하나님을 사랑했다면 하나님 알기를 원하여 하나님의 뜻을 찾고 예수님을 영접했을 것입니다. 결국 그들이 하나님을 모르고 예수님을 박해한 것은 그들이 하나님을 사랑하지 않았다는 것을 증명합니다. 그들은 알지도 못하는 하나님을 사랑한다고 착각하며 불신앙을 보이고 예수님을 박해하는 죄악을 자행하고 만 것입니다.

이와 같은 유대인들의 영적 상태는 우리의 신앙과 마음 상태에 대한 경각심을 불러 일으킵니다. 우리는 주님을 믿고 사랑한다고 자부하며 고백합니다. 그러나 때로는 주일을 지켜야 한다는 의무감 때문에 마지못해 예배를 드리고, 하나님의 뜻대로 살겠다고 하면서도 자기 뜻만을 고집하며 살 때가 있습니다. 하나님을 사랑한다고 말하면서도 실제로는 자기 자신만 사랑하고 세상의 것들을 사랑하기도 합니다. 하나님의 말씀을 읽고 그 말씀대로 산다고 하면서, 그 말씀을 가지고 이웃을 판단하고 정죄하는 일에 열중하기도 합니다. 하나님 제일주의로 살겠다고 하면서 그로 인해 불이익이나 불편이 따르게 되면 하나님을 뒷전으로 밀어 놓고 자기 편리한 대로 살 때도 있습니다.

그러나 '사랑' 이란 자기를 포기하는 자기희생입니다. 자신의 권리를 주장하지 않고, 자기의 뜻을 고집하지 않으며, 어떠한 불편함과 손해를 보더라도 변함없이 상대방을 존중하고 사랑하는 것이 진정한 사랑입니다. 상대방이 원하는 것이 무엇인지 정확하게 알고 그것을 이루기 위해 최선을 다하며, 자기의 모든 것을 다 주어도 더 주고 싶어 하고, 상대방을 위해서라면 죽음도 두려워하지 않는 것이 사랑입니다. 예수님께서는 바로 이러한 사랑을 우리에게 주셨습니다. 우리 한 사람 한 사람을 지극히 사랑하셔서 구원하시고, 지금도 변함없이 사랑하시고 계십니다. 그렇기 때문에 우리도 예수님을 믿고 사랑하게 된 것입니다. 그러나 예수님을 향한 우리의 사랑은 기복이 심합니다. 그래서 어떤 때에는 예수님을 뜨겁게 사랑하는가 싶은데, 어떤 때에는 냉랭한 마음이 되어 형식적으로 주님을 대할 때가 있는 것입니다. 예수님께서는 사랑이 식은 자들에게 경고하십니다. "너를 책망할 것이 있나니 너의 처음 사랑을 버렸느니라 그러므로 어디서 떨어졌는지를 생각하고 회개하여 처음 행위를 가지라 만일 그리하지 아니하고 회개하지 아니하면 내가 네게 가서 네 촛대를 그 자리에서 옮기리라" (계 2:4-5).

지금 여러분의 신앙 상태는 어떻습니까? 여러분의 마음속에는 하나님께 대한 사랑이 뜨겁게 타오르고 있습니까? 하나님에 대한 뜨거운 사랑이 여러분의 생활 가운데 드러나고 있습니까? 이제까지 말로만 하나님을 사랑했다면, 주님께 대한 첫사랑을 잃어버렸다면, 언제 어떤 계기로 그렇게 되었는가를 생각하고 회개하십니다. 그리고 그 사랑을 회복하고 더욱 성숙시켜 가십시오. 그리하여 어제보다는 오늘이, 오늘보다는 내일이 주님께 더욱 큰 사랑을 보여 드리는 날이 되도록 하십시오.

43-44절 나는 내 아버지의 이름으로 왔으매 너희가 영접하지 아니하나 만일 다른 사람이 자기 이름으로 오면 영접하리라 너희가 서로 영광을 취하고 유일하신 하나님께로부터 오는 영광은 구하지 아니하니 어찌 나를 믿을 수 있느냐

예수님께서는 '유대인들이 성부 하나님의 이름으로 온 자신은 영접

하지 않았으나, 다른 사람이 자기 이름으로 오면 영접할 것' 이라고 말씀하셨습니다. 여기서 '다른 사람' 이란 자칭 그리스도라고 하는 적그리스도를 가리킵니다. 즉, 유대인들이 진짜 그리스도이신 예수님은 배척하고 거짓 그리스도를 영접할 것임을 지적하신 것입니다. 그리고 예수님께서는 유대인들이 자신을 믿지 않고 배척하는 이유가 사람의 영광을 취하려는 그들의 욕심에서 비롯된 것이라고 지적하셨습니다.

사람의 영광은 일시적이고 상대적인 것입니다. 사람의 영광, 즉 인기와 명성은 만족함이 없으며, 그것을 잃었을 때의 상실감과 허무는 사람을 타락시키기까지 합니다. 그러나 하나님으로부터 오는 영광은 영원하고 절대적인 것입니다. 다른 사람과의 치열한 경쟁을 통해서 쟁취하는 것이 아니며, 참만족이 있는 절대 영광입니다. 이러한 하나님의 영광은 예수님의 얼굴을 통해서 비추어집니다. 예수님께서 바로 하나님의 영광의 광채시며 그 본체의 형상이시기 때문에, 하나님의 영광을 구하면 반드시 예수님이 드러나게 됩니다. 그러므로 우리가 하나님의 영광을 구하면 구할수록 예수님을 더욱 잘 알게 되고, 온전히 섬기게 되고, 전심으로 경배하게 되며, 예수님을 닮아 가게 되어 삶 가운데 예수 그리스도를 드러내게 되는 것입니다.

45-47절 내가 너희를 아버지께 고발할까 생각하지 말라 너희를 고발하는 이가 있으니 곧 너희가 바라는 자 모세니라 모세를 믿었더라면 또 나를 믿었으리니 이는 그가 내게 대하여 기록하였음이라 그러나 그의 글도 믿지 아니하거든 어찌 내 말을 믿겠느냐 하시니라

유대인들은 이스라엘 역사상 가장 위대한 지도자였던 모세를 숭배하였으며, 모세가 하나님께로부터 받은 율법을 지킴으로써 구원받을 수 있다고 믿었습니다. 그러나 예수님께서는 자신에 대한 다섯째 증거로 모세가 하나님께 유대인들의 불신앙을 고소한다고 말씀하셨습니다. 그리고 그들이 스스로 '모세의 제자' (9:28)라고 자랑하며 모세의 율법을 믿는다고 하지만 실제로는 모세를 믿지도 않고 모세의 율법도 잘못 이해하고 있다고 지적하셨습니다.

율법은 사람들로 하여금 죄를 깨닫고 그리스도께로 나아가게 인도하는 초등 교사입니다(롬 3:20; 갈 3:24). 즉, 모세의 율법은 사람들의 죄를 폭로하고 정죄하는 것이지 사람을 구원하는 것이 아닙니다. 또한 모세는 하나님의 계시를 받아 예수 그리스도에 대해 예언하고 율법에 기록한바 있습니다(신 18:15; 요 1:45). 그러므로 모세를 믿고 모세의 율법을 제대로 이해한다면, 예수님을 믿고 예수님의 말씀을 믿을 수밖에 없는 것입니다. 그런데 유대인들은 모세와 모세가 기록한 글, 곧 율법을 믿었으나 모세가 예언한 예수님을 배척하고 예수님의 말씀을 믿지 않았습니다. 이것은 그들의 믿음이 참되지 않다는 것을 나타냅니다. 그러므로 예수님께서는 바로 이러한 유대인들의 불신앙을 지적하여 일깨워 주신 것입니다.

제 6 장

생명의 떡이신 예수님

오병이어의 기적	6:1-15
물 위를 걸으신 예수님	6:16-21
생명의 떡이신 예수님	6:22-59
계시의 말씀에 대한 제자들의 반응	6:60-71

A COMMENTARY
ON THE GOSPEL OF
JOHN I

갈릴리 바다 건너편 산지에서 예수님께서는 보리떡 다섯 개와 물고기 두 마리로 오천 명을 배불리 먹이셨습니다. 그러자 이 이적을 목격한 사람들이 예수님을 억지로 자신들의 왕으로 삼으려고 하였습니다. 그러나 자신의 사명이 지상의 왕이 되는 것이 아님을 아시는 예수님께서는 혼자 산으로 떠나셨습니다.

그날 밤 예수님께서는 갈릴리 바다 물 위를 걸어 먼저 배를 타고 가고 있던 제자들과 합류하여 가버나운으로 가셨습니다. 그곳에서 예수님께서는 자신을 따라온 무리에게 자신은 하나님의 뜻을 행하여야 한다고 말씀하셨습니다. 예수님께서 이 땅에 오신 것은 자신의 살을 찢기고 피를 흘려 세상으로 하여금 영생을 얻게 하려는 것이며, 이것은 하나님의 뜻임을 밝히셨습니다. 그리고 궁극적으로는 예수님 자신이 세상으로 하여금 영생을 얻게 하는 생명의 떡이심을 밝히셨습니다.

예수님의 말씀을 듣고 난 뒤에 사람들은 예수님을 등지고 떠나는 무리와 예수님을 하나님의 거룩하신 분으로 고백하는 열두 제자의 무리로 나뉘었습니다.

1. 오병이어의 기적(6:1-15)

1. 그 후에 예수께서 디베랴의 갈릴리 바다 건너편으로 가시매 2. 큰
무리가 따르니 이는 병자들에게 행하시는 표적을 보았음이러라 3.
예수께서 산에 오르사 제자들과 함께 거기 앉으시니 4. 마침 유대인
의 명절인 유월절이 가까운지라 5. 예수께서 눈을 들어 큰 무리가 자
기에게로 오는 것을 보시고 빌립에게 이르시되 우리가 어디서 떡을
사서 이 사람들을 먹이겠느냐 하시니 6. 이렇게 말씀하심은 친히 어
떻게 하실지를 아시고 빌립을 시험하고자 하심이라 7. 빌립이 대답
하되 각 사람으로 조금씩 받게 할지라도 이백 데나리온의 떡이 부족
하리이다 8. 제자 중 하나 곧 시몬 베드로의 형제 안드레가 예수께
여짜오되 9. 여기 한 아이가 있어 보리떡 다섯 개와 물고기 두 마리
를 가지고 있나이다 그러나 그것이 이 많은 사람에게 얼마나 되겠사
옵나이까 10. 예수께서 이르시되 이 사람들로 앉게 하라 하시니 그
곳에 잔디가 많은지라 사람들이 앉으니 수가 오천 명쯤 되더라 11.
예수께서 떡을 가져 축사하신 후에 앉아 있는 자들에게 나눠 주시고
물고기도 그렇게 그들의 원대로 주시니라 12. 그들이 배부른 후에

예수께서 제자들에게 이르시되 남은 조각을 거두고 버리는 것이 없게 하라 하시므로 13. 이에 거두니 보리떡 다섯 개로 먹고 남은 조각이 열두 바구니에 찼더라 14. 그 사람들이 예수께서 행하신 이 표적을 보고 말하되 이는 참으로 세상에 오실 그 선지자라 하더라 15. 그러므로 예수께서 그들이 와서 자기를 억지로 붙들어 임금으로 삼으려는 줄 아시고 다시 혼자 산으로 떠나가시니라

1-2절 그 후에 예수께서 디베랴의 갈릴리 바다 건너편으로 가시매 큰 무리가 따르니 이는 병자들에게 행하시는 표적을 보았음이러라

'갈릴리 바다' 는 예수님의 사역 중심지인 갈릴리의 동쪽에 위치한 곳으로 '긴네렛 바다' (수 13:27), '긴네롯 바다' (수 12:3), '게네사렛 호수' (눅 5:1) 등으로 불리었으며, 주후 20년경에 헤롯 안티파스가 로마 황제 티베리우스를 기념하기 위해 건설한 도시인 디베랴가 세워진 이후에는 '디베랴 바다' 라고도 불렸습니다. 그리고 '갈릴리 바다 건너편' 은 베드로와 안드레와 빌립의 고향인 '벳새다' 를 가리킵니다(눅 9:10).

예수님께서 갈릴리 바다 건너편 벳새다 광야로 가실 때, 수많은 사람이 예수님을 따라왔습니다. 그들은 예수님께서 행하시는 표적을 보고, '예수님을 따라가면, 예수님께서 나의 필요와 욕구를 채워 주시겠지.' 라는 생각으로 따라온 것입니다.

3-6절 예수께서 산에 오르사 제자들과 함께 거기 앉으시니 마침 유대인의 명절인 유월절이 가까운지라 예수께서 눈을 들어 큰 무

리가 자기에게로 오는 것을 보시고 빌립에게 이르시되 우리가 어디서 떡을 사서 이 사람들을 먹이겠느냐 하시니 이렇게 말씀하심은 친히 어떻게 하실지를 아시고 빌립을 시험하고자 하심이라

유대 최고의 명절인 유월절을 며칠 앞두고, 예수님께서 제자들과 함께 갈릴리 바다 건너편에 있는 산으로 올라가시자 많은 무리가 예수님을 따라갔습니다. 예수님께서는 그들을 불쌍히 여기시고 그들과 함께 앉으셔서 말씀을 가르치시고 병도 고쳐 주셨습니다. 그러는 동안에 날이 저물어 가고 있었으며(막 6:35), 예수님을 따라온 사람들은 허기지고 지쳐 있었습니다. 예수님께서는 도저히 그들을 그대로 돌려보내실 수가 없었습니다. 그래서 그들에게 먹을 것을 주려고 하셨습니다.

여기서 우리는 하나님께서 우리 인간의 모든 필요에 대해서 관심을 갖고 계시며 그 필요를 채워 주신다는 것을 깨닫게 됩니다. 하나님께서는 우리 인생을 지으셨기 때문에 우리의 필요에 대해 무관심하지 않으시며, 우리에게 필요한 것이 무엇인지 잘 알고 계십니다. 또한 하나님께서는 우리 인간이 영혼뿐 아니라 육체를 가지고 산다는 것을 아십니다. 이와 같이 우리가 필요로 하는 모든 것을 아시고 관심을 갖고 계신 하나님께서는 우리가 아무 부족함 없이 풍성하고 행복한 삶을 살기를 원하십니다. 그래서 우리의 영혼이 잘되고 범사가 형통하고 육신이 강건하게 해 주시는 것입니다. 이처럼 하나님께서 우리에게 주신 구원은 영혼에만 국한되는 것이 아니라 영혼과 환경과 육신을 포함하는 전인 구원입니다.

하나님께서 우리에게 전인 구원을 주신 이유는 우리가 전적으로 타락했기 때문입니다. 아담과 하와의 범죄의 결과로 모든 인간은 영혼이 죽고, 자연환경도 저주를 받아 가시와 엉겅퀴를 내므로 이마에 땀 흘리며

수고해야 생계를 이어 나갈 수 있고, 육신도 병들고 늙어 죽게 되었습니다. 이와 같이 우리 인간은 전적으로 타락했으므로, 하나님께서 마지막 아담이신 예수 그리스도를 이 세상에 보내셔서 전인 구원을 이루게 하신 것입니다.

본문을 보면 예수님께서는 많은 무리에게 영혼의 양식인 말씀을 먹이시고 병을 고쳐 주신 후에 육신의 양식까지 먹이고자 하셨습니다. 예수님께서는 자신이 어떻게 하여야 이 많은 무리를 배불리 먹일 수 있을지를 알고 계셨습니다. 죽은 자를 살리시고 없는 것을 있는 것같이 부르시는 예수님께 있어서 그 정도의 일은 문제가 되지 않았습니다. 그러나 예수님께서는 아무런 내색도 하시지 않고 도리어 빌립에게 "우리가 어디서 떡을 사서 이 사람들을 먹이겠느냐?" 고 물으셨습니다. 예수님께서 이처럼 빌립에게 질문하신 것은 그의 도움이 필요해서가 아니라, 그의 믿음을 시험해 보기 위한 것이었습니다. 빌립은 예수님께 직접 부르심을 받고 예수님의 제자가 되어 예수님과 함께 생활하면서 예수님께서 행하신 많은 표적을 직접 목격했고, 예수님의 능력 있는 말씀도 들었습니다. 그러므로 예수님께서는 빌립이 예수님을 얼마나 믿고 의지하는지를 시험해 보신 것입니다.

빌립에게 하셨듯이 예수님께서 우리 개개인의 신앙 정도를 시험해 보실 때가 있습니다. 즉, 우리가 온전히 예수님을 믿고 의지하며 사는지 아니면 자신의 이성과 세상 지식을 따라 사는지 확인해 보실 때가 있습니다. 이러한 시험은 마귀의 시험과는 목적이 전혀 다릅니다. 마귀의 시험은 우리로 하여금 믿음을 버리고 죄짓게 하여 멸망하게 하는 데 목적이 있으나, 주님으로부터 말미암은 시험은 우리의 믿음을 굳게 다지고 성장시키는 신앙 훈련이며 연단입니다. 주님께서는 시험을 잘 이겨 내어 연단된 사람에게는 소망을 이루는 복을 주십니다(롬 5:4). 그러므로 우리는 시험이 닥쳤을 때 무조건 두려워할 것이 아니라 그 시험이 누구에게서 온 것인지를 먼저 분별하여야 합니다. 그런 다음, 그것이 마귀에게서 온 시험이라면 예수님의 이름으로 물리치고 주님으로부터 온 연단이라면 그러한 기회를 주신 주님께 감사하며 우리의 신앙을 보여 드려야겠습니다.

7절 빌립이 대답하되 각 사람으로 조금씩 받게 할지라도 이백 데나리온의 떡이 부족하리이다

예수님께 질문을 받은 빌립은 사람들의 수를 얼추 헤아려 보고 필요한 떡값을 계산하였습니다. 그가 계산해 보니 사람들이 조금씩 먹어 허기만이라도 면하려면 2백 데나리온 이상이 있어야 한다는 결론이 나왔습니다. 1데나리온은 당시 노동자의 하루 품삯입니다. 그러므로 2백 데나리온은 상당히 큰돈이라고 할 수 있습니다. 빌립은 '그렇게 큰돈을 당장 어떻게 구할 수 있겠는가? 또, 설사 돈이 있다고 하더라도 이미 날이 저물고 어두워지는데 어디서 그 많은 떡을 살 수 있겠는가? 더구나 이곳은 아무것도 없는 광야가 아닌가? 그러니 떡을 구한다는 것은 불가능한 일이야. 차라리 사람들이 각자 마을에 들어가서 음식을 사 먹게 하는 것이 낫겠군.' 하고 생각하였습니다. 이러한 빌립의 생각은 잘못된 것이 아닙니다. 그의 생각은 지극히 정상적이고 이성적이며 합리적인 생각이었습니다. 그러나 그것은 보통 사람들이 생각하는 범주에서 벗어나지 못한, 믿음 없는 생각이었습니다.

예수님께서는 믿음의 고백 위에 역사하십니다. 눈에는 아무 증거 안 보이고 귀에는 아무 소리 안 들리고 손에 잡히는 것 없어도 주님만을 믿고 의지할 때, 예수님께서는 "네 믿은 대로 될지어다." 라고 말씀하시며 능력으로 역사해 주시는 것입니다. 믿음을 보이지 못하고 이성에 따라 부정적인 대답을 한 빌립은 예수님의 시험에 낙제하고 말았습니다. 예수님께서는 믿음 없는 빌립을 통해 기적을 행하실 수 없으셨습니다. 그런데 같은 장소, 같은 상황에서 예수님께 사용되는 사람이 있었습니다. 그 사람은 바로 안드레였습니다.

8-9절 제자 중 하나 곧 시몬 베드로의 형제 안드레가 예수께 여짜오되 여기 한 아이가 있어 보리떡 다섯 개와 물고기 두 마리를 가지고 있나이다 그러나 그것이 이 많은 사람에게 얼마나 되겠사옵나이까

안드레는 예수님과 빌립의 대화를 듣고 사람들 사이를 다니면서 먹을 것이 있는지 찾아보았습니다. 그리하여 한 어린아이가 갖고 있던 보리떡 다섯 개와 물고기 두 마리를 찾아내어 예수님께 가져왔습니다. 이성적으로 볼 때 그것은 그곳에 있는 수많은 사람들을 먹이기에 터무니없이 적은 양이어서 있으나 마나 한 것이었습니다. 이러한 사실은 안드레도 모르는 바가 아니었습니다. 그러나 안드레는 그것을 일단 예수님께 가져와서 말씀드렸습니다. "여기 한 아이가 보리떡 다섯 개와 물고기 두 마리를 가지고 있습니다. 그러나 그것이 이 많은 사람에게 얼마나 되겠습니까?"

안드레는 자기가 구해 온 음식이 사람들을 먹이는 데 별로 도움이 되지 않는다는 것을 알고 있었으나 '인간의 계산을 따라 포기할 것이냐, 아

니면 예수님의 기적을 믿을 것이냐?' 라는 기로에서 믿는 쪽으로 결단을 내리고 그의 믿음을 예수님께 보였습니다. 즉, 안드레는 수판을 놓아 보고 아예 포기해 버린 빌립처럼 행동하지 않고, 자신이 할 수 있는 만큼 최선을 다하여 음식을 찾아낸 다음에 믿음으로 그것을 예수님 앞에 내놓고 예수님의 도움과 역사를 간구했던 것입니다.

예수님께서는 안드레가 찾아 가지고 온 보리떡과 물고기를 받으셨습니다. 안드레의 믿음을 받으신 것입니다.

10-11절 예수께서 이르시되 이 사람들로 앉게 하라 하시니 그곳에 잔디가 많은지라 사람들이 앉으니 수가 오천 명쯤 되더라 예수께서 떡을 가져 축사하신 후에 앉아 있는 자들에게 나눠 주시고 물고기도 그렇게 그들의 원대로 주시니라

예수님께서는 제자들에게 사람을 오십 명씩, 백 명씩 떼 지어 앉게 하라고 명령하셨습니다(막 6:40). 이에 사람들을 잔디밭에 앉히니, 그 수효가 여자와 아이들을 제외하고도 남자만 5천 명이었습니다(마 14:21).

사람들이 질서 있게 앉아서 자리를 정돈하자, 예수님께서는 떡을 떼어 하늘을 우러러 감사를 드리시고 제자들로 하여금 사람들에게 나눠 주게 하셨습니다. 그리고 물고기도 이와 같이 하셨습니다. 그런데 참으로 놀라운 일이 벌어졌습니다. 사람들이 원하는 대로 나누어 주는데도 불구하고 떡과 물고기가 부족하지 않았던 것입니다. 안드레가 믿음으로 내놓은 하찮은 음식을 가지고 예수님께서 다시 한번 큰 능력을 행하여 주신 것입니다.

인간으로서는 포기할 수밖에 없는 때가 하나님께서 기적을 행하시는

기회입니다. 빌립이 불가능하다고 포기했을 때, 안드레는 믿음의 결단을 하였습니다. 빌립이 수판을 놓아 보고 주저앉았을 때, 안드레는 믿음으로 출발했습니다. 빌립이 불가능을 말할 때, 안드레는 가능성을 말했습니다. 이러한 안드레의 긍정적이고 적극적인 믿음의 자세는 자신은 물론 그곳에 함께 있는 수많은 사람의 상황을 바꾸어 놓았습니다.

이와 같은 안드레의 신앙 자세는 우리에게 큰 도전을 줍니다. 하나님께서는 우리의 믿음의 토대 위에 기적을 행하십니다. 이성과 환경을 초월하고 인간의 상상을 초월한 기적은 믿음의 기초 위에 생겨나는 것입니다. 우리는 무시로 맞닥뜨리게 되는 이성과 믿음의 갈림길에서 고민하고 낙심할 때가 많습니다. '무슨 기적이라도 일어났으면 좋겠다!' 라고 막연히 바라고 생각하면서도 합리적이고 이성적인 방법을 찾아 애쓰다가 주저앉아 버릴 때도 있습니다. 그러나 이러한 태도는 불신앙이요, 믿음 없는 세상 사람들이 취하는 태도라는 것을 알아야 합니다. 이럴 때 우리는 이성과 믿음의 갈림길에서 주저하지 말고 믿음의 결단을 하여야 합니다. 우리가 믿음의 결단을 하고 그 믿음을 보일 때, 하나님께서는 우리가 상상할 수 없는 방법으로 역사하셔서 우리로 하여금 기적을 체험하게 해 주십니다.

12-13절 그들이 배부른 후에 예수께서 제자들에게 이르시되 남은 조각을 거두고 버리는 것이 없게 하라 하시므로 이에 거두니 보리떡 다섯 개로 먹고 남은 조각이 열두 바구니에 찼더라

예수님께서 안드레의 믿음에 역사하심으로, 한 어린아이의 한 끼 식사량에 불과한 보리떡 다섯 개와 물고기 두 마리로 수만 명이 배불리 먹

고도 남는 기적이 일어났습니다. 사람들이 모두 식사를 마친 후에 예수님께서는 제자들에게 "남은 조각을 거두고 버리는 것이 없게 하라." 고 말씀하셨습니다. 이에 제자들이 남은 부스러기를 모았더니 열두 바구니나 되었습니다.

여기서 우리는 두 가지 사실을 알 수 있습니다. 첫째, 예수님께서는 우리에게 기적을 베풀어 복을 주시되 우리가 그 복을 낭비하는 것을 허용하시지 않는다는 것을 알 수 있습니다. 예수님께서는 우리가 복을 받아 풍성한 삶을 살되 그 복을 어려운 이웃에게도 나누어 주어 더불어 복된 삶을 살기를 원하십니다. 둘째, 우리가 믿음으로 내어 놓을 때 예수님께서 차고 넘치게 갚아 주신다는 것을 알 수 있습니다. 안드레 한 사람이 믿음으로 내어 놓은 것을 받으신 예수님께서는 수만 명이 배불리 먹고도 열두 바구니나 남을 정도로 풍성히 되돌려 주셨습니다. 그러므로 우리는 주님께 믿음을 심고, 주님께서 그 믿음에 풍성히 주신 복을 이웃과 함께 나누며 주님께 영광을 돌려야겠습니다.

14-15절 그 사람들이 예수께서 행하신 이 표적을 보고 말하되 이는 참으로 세상에 오실 그 선지자라 하더라 그러므로 예수께서 그들이 와서 자기를 억지로 붙들어 임금으로 삼으려는 줄 아시고 다시 혼자 산으로 떠나가시니라

사람들은 오병이어의 표적을 체험하고 난 후에야 비로소 예수님을 '세상에 오실 그 선지자', 즉 메시아로 생각하였습니다. 그리고는 예수님께 몰려들어 억지로 예수님을 왕으로 삼으려 하였습니다. 그들은 메시아가 오시면 로마의 압제에서 유대 민족을 해방시키고 메시아 왕국을 세워

서 다스리실 것으로 믿고 있었습니다. 그들은 예수님께서 메시아시라는 것은 깨달았지만, 왜곡된 메시아관을 가지고 있었으므로 예수님을 이 세상 나라의 왕으로 삼으려 했던 것입니다.

물론 예수님께서는 만왕의 왕이요, 만주의 주로서 주님의 나라에서 주님의 백성들을 다스리십니다. 그러나 주님의 나라는 유대인들이 생각하듯 세속적이고 정치적인 세상 나라가 아닙니다. 그 나라는 십자가를 통해 실현되는 나라요, 믿음의 고백 위에 임하는 나라입니다.

영적인 눈과 마음이 닫혀 있는 유대인들은 이미 그들에게 와 있는 메시아 왕국을 보지 못하고 느끼지 못한 채 자신들의 왜곡된 메시아관에 따라 예수님을 세상 나라의 왕으로 세우려고만 했습니다. 그렇기 때문에 이를 아신 예수님께서는 이들을 피해 산으로 떠나셨습니다.

2. 물 위를 걸으신 예수님(6:16-21)

16. 저물매 제자들이 바다에 내려가서 17. 배를 타고 바다를 건너 가
버나움으로 가는데 이미 어두웠고 예수는 아직 그들에게 오시지 아
니하셨더니 18. 큰 바람이 불어 파도가 일어나더라 19. 제자들이 노
를 저어 십여 리쯤 가다가 예수께서 바다 위로 걸어 배에 가까이 오
심을 보고 두려워하거늘 20. 이르시되 내니 두려워하지 말라 하신
대 21. 이에 기뻐서 배로 영접하니 배는 곧 그들이 가려던 땅에 이르

렀더라

16-18절 저물매 제자들이 바다에 내려가서 배를 타고 바다를 건너 가버나움으로 가는데 이미 어두웠고 예수는 아직 그들에게 오시지 아니하셨더니 큰 바람이 불어 파도가 일어나더라

벳새다 광야에서 오병이어의 기적을 행하신 예수님께서는 사람들이 자신을 억지로 왕으로 삼으려 하자, 제자들을 배에 먼저 태워 가버나움으로 보내시고 산에 올라가 기도하셨습니다. 이미 날은 저물어 어두웠으나 제자들은 열심히 노를 저어 가버나움을 향해 가고 있었습니다. 그런데 갑자기 바람이 불기 시작하더니 파도가 일어나 배가 표류하기 시작하였습니다. 갈릴리 바다는 수면이 지중해면보다 200여 m나 낮고 주위 사방이 산으로 둘러싸여 있습니다. 그래서 한번 바람이 불어오면 다른 곳으로 빠져나가지 못하고 돌발적인 폭풍으로 변하여 거센 풍랑이 일어나기도 합니다. 거센 풍랑과 폭풍에 언제 배가 파손될지 모르는 위기에 처한 제자들은 두려움에 사로잡혀 어찌할 바를 모른 채 계속 노를 저었습니다.

19-21절 제자들이 노를 저어 십여 리쯤 가다가 예수께서 바다 위로 걸어 배에 가까이 오심을 보고 두려워하거늘 이르시되 내니 두려워하지 말라 하신대 이에 기뻐서 배로 영접하니 배는 곧 그들이 가려던 땅에 이르렀더라

파선의 위기에 처한 제자들은 지척을 분간하기 힘든 어둠 속에서 거센

풍랑에 밀려가면서도 열심히 노를 저어 십여 리쯤 앞으로 나아갔습니다. 그때 예수님께서는 산에서 기도를 마치시고 바다 위로 걸어 제자들이 탄 배를 향해 오고 계셨습니다. 그런데 예수님께서 배에 가까이 오시는 것을 본 제자들은 예수님을 알아보지 못하고 두려움에 떨었습니다. 그들은 예수님께서 물 위로 걸어오시리라는 것을 상상도 하지 못하였으므로 예수님을 유령으로 착각했던 것입니다(막 6:49).

예수님께서는 두려워 떨며 비명을 지르는 제자들에게 "내니 두려워하지 말라." 고 하시며 그들을 안심시키셨습니다. 예수님의 음성을 듣자 제자들은 안심이 되었습니다. 그들은 위기 가운데서 예수님을 만난 것이 너무 반갑고 기뻐서 얼른 예수님을 배 안으로 모셔 들였습니다. 예수님께서 배에 타시자, 그토록 무섭게 몰아치던 폭풍이 가라앉고 풍랑이 잔잔해져서 배는 목적지인 가버나움으로 순조롭게 갈 수 있었습니다(막 6:51).

여기서 우리는 예수님께서 계신 곳에는 평안과 기쁨이 있다는 것을 알 수 있습니다. 예수님께서 우리와 함께하시면 어떤 상황에서도 우리의 마음속에 평화가 임합니다. 시험과 환난을 만나면 우리의 마음속에 파도가 요동치므로 불안, 초조, 염려, 근심, 절망이 꽉 들어차게 됩니다. 이럴 때 우리는 주님께서 멀리 계신 것 같고 막막해서 마음속의 파도가 치는 대로 부대끼며, 두려움과 절망의 심연에서 헤어나지 못하고 더욱 깊이 빠져 들어가고 맙니다. 기도도 되지 않고, 찬송도 나오지 않고, 망망한 세상 바다에 혼자 뚝 떨어져 있는 외톨이라는 생각만이 가득합니다. 그러나 이럴 때일수록 우리는 더욱 부르짖어 기도해야 합니다. 시험과 환난의 풍랑에 표류하고 있는 우리 마음의 배에 예수님을 모셔 들여야 합니다. 그리하면 예수님께서 우리 마음의 배에 오르셔서 시험과 환난의 풍랑을 잠재우심으로 말미암아 우리의 마음속을 점령하고 있던 불안, 초조, 염려, 근심, 절망, 두려움이 사라지고, 예수님께서 주시는 평안과 기쁨이 꽉 들어차게 되는 것입니다.

지금 여러분의 마음은 어떻습니까? 여러분의 인생 항해는 순조롭게 진행되고 있습니까? 아니면 어떤 인생의 풍랑이 일고 있습니까? 질병의 풍랑이 일고 있습니까? 진로와 직장의 풍랑이 일고 있습니까? 가족 문제의 풍랑이 일고 있습니까? 지금 그 풍랑 이는 마음의 배에 예수님을 모셔 들이십시오. 그리하여 마음에 평안과 기쁨을 가지고 우리의 목적지인 천성을 향해 순조로운 인생 항해를 해 나가시기를 바랍니다.

3. 생명의 떡이신 예수님(6:22-59)

22. 이튿날 바다 건너편에 서 있던 무리가 배 한 척 외에 다른 배가 거
기 없는 것과 또 어제 예수께서 제자들과 함께 그 배에 오르지 아니하
시고 제자들만 가는 것을 보았더니 23. (그러나 디베랴에서 배들이
주께서 축사하신 후 여럿이 떡 먹던 그곳에 가까이 왔더라) 24. 무리
가 거기에 예수도 안 계시고 제자들도 없음을 보고 곧 배들을 타고 예
수를 찾으러 가버나움으로 가서 25. 바다 건너편에서 만나 랍비여
언제 여기 오셨나이까 하니 26. 예수께서 대답하여 이르시되 내가

진실로 진실로 너희에게 이르노니 너희가 나를 찾는 것은 표적을 본 까닭이 아니요 떡을 먹고 배부른 까닭이로다 27. 썩을 양식을 위하여 일하지 말고 영생하도록 있는 양식을 위하여 하라 이 양식은 인자가 너희에게 주리니 인자는 아버지 하나님께서 인 치신 자니라 28. 그들이 묻되 우리가 어떻게 하여야 하나님의 일을 하오리이까 29. 예수께서 대답하여 이르시되 하나님께서 보내신 이를 믿는 것이 하나님의 일이니라 하시니 30. 그들이 묻되 그러면 우리가 보고 당신을 믿도록 행하시는 표적이 무엇이니이까, 하시는 일이 무엇이니이까 31. 기록된바 하늘에서 그들에게 떡을 주어 먹게 하였다 함과 같이 우리 조상들은 광야에서 만나를 먹었나이다 32. 예수께서 이르시되 내가 진실로 진실로 너희에게 이르노니 모세가 너희에게 하늘로부터 떡을 준 것이 아니라 내 아버지께서 너희에게 하늘로부터 참 떡을 주시나니 33. 하나님의 떡은 하늘에서 내려 세상에 생명을 주는 것이니라 34. 그들이 이르되 주여 이 떡을 항상 우리에게 주소서 35. 예수께서 이르시되 나는 생명의 떡이니 내게 오는 자는 결코 주리지 아니할 터이요 나를 믿는 자는 영원히 목마르지 아니하리라 36. 그러나 내가 너희에게 이르기를 너희는 나를 보고도 믿지 아니하는도다 하였느니라 37. 아버지께서 내게 주시는 자는 다 내게로 올 것이요 내게 오는 자는 내가 결코 내쫓지 아니하리라 38. 내가 하늘에서 내려온 것은 내 뜻을 행하려 함이 아니요 나를 보내신 이의 뜻을 행하려 함이니라 39. 나를 보내신 이의 뜻은 내게 주신 자 중에 내가 하나도 잃어버리지 아니하고 마지막 날에 다시 살리는 이것이니라 40. 내 아버지의 뜻은 아들을 보고 믿는 자마다 영생을 얻는 이것이니 마지막 날에 내가 이를 다시 살리리라 하시니라 41. 자기가 하늘에서 내려온 떡이라 하시므로 유대인들이 예수에 대하여 수군거려 42. 이르되 이는 요셉의 아들 예수가 아니냐 그 부모를 우리가 아는데 자기가 지금 어찌하여 하늘에서 내려왔다 하느냐 43. 예수께서 대답하여 이르시되 너희는 서로 수군거리지 말라 44. 나를 보내신 아버지께서 이끌지 아니하시면 아무도 내게 올 수 없으니 오는 그를 내가 마지막 날에 다시 살리리라 45. 선지자의 글에 그들이 다 하나님의 가르치심을 받으리라 기록되었은즉 아버지께 듣고 배운 사람마다 내게로 오느니라 46. 이는 아버지를 본 자가 있다는 것이 아니니라 오직 하나님에게서 온 자만 아버지를 보았느니라 47. 진실로 진실로 너희에게 이르노니 믿는 자는 영생을 가졌나니 48. 내가 곧 생명의 떡이니라 49. 너희 조상들은 광야에서 만나를 먹었어도 죽었거니와 50. 이는 하늘에서 내려오는 떡이니 사람으로 하여금 먹고 죽지 아니하게 하는 것이니라 51. 나는 하늘에서 내려온 살아 있는 떡이니 사람이 이 떡을 먹으면 영생하리라 내가 줄 떡은 곧 세상의 생명을 위한 내 살이니라 하시니라 52. 그러므로 유대인들이 서로 다투어 이르되 이 사람이 어찌 능히 자기 살을 우리에게 주어 먹게 하겠느냐 53. 예수께서 이르시되 내가 진실로 진실로 너희에게 이르노니 인자의 살을 먹지 아니하고 인자의 피를 마시지 아니하면 너희 속에 생명이 없느니라 54. 내 살을 먹고 내 피를 마시는 자는 영생을 가졌고 마지막 날에 내가 그를 다시 살리리니 55. 내 살은 참된 양식이요 내 피는 참된 음료로다 56. 내 살을 먹고 내 피를 마시는 자는 내 안에 거하고 나도 그의 안에 거하나니 57. 살아 계신 아버지께서 나를 보내시매 내가 아버지로 말미암아 사는 것같이 나를 먹는 그 사람도 나로 말미암아 살리라 58. 이것은 하늘에서 내려온 떡이니 조상들이 먹고도 죽은 그것과 같지 아니하여 이 떡을 먹는 자는 영원히 살리라 59. 이 말씀은 예수께서 가버나움 회당에서 가르치실 때에 하셨느니라

22-25절 이튿날 바다 건너편에 서 있던 무리가 배 한 척 외에 다른 배가 거기 없는 것과 또 어제 예수께서 제자들과 함께 그 배에 오르지 아니하시고 제자들만 가는 것을 보았더니 (그러나 디베

랴에서 배들이 주께서 축사하신 후 여럿이 떡 먹던 그곳에 가까이 왔더라) 무리가 거기에 예수도 안 계시고 제자들도 없음을 보고 곧 배들을 타고 예수를 찾으러 가버나움으로 가서 바다 건너편에서 만나 랍비여 언제 여기 오셨나이까 하니

예수님을 왕으로 삼으려는 사람들의 욕심은 날이 바뀌어도 여전했습니다. 이튿날 아침이 되자 오병이어의 기적의 현장에 있었던 무리가 다시 예수님을 찾았습니다. 그러나 그들은 어디서도 예수님을 발견할 수 없었습니다. 전날 밤에 그들이 본 바로는 해안에는 배가 한 척밖에 없었고 그 배에 예수님의 제자들만 타고 간 것이 분명한데, 그곳에 남아 계셔야 할 예수님께서 밤새 자취를 감추신 것입니다.

예수님을 찾으러 갈릴리 바다 건너편에 나온 무리는 전날 밤만 해도 없던 배들이 벳새다 광야에서 가까운 해안에 들어와 있는 것을 발견했습니다. 그 배들은 디베랴에서 온 배들이었는데, 예수님의 제자들이 탄 배가 떠나고 난 후에 도착한 것 같습니다. 이에 무리는 그 배들을 타고 예수님을 찾으러 가버나움으로 갔습니다.

가버나움은 작은 마을이기 때문에 무리가 예수님을 찾는 데는 어려움이 없었습니다. 예수님을 만난 무리는 몹시 놀라워하며 예수님께 "랍비여, 언제 여기 오셨나이까?"라고 질문하였습니다. 이토록 적극적으로 예수님을 찾고 따르는 무리의 열심은 감동적이기까지 합니다. 그러나 예수님께서는 그들의 열심 뒤에 숨어 있는 의도를 아시고 그들을 질책하셨습니다.

26절 예수께서 대답하여 이르시되 내가 진실로 진실로 너희에게 이

르노니 너희가 나를 찾는 것은 표적을 본 까닭이 아니요 떡을 먹고 배부른 까닭이로다

예수님께서는 오병이어의 기적을 통해 자신이 생명의 떡이요, 생명을 주는 메시아임을 암시하셨습니다. 그리고 사람들이 이 상징적인 표적을 체험함으로써 예수님을 믿고 구원받아 영생을 얻기를 원하셨습니다. 그러나 사람들은 이를 깨닫지 못하고 단지 예수님께서 행하시는 기적으로 자신들의 욕심을 채우고 유익을 얻으려는 생각뿐이었습니다. 이러한 사람들의 생각을 꿰뚫어 보신 예수님께서는 그들에게 "너희가 나를 찾는 것은 표적을 본 까닭이 아니요, 떡을 먹고 배부른 까닭이로다."라고 지적하셨습니다.

오늘날 교회에 찾아오는 사람들 중에는 주님의 기적을 바라고 오는 사람들이 많이 있습니다. 그리고 많은 사람이 교회에 와서 불치병을 치료받고, 문제를 해결 받으며, 삶 가운데 축복을 받고 있습니다. 주님께서 우리에게 이러한 표적을 주시는 것은, 그것을 통해 우리의 믿음을 굳게 하고 예수님을 진정한 생명의 주로 깨닫게 하기 위한 것입니다.

표적은 우리로 하여금 예수님을 구주로 깨닫고 믿게 하는 수단에 불과할 뿐이며, 표적 자체는 영원한 것도 아니고 큰 의미도 없습니다. 우리가 믿고 바라보아야 하는 대상은 표적이 아니라, 그 표적을 통하여 우리를 영생 구원의 길로 부르시는 예수님입니다. 그러므로 우리는 계속 표적만을 사모하며 체험하려는 데에서 머무르지 말고 더 깊고 넓은 믿음의 세계로 들어가야 하는 것입니다.

27절 썩을 양식을 위하여 일하지 말고 영생하도록 있는 양식을 위하

여 하라 이 양식은 인자가 너희에게 주리니 인자는 아버지 하나님께서 인 치신 자니라

예수님을 찾아온 무리가 구하려는 것은 '썩을 양식' 이었습니다. 예수님께서 그들을 배불리 먹이신 진의는 단순히 허기진 그들에게 한 끼 식사를 제공하려는 것이 아니라, 그것을 통해 그들이 영생의 양식을 얻게 하려는 데 있었습니다. 그러나 그들은 그것을 깨닫지 못하고 육신의 배를 불릴 '썩을 양식' 을 구하는 일에만 혈안이 되어 있었습니다. 이에 예수님께서는 "썩을 양식을 위하여 일하지 말고, 영원히 썩지 않고 영생을 주는 양식을 위하여 일하라." 고 말씀하셨습니다. 그리고 이 양식은 성부 하나님께서 아들이라고 보증하신 예수님 자신이 주신다고 말씀하셨습니다.

이 세상에 있는 모든 양식은 썩을 양식입니다. 아무리 잘 먹고 잘 살아보았자 결국에는 다 썩어 없어지고 맙니다. 사람의 수명은 70이요, 강건하면 80입니다. 목숨이 붙어 있는 동안 먹고 살다가, 수명이 다하여 죽으면 다 썩어 버리고 맙니다. 모든 것이 더러워지고 쇠하여지고 없어질 뿐입니다. 이런 양식을 얻기 위해 우리 조상들은 열심히 일했습니다. 그러나 지금 이들은 다 빈손으로 북망산천(北邙山川)에 가 있습니다.

세상일은 아무리 열심히 해도 무덤밖에 남는 것이 없는 것입니다. 물론 우리가 사는 데는 세상일, 즉 썩을 양식도 필요합니다. 그러나 그것보다 더 중요하고 절대적으로 필요한 것은 예수님께서 주시는 영생의 양식입니다. 그러므로 우리는 영생의 양식을 위하여 주님의 일에 힘써야 하는 것입니다.

28-29절 그들이 묻되 우리가 어떻게 하여야 하나님의 일을 하오리이까 예수께서 대답하여 이르시되 하나님께서 보내신 이를 믿는 것이 하나님의 일이니라 하시니

"영생하도록 있는 양식을 위하여 일하라."는 예수님의 말씀을 들은 무리는 영생을 얻으려면 하나님께서 특별히 요구하시는 일들을 해야 할 것이라고 생각하였습니다. 그래서 예수님께 구체적으로 그 '하나님의 일들'이 무엇인지를 질문하였습니다. 유대인들은 율법을 잘 지키고 선한 일을 하여야 구원을 얻을 수 있다고 믿고 있었으므로, 그들이 예수님께 이런 질문을 한 것은 당연합니다. 그러나 그들의 질문은 그들이 여전히 예수님의 말씀의 참뜻을 제대로 이해하지 못하고 자신들의 완고한 사고의 틀에 맞추어 해석하고 있음을 보여 줍니다.

영적으로 무지하여 하나님께서 요구하시는 일들을 수고로이 행함으로써 영생을 얻으려는 무리에게 예수님께서는 단 한 가지의 일을 요구하셨습니다. "하나님께서 보내신 이를 믿는 것이 하나님의 일이니라." 영생을 얻는 데는 아무런 노력과 수고가 필요하지 않습니다. 오직 하나님께서 보내신 예수 그리스도를 믿기만 하면 영성을 얻을 수 있는 것입니다.

우리는 예수 그리스도를 믿는다고 하는 사람들 중에서도 구원의 확신이 없는 사람이 있는 것을 볼 수 있습니다. 지금 당장이라도 우리 주위에 있는 교인들에게 물어보면 이러한 사실을 직접 확인할 수 있습니다.

"예수님을 당신의 구주로 믿으십니까?"

"네, 믿습니다."

"그렇다면, 당신이 지금 죽는다면 천국에 갈 자신이 있습니까?"

"글쎄요, 죽어 봐야 알겠죠. 아직 좋은 일도 별로 하지 못하고 죄도 많

은데……. 앞으로 좋은 일 많이 하면 천국에 가겠지요."

이런 말을 하는 사람이 의외로 많습니다. 이들의 생각은 유대인들의 생각과 같은 것입니다. 즉, 행함으로 영생 구원을 얻는다고 생각하는 것입니다.

그러나 성경은 "또 하나님 앞에서 아무도 율법으로 말미암아 의롭게 되지 못할 것이 분명하니 이는 의인이 믿음으로 살리라 하였음이라"(갈 3:11)고 말씀하고 있습니다. 그러므로 우리는 '예수님은 나의 구주'라고 믿는다면 이미 구원받고 영생을 얻었다는 사실을 분명히 깨닫고 이를 확신하여야 합니다. 예수님은 제대로 믿지 않으면서 하나님의 일을 한다고 온갖 노력을 다하고 애쓰는 것은 아무 소용이 없습니다. 먼저 예수님을 믿고 구원받은 다음에 사명을 감당하는 것이 바른 순서입니다. 요동치 않는 확고한 믿음을 가지고서 열심히 신앙생활을 하고 이웃에게 전도하고 봉사하고 구제하고 사랑하고 섬기는 일을 하여 하늘나라에 상급을 쌓아야 하는 것입니다.

30-31절 그들이 묻되 그러면 우리가 보고 당신을 믿도록 행하시는 표적이 무엇이니이까, 하시는 일이 무엇이니이까 기록된바 하늘에서 그들에게 떡을 주어 먹게 하였다 함과 같이 우리 조상들은 광야에서 만나를 먹었나이다

예수님을 믿으라는 말씀을 들은 무리는 예수님께 자신들이 보고 믿을 수 있도록 표적을 보여 달라고 요구했습니다. 그들이 오병이어의 표적을 체험했음에도 불구하고 또다시 표적을 구한 것은, 표적의 참의미를 깨닫지 못하고 다만 표적의 결과로 나타나는 현상만을 보았기 때문입니다.

그들이 보기에, 예수님께서 행하신 오병이어의 기적은 과거에 그들의 조상이 출애굽 하여 40년 동안 하늘에서 내린 만나를 먹은 것에 비하면 아무것도 아니었습니다. 더욱이 조상들이 하늘에서 내린 하늘의 양식인 만나를 먹고도 다 죽었는데 예수님께서는 영생하도록 있는 양식을 주신다고 하셨기 때문에, 그들은 더욱 강력하게 표적을 구하였습니다. "우리 조상들은 광야에서 만나를 먹었나이다."라는 그들의 말 속에는 자신들에게 계속 양식을 공급해 주는 표적을 보이라는 그들의 왜곡된 욕심이 그대로 드러나 있습니다.

32-33절 예수께서 이르시되 내가 진실로 진실로 너희에게 이르노니 모세가 너희에게 하늘로부터 떡을 준 것이 아니라 내 아버지께서 너희에게 하늘로부터 참떡을 주시나니 하나님의 떡은 하늘에서 내려 세상에 생명을 주는 것이니라

모세 시대에 만나를 주었던 일을 거론하면서 그와 같은 표적을 보이라는 무리에게, 예수님께서는 그들이 성경을 잘못 해석하고 있는 것부터 바로잡아 주셨습니다. 만나는 그들이 아는 대로 모세가 준 것이 아니었습니다. 성경은, 만나는 하나님께서 주신 것이며 모세는 다만 만나를 주신다는 하나님의 말씀을 이스라엘 백성들에게 전하는 대언자 역할을 했을 뿐임을 증거하고 있습니다(출 16:13-15).

하나님께서는 40년 동안 이스라엘 백성들에게 만나를 양식으로 주셨는데, 만나는 영생을 주는 영원한 양식은 아니었습니다. 만나는 육신의 생명을 유지하게 해 주는 육신의 양식이었으며, 장차 하나님께서 이 세상에 보내 주실 영생의 참떡이신 예수 그리스도의 예표였습니다. 그러므

로 생명을 주시는 참떡이신 예수님을 믿고 모셔 들여 마음속에 소유한 사람은 영생을 가지고 있는 것입니다.

34-35절 그들이 이르되 주여 이 떡을 항상 우리에게 주소서 예수께서 이르시되 나는 생명의 떡이니 내게 오는 자는 결코 주리지 아니할 터이요 나를 믿는 자는 영원히 목마르지 아니하리라

예수님의 말씀을 들은 무리는 "주여, 이 떡을 항상 우리에게 주소서." 라고 말하였습니다. 아직도 예수님께서 말씀하시는 떡이 무엇을 의미하는지 전혀 깨닫지 못한 그들은 여전히 육신의 배를 불리는 양식을 날마다 달라고 요구한 것입니다.

이에 예수님께서는 그들에게 예수님 자신이 바로 하나님으로부터 온 참떡, 곧 생명의 떡이며 이 떡을 먹는 방법은 예수님께 와서 믿는 것이라고 가르쳐 주셨습니다. 그리고 예수님께 와서 믿는 사람은 결코 주리지도 목마르지도 않게 된다고 말씀하셨습니다.

36절 그러나 내가 너희에게 이르기를 너희는 나를 보고도 믿지 아니하는도다 하였느니라

예수님께서는 표적을 보고도 믿지 못하는 무리의 불신앙을 책망하셨습니다. "너희는 나를 보고도 믿지 아니하는도다." 여기서 '나를 보고도' 라는 말은 예수님께서 행하신 표적을 보았다는 것을 의미합니다. 이미 표적을 보고도 믿지 않고 계속 표적을 보여 달라고 요구하는 것은 예수님에 대한 믿음이 전혀 없음을 드러내는 것입니다. 사람들 중에는 표적을 보지 않고 믿는 큰 믿음의 소유자가 있는가 하면, 표적을 보고 믿는

작은 믿음의 소유자도 있고, 표적을 보고서도 믿지 않는 사람도 있습니다. 그런데 예수님을 찾아온 무리는 이 가운데 세 번째, 즉 표적을 보았으나 믿지 않는 부류에 속한 사람들이었습니다. 이처럼 불신앙 가운데 있는 이들 무리는 결국 예수님의 곁을 떠나 버리고 말았습니다(66절).

37절 아버지께서 내게 주시는 자는 다 내게로 올 것이요 내게 오는 자는 내가 결코 내쫓지 아니하리라

"아버지께서 내게 주시는 자는 다 내게로 올 것이요". 이 말씀은 예수님께 나아와서 예수님을 믿는 것은 전적으로 하나님의 주권에 속한 것임을 가르쳐 줍니다. 믿음이란 내가 믿겠다고 해서 생기는 것이 아닙니다. 내 의지로 예수님을 믿겠다고 해서 예수님이 믿어지는 것이 아닙니다. 우리가 예수 그리스도를 믿게 된 것은, 하나님께서 우리를 택하시고 예수님께로 인도하시고 믿음을 주셨기 때문에 이루어진 일입니다.

예수님께서는 자신에게 오는 자는 결코 내쫓지 않겠다고 말씀하셨습니다. 다시 말하면 예수님을 믿고 구원받은 사람은 예수님의 보호하심과 인도하심을 받아 구원을 잃지 않는다는 것입니다.

그러나 예수님을 믿지 않는 사람들의 운명은 이와 정반대입니다. 그들은 예수님을 알지도, 믿지도 못하고 자기의 뜻대로 살다가 멸망하고 마는 것입니다.

성경에는 "너희는 그 은혜에 의하여 믿음으로 말미암아 구원을 받았으니 이것은 너희에게서 난 것이 아니요 하나님의 선물이라"(엡 2:8)고 기록되어 있습니다. 우리로 하여금 구원을 얻게 하는 믿음은 하나님께서 택한 자에게 주시는 선물입니다. 그러나 믿기로 결단하는 것은 우리의

일입니다. 그러므로 복음을 듣고 믿음이 생길 때 즉시 믿음의 결단을 하는 것은 매우 중요합니다. 우리는 이미 믿음의 결단을 하고 구원받은 복된 사람들입니다. 그러므로 우리는 귀한 믿음을 주셔서 구원을 얻게 하신 하나님께 감사드리는 한편, 아직도 믿음의 결단을 하지 못하고 있는 이웃들을 위해 열심히 중보기도를 해야겠습니다.

38-40절 내가 하늘에서 내려온 것은 내 뜻을 행하려 함이 아니요 나를 보내신 이의 뜻을 행하려 함이니라 나를 보내신 이의 뜻은 내게 주신 자 중에 내가 하나도 잃어버리지 아니하고 마지막 날에 다시 살리는 이것이니라 내 아버지의 뜻은 아들을 보고 믿는 자마다 영생을 얻는 이것이니 마지막 날에 내가 이를 다시 살리리라 하시니라

예수님께서는 하늘로부터 내려오신 목적, 즉 성육신하신 목적을 말씀하셨습니다. "내가 하늘에서 내려온 것은 내 뜻을 행하려 함이 아니요, 나를 보내신 이의 뜻을 행하려 함이니라." 예수님께서는 성부 하나님의 뜻을 행하기 위해 이 세상에 오셨으며, '성부 하나님의 뜻' 은 '하나님께서 예수님에게 주신 자 중에 하나도 잃어버리지 아니하고 마지막 날에 다시 살리는 것' 이라고 말씀하셨습니다. 이 말씀을 통해서, 우리는 하나님의 인도하심을 받아 예수 그리스도께 나아와 구원을 얻은 성도는 마지막 날에 부활하여 구원이 완성될 때까지 보호받고 영원히 살게 된다는 것을 알 수 있습니다. 그러므로 사도 바울도 "내가 확신하노니 사망이나 생명이나 천사들이나 권세자들이나 현재 일이나 장래 일이나 능력이나 높음이나 깊음이나 다른 어떤 피조물이라도 우리를 우리 주 그리스도 예

수 안에 있는 하나님의 사랑에서 끊을 수 없으리라"(롬 8:38-39)고 말한 것입니다.

예수님께서는 성부 하나님의 구원 계획을 완전히 아시고 하나님의 뜻에 전폭적으로 순종하셔서 우리를 구원하시고 영생의 길로 인도하십니다. 이러한 예수님의 인도하심과 사랑하심은 우리의 평생에 계속되며, 마지막 심판의 날 예수님께서는 우리를 부활시켜 하나님의 나라에서 영원히 살게 해 주실 것입니다. 그러므로 우리는 우리를 구원해 주신 예수님께 항상 감사하고 찬송을 드리며 영생 천국의 소망을 갖고 살 수 있는 것입니다.

41-42절 자기가 하늘에서 내려온 떡이라 하시므로 유대인들이 예수에 대하여 수군거려 이르되 이는 요셉의 아들 예수가 아니냐 그 부모를 우리가 아는데 자기가 지금 어찌하여 하늘에서 내려왔다 하느냐

예수님께서는 "나는 하늘에서 내려온 떡이다."라고 말씀하셨습니다. 그러므로 우리는 매일 양식을 먹어야 살듯이 생명의 떡이신 예수님을 먹어야 영혼이 삽니다. 아침에도 점심에도 저녁에도 예수님을 먹어야 합니다. 이와 같이 우리가 영적으로 예수님을 늘 먹어야 한다는 것은 항상 우리 속이 예수님으로 가득하여 예수님과 함께 살아야 한다는 것입니다. 이를 위해 우리는 자나 깨나 예수님을 생각하고, 예수님에 대하여 묵상하고, 예수님을 전해야 합니다. 이렇게 할 때 우리는 예수님으로 충만하여 예수 그리스도 중심으로 서고, 예수 그리스도로 말미암아 힘과 능력을 얻어 능력 있는 믿음 생활을 하게 되는 것입니다.

본문을 보면 유대인들은 예수님께서 하늘에서 내려온 떡이라고 말씀하셨다 하여 서로 수군거렸습니다. "뭐, 자기가 하늘에서 내려온 떡이라고? 말도 안 되는 소리를 다 들어 보겠네. 이는 요셉의 아들 예수가 아니냐? 우리가 그 부모를 다 알고 있는데 자기가 어찌하여 하늘에서 내려왔다 하느냐?" 라고 수군거렸습니다. 영적으로 무지하여 깨달음이 없는 유대인들은 예수님께서 행하시는 표적을 보고 친히 증언하시는 말씀을 들어도 믿지 못하고 예수님을 비난하며 분개했습니다.

43-44절 예수께서 대답하여 이르시되 너희는 서로 수군거리지 말라 나를 보내신 아버지께서 이끌지 아니하시면 아무도 내게 올 수 없으니 오는 그를 내가 마지막 날에 다시 살리리라

예수님께서 수군거리고 있는 무리를 향해 "너희는 서로 수군거리지 말라." 고 제지하시며, 자신의 사역에 하나님께서 얼마나 깊이 개입되어 있는가를 말씀하셨습니다. "나를 보내신 아버지께서 이끌지 아니하시면 아무도 내게 올 수 없으니". 예수님께로 나아와서 스스로 예수님을 구주로 믿을 수 있는 사람은 아무도 없습니다. 하늘과 땅과 세계와 그 가운데 있는 모든 것을 지으신 하나님께서 성령을 보내 주셔서 그 눈과 귀를 열어 주시고 마음을 감동시켜 이끌어 주셔야 예수님을 깨달아 알고 믿을 수 있는 것입니다.

믿음은, 믿음의 가정에서 태어났다고 해서 자연적으로 갖게 되는 것이 아닙니다. 믿음이 좋은 집안에서 태어난 사람은 신앙적인 가정 분위기 속에서 부모님의 인도를 받아 교회에 출석하고 기도 생활을 하지만, 그 결과로 형식주의적이고 의식주의적인 신자가 될 수는 있어도 중생하

여 진정으로 마음 중심이 변화된 성도가 되기는 어렵습니다. 오직 하나님께서 보내 주신 성령께서 그 마음에 감동을 주시고 역사하셔서 예수님을 인격적으로 만나서 알고 깨닫게 될 때, 비로소 진정으로 예수님을 자신의 구주로 믿고 중생하는 체험을 하게 되는 것입니다.

또한 믿음은 인간의 이성과 지성으로 도저히 얻을 수 없습니다. 이성과 지성은 오히려 우리가 예수 그리스도를 믿으려 할 때에 반발하고 제동을 겁니다. 하나님의 구원의 역사를 알고 믿음을 얻으려면 성령의 지혜와 지식을 받아야 합니다. 인간적인 지혜와 지식은 눈으로 보고, 귀로 듣고, 코로 냄새 맡고, 입으로 맛보고, 손으로 만져서 얻는 감각적인 것입니다. 그러나 예수님에 대한 것은 감각으로 알 수 없습니다. 본문에서, 예수님의 말씀을 들은 유대인들이 예수님을 비난하며 분개한 것도 그들이 감각으로 예수님을 파악하려 했기 때문입니다.

지금 우리가 예수님께로 나아와서 예수님을 나의 구주로 믿는 것은 하나님께서 이끌어 주셨기 때문에 이루어진 일입니다. 하나님께서 우리를 구원하기로 예정하시고 우리를 아시고 부르셨기 때문에 우리가 예수님을 믿고 구원받게 되었으며, 마지막 날에 다시 신령한 몸으로 부활하여 영원히 하나님 나라에서 살 소망을 얻게 된 것입니다. 그러므로 우리는 하나님께서 친히 이끄셔서 구원하여 주신 것을 감사해야 하는 것입니다.

45-46절 선지자의 글에 그들이 다 하나님의 가르치심을 받으리라 기록되었은즉 아버지께 듣고 배운 사람마다 내게로 오느니라 이는 아버지를 본 자가 있다는 것이 아니니라 오직 하나님에게서 온 자만 아버지를 보았느니라

예수님께서는 '나를 보내신 아버지께서 이끌지 아니하시면 아무도 내게 올 수 없다' (44절)는 것을 선지자의 글을 인용하여 다시 한번 말씀하셨습니다. "그들이 다 하나님의 가르치심을 받으리라". 이 말씀은 "네 모든 자녀는 야훼의 교훈을 받을 것이니" (사 54:13)라고 한 선지서의 글을 인용한 것인데, 예수님께서는 이 글을 인용하여 하나님께 듣고 배운 사람만이 예수님께로 나아올 수 있다고 강조하신 것입니다. 하나님께 듣고 배운다는 것은 하나님의 성령께서 주의 종들을 통하여 예수 그리스도에 대해 가르쳐 깨닫게 하는 것을 말합니다. 성령의 역사 없이는 아무리 말씀을 듣고 보아도 깨닫지 못하고, 그 결과 예수님을 믿을 수도 없습니다. 그러나 성령께서 역사하시면 말씀을 듣고 볼 때에 말씀이 깨달아지고 예수 그리스도에 대한 믿음이 생겨나는 것입니다.

"이는 아버지를 본 자가 있다는 것이 아니니라 오직 하나님에게서 온 자만 아버지를 보았느니라". 하나님께서는 영이시기 때문에 하나님을 본 사람은 아무도 없습니다. 오직 '하나님에게서 온 자' 이신 예수님만이 하나님을 보았습니다. 그러므로 우리는 예수 그리스도를 통해서 하나님을 보고, 하나님께서 어떠한 분이시라는 것과 우리를 향한 하나님의 뜻이 무엇인가를 알 수 있는 것입니다.

47절 진실로 진실로 너희에게 이르노니 믿는 자는 영생을 가졌나니

"믿는 자는 영생을 가졌나니". 이 말씀은 '믿는 자는 장차 영생을 얻게 된다' 라는 것이 아니라 '믿는 순간 영생을 소유했다' 라는 의미입니다. '영생' 은 '하나님의 생명' 입니다. 그러므로 믿는 자는 하나님의 생명을

가진 하나님의 사람인 것입니다.

48-51절 내가 곧 생명의 떡이니라 너희 조상들은 광야에서 만나를 먹었어도 죽었거니와 이는 하늘에서 내려오는 떡이니 사람으로 하여금 먹고 죽지 아니하게 하는 것이니라 나는 하늘에서 내려온 살아 있는 떡이니 사람이 이 떡을 먹으면 영생하리라 내가 줄 떡은 곧 세상의 생명을 위한 내 살이니라 하시니라

이스라엘 백성들은 하늘에서 내려온 만나를 먹었음에도 불구하고 광야에서 40년간 방황하다가 죽고 말았습니다. 그러나 하늘에서 내려온 떡이신 예수님을 먹으면, 즉 예수님을 믿으면 영원히 죽지 않고 살게 된다고 예수님께서 말씀하셨습니다. 이스라엘 백성들은 만나를 먹고 육신의 생명을 유지했지만, 결국에는 육신도 죽고 하나님께 불순종함을 인하여 영적으로도 죽었습니다. 그러나 예수님을 믿는 사람은 영혼이 살아나고 하나님의 생명을 얻어 영원히 죽지 않습니다. 예수님께서는 우리의 생명의 양식이요, 이러한 예수님께서 내 안에 계시고 내가 예수님 안에 있는 이상 우리는 죽음을 보지 않습니다. 우리는 믿음으로 이미 사망에서 생명으로 옮겨진 것입니다.

"나는 하늘에서 내려온 살아 있는 떡이니". 예수님께서는 다시 한번 자신을 '하늘에서 내려온 살아 있는 떡' 이라고 말씀하셨습니다. 그리고 누구든지 이 떡을 먹는 자, 즉 예수님을 믿는 자는 영원히 살 것이라고 말씀하셨습니다. 나아가 예수님께서는 자신이 줄 떡은 바로 자신의 '살' 이라고 밝히셨습니다. 예수님의 이 말씀은 성만찬 때에 제자들에게 떡을 떼어 주시며 "받아서 먹으라. 이것이 내 몸이니라." 고 말씀하신 것을 연상

시켜 주는데(마 26:26; 막 14:22; 눅 22:19), 여기서는 장차 십자가에 달려 몸 찢겨 죽으셔서 대속을 이루실 것을 예고한 것입니다.

"내가 줄 떡은 곧 세상의 생명을 위한 내 살이니라". 이 말씀을 통해서 예수님께서는 자신의 몸을 내어 주심으로써 대속의 역사를 이루실 것이며 그로 인하여 대속의 은총을 받는 대상이 세상 만민임을 밝히셨습니다. 예수님께서 갈보리 십자가 위에서 몸이 찢겨 죽으신 것은 세상 모든 사람으로 하여금 영원한 생명을 얻을 수 있는 길을 열어 주신 구속 사역의 완성이요, 우리를 향한 주님의 사랑의 절정을 이루는 사건이었습니다.

52-59절 그러므로 유대인들이 서로 다투어 이르되 이 사람이 어찌 능히 자기 살을 우리에게 주어 먹게 하겠느냐 예수께서 이르시되 내가 진실로 진실로 너희에게 이르노니 인자의 살을 먹지 아니하고 인자의 피를 마시지 아니하면 너희 속에 생명이 없느니라 내 살을 먹고 내 피를 마시는 자는 영생을 가졌고 마지막 날에 내가 그를 다시 살리리니 내 살은 참된 양식이요 내 피는 참된 음료로다 내 살을 먹고 내 피를 마시는 자는 내 안에 거하고 나도 그의 안에 거하나니 살아 계신 아버지께서 나를 보내시매 내가 아버지로 말미암아 사는 것같이 나를 먹는 그 사람도 나로 말미암아 살리라 이것은 하늘에서 내려온 떡이니 조상들이 먹고도 죽은 그것과 같지 아니하여 이 떡을 먹는 자는 영원히 살리라 이 말씀은 예수께서 가버나움 회당에서 가르치실 때에 하셨느니라

예수님께서 "내가 줄 떡은 곧 세상의 생명을 위한 내 살이니라."고 말씀하시자, 사람들의 말소리로 좌중이 소란스러워졌습니다. "아니, 어떻게 자기 살을 우리에게 주어서 먹게 하겠다는 거야?" 그 자리에 있던 유대인들은 저마다 이렇게 한마디씩 하며 언쟁을 벌였습니다. 그러나 예수님께서는 유대인들의 소란에 개의치 아니하시고, 세상에 생명을 주는 예수님의 살과 피에 대하여 말씀하셨습니다. 유대인들은 예수님의 말씀을 오해하여 실제로 예수님의 살을 먹으라는 말씀으로 들었으나, 예수님의 말씀은 십자가에 못 박혀 몸 찢기고 피 흘려 죽으실 것을 예고하는 것이었습니다.

예수님께서는 이때 예고하신 대로 자신의 살과 피를 우리에게 주셨습니다. 예수님께서 우리가 먹고 마실 살과 피를 주신 곳은 갈보리 십자가 위입니다. 그곳에서 예수님께서는 온 인류를 위해 대속의 죽음을 당하셨습니다. 예수님께서는 갈보리 십자가 위에서 몸 찢기고 피를 쏟으심으로, 우리로 하여금 예수님의 살과 피를 먹고 마시게 하신 것입니다.

"인자의 살을 먹지 아니하고 인자의 피를 마시지 아니하면 너희 속에 생명이 없느니라". 예수님의 살과 피를 먹고 마시는 자에게는 예수님께서 주시는 생명이 있으며, 이런 사람에게는 다음과 같은 큰 유익이 있습니다.

첫째, 예수님의 찢기신 살과 흘리신 피로 말미암아 과거와 현재와 미래의 죄가 다 청산되어 의인으로 인정받는 복을 받습니다. 갈보리 십자가에서 예수님께서 우리 일생의 죄를 다 대속해 주셨기 때문에, 이를 믿기만 하면 하나님께 의롭다고 인정받고 하나님 앞에 담대히 설 수 있는 자격을 얻게 되는 것입니다.

둘째, 예수 그리스도의 깨어진 몸과 흘리신 피로 하나님과의 관계가 화목하게 되고, 하나님께서 예수 그리스도로 말미암아 보내 주신 성령과 함께하는 복을 받습니다. 그리하여 우리 안에 생수의 강이 흘러넘치고 우리의 삶 가운데 하나님의 능력이 나타나게 됩니다. 성령께서 우리에게 지혜와 지식과 분별력을 주시고 능력을 부어 주셔서 예수님을 바로 알고, 하나님의 뜻을 분별하며, 자신이 받은 사명을 능력 있게 수행할 수 있게 되는 것입니다.

셋째, 예수 그리스도의 깨어진 몸과 흘리신 피로 말미암아 질병을 치료받는 복을 받습니다. 예수님께서 채찍에 맞아 온몸이 갈가리 찢기심으로 우리의 질고와 연약함을 해결해 주셨기 때문에, 우리는 예수님을 믿음으로써 병을 치료받고 강건하게 된 것입니다.

넷째, 예수 그리스도께서 십자가에 달리심으로 말미암아 축복을 받습니다. 아담과 하와의 타락으로 인하여 인간은 물론 자연환경도 저주를 받았습니다. 그런데 예수님께서 십자가에 달려 모든 저주를 철폐하셨습니다. 이에 대해 성경에는 "그리스도께서 우리를 위하여 저주를 받은바 되사 율법의 저주에서 우리를 속량하셨으니 기록된바 나무에 달린 자마다 저주 아래에 있는 자라 하였음이라 이는 그리스도 예수 안에서 아브라함의 복이 이방인에게 미치게 하고 또 우리로 하여금 믿음으로 말미암아 성령의 약속을 받게 하려 함이라"(갈 3:13-14)고 기록되어 있습니다. 그러므로 십자가에 달리신 예수님을 믿음으로 바라보는 사람은 저주에서 해방되고 아브라함의 복을 풍성히 받게 되는 것입니다.

다섯째, 예수 그리스도의 십자가를 통해 영원한 생명과 천국을 소유하게 됩니다. 예수님께서는 "내 아버지 집에 거할 곳이 많도다 그렇지 않으면 너희에게 일렀으리라 내가 너희를 위하여 거처를 예비하러 가노니 가서 너희를 위하여 거처를 예비하면 내가 다시 와서 너희를 내게로 영접하여 나 있는 곳에 너희도 있게 하리라"(14:2-3)고 말씀하셨습니다. 그리고 십자가에 달려 죽으셨다가 사흘 만에 죽음을 이기고 부활, 승천하셨습니다. 그러므로 예수님을 믿는 사람은 영원한 생명과 천국 소망을 갖고서 "사망아 너의 승리가 어디 있느냐 사망아 네가 쏘는 것이 어디 있느냐"(고전 15:55)라고 담대히 외칠 수 있는 것입니다.

우리는 십자가에서 깨뜨리신 예수 그리스도의 살과 흘리신 피를 먹고 마심으로써 그리스도의 생명을 받았습니다. 예수 그리스도의 살과 피는 그것을 먹는 자에게 다시는 배고프지 않고 목마르지 않게 해 주는 '참된 양식'이요, '참된 음료'입니다. 우리가 예수 그리스도의 살을 먹고 피를 마신다는 것은 예수 그리스도를 믿고 연합되는 것을 의미합니다. 우리는 예수 그리스도를 믿음으로써 예수님의 생명을 받고 예수님과 하나로 연합되었습니다. 예수님과 하나로 연합된 사람은 예수님을 떠나서는 살 수 없습니다. 또한 이러한 사람은 더 이상 자신을 위해 살지 않습니다. "내가 그리스도와 함께 십자가에 못 박혔나니 그런즉 이제는 내가 사는 것이 아니요 오직 내 안에 그리스도께서 사시는 것이라 이제 내가 육체 가운데 사는 것은 나를 사랑하사 나를 위하여 자기 자신을 버리신 하나님의 아들을 믿는 믿음 안에서 사는 것이라"(갈 2:20)는 사도 바울의 고백처럼, 예수님을 자기 삶의 주인으로 모시고 예수님 중심으로 서서 예수님께서 원하시는 뜻을 좇아 사는 것입니다.

4. 계시의 말씀에 대한 제자들의 반응(6:60-71)

60. 제자 중 여럿이 듣고 말하되 이 말씀은 어렵도다 누가 들을 수 있
느냐 한대 61. 예수께서 스스로 제자들이 이 말씀에 대하여 수군거
리는 줄 아시고 이르시되 이 말이 너희에게 걸림이 되느냐 62. 그러
면 너희는 인자가 이전에 있던 곳으로 올라가는 것을 본다면 어떻게
하겠느냐 63. 살리는 것은 영이니 육은 무익하니라 내가 너희에게
이른 말은 영이요 생명이라 64. 그러나 너희 중에 믿지 아니하는 자
들이 있느니라 하시니 이는 예수께서 믿지 아니하는 자들이 누구며
자기를 팔 자가 누구인지 처음부터 아심이러라 65. 또 이르시되 그
러므로 전에 너희에게 말하기를 내 아버지께서 오게 하여 주지 아니
하시면 누구든지 내게 올 수 없다 하였노라 하시니라 66. 그때부터
그의 제자 중에서 많은 사람이 떠나가고 다시 그와 함께 다니지 아니
하더라 67. 예수께서 열두 제자에게 이르시되 너희도 가려느냐 68.
시몬 베드로가 대답하되 주여 영생의 말씀이 주께 있사오니 우리가
누구에게로 가오리이까 69. 우리가 주는 하나님의 거룩하신 자이신
줄 믿고 알았사옵나이다 70. 예수께서 대답하시되 내가 너희 열둘
을 택하지 아니하였느냐 그러나 너희 중의 한 사람은 마귀니라 하시
니 71. 이 말씀은 가룟 시몬의 아들 유다를 가리키심이라 그는 열둘
중의 하나로 예수를 팔 자러라

60-62절 제자 중 여럿이 듣고 말하되 이 말씀은 어렵도다 누가 들을 수 있느냐 한대 예수께서 스스로 제자들이 이 말씀에 대하여

수군거리는 줄 아시고 이르시되 이 말이 너희에게 걸림이 되느냐 그러면 너희는 인자가 이전에 있던 곳으로 올라가는 것을 본다면 어떻게 하겠느냐

예수님께서는 "나는 하늘에서 내려온 살아 있는 떡이니라." 고 하시고, 그 떡에 대해서 말씀하시면서 "내 살은 참된 양식이요, 내 피는 참된 음료로다." 라고 선포하셨습니다. 그리고 "내 살을 먹고 내 피를 마시는 자는 내 안에 거하고 나로 인하여 영원히 살리라." 고 말씀하셨습니다. 이러한 예수님의 말씀에 유대인들은 경악했습니다. 그들은 예수님의 말씀을 문자적으로 해석하여, 예수님의 살과 피를 실제로 먹고 마시라는 것으로 해석했기 때문입니다.

예수님의 말씀은 성령의 도우심 없이는 깨달을 수가 없습니다. 그러므로 성령의 지혜와 지식 없이 인간적인 이성과 지식으로 예수님의 말씀을 받아들인 유대인들이 그 말씀의 의미를 알아듣지 못하고 오해한 것은 당연한 일이었습니다. 그런데 예수님의 말씀을 알아듣지 못하기는 예수님을 따르는 제자들도 마찬가지였습니다. 그들 역시 예수님의 말씀을 문자적으로 이해하고 서로 수군거렸습니다. "이게 무슨 말이야? 어려워서 도무지 모르겠군. 그러니 누가 이 말을 알아듣겠어?" 예수님께서는 제자들이 이렇게 수군거리고 있는 줄 아시고 "이 말이 너희에게 걸림이 되느냐? 그러면 너희는 인자가 이전에 있던 곳으로 올라가는 것을 본다면 어떻게 하겠느냐?" 고 반문하셨습니다. 이 말씀은 '나는 장차 너희가 보는 앞에서 하늘로 올라갈 것이다. 너희가 내 말을 알아듣기 어렵겠지만, 내 말은 진리니라. 내가 원래 있던 곳인 하늘로 올라가는 것을 보면, 비로소 내 말

이 이해되어 너희의 걸림이 해결될 것이다.' 라는 것입니다.

후에 예수님께서는 실제로 제자들이 보는 앞에서 하늘로 올라가셨습니다(막 16:19; 눅 24:51; 행 1:9). 예수님께서는 하늘에 계시다가 하나님의 뜻을 따라 이 세상에 태어나셔서 하나님의 구원 사역을 이루시고 부활, 승천하심으로써 자신이 하나님의 아들 메시아이심을 만천하에 알리신 것입니다.

63절 살리는 것은 영이니 육은 무익하니라 내가 너희에게 이른 말은 영이요 생명이라

예수께서는 제자들에게 말씀을 문자적으로 해석하지 말고 영적으로 해석해야 한다는 것을 일깨워 주셨습니다. 예수님의 살을 먹고 피를 마신다는 것은, 십자가에 못 박혀 몸 찢기고 피 흘리신 예수 그리스도를 믿음으로 예수님과 하나로 연합되는 것입니다. 그리고 그 결과, 질병과 죽음에 대한 승리를 선포하고 모든 죄악을 다 청산하여 사망과 음부의 권세를 이기고 부활하게 되는 것입니다. 우리가 이러한 영적 의미를 알고 믿음으로 받아들일 때, 우리 속에 생명이 넘쳐 나게 됩니다. 그러므로 우리는 예수 그리스도께서 십자가에 달려 몸 찢기고 피 흘리심으로써 우리의 모든 죄를 용서받고 의롭게 된 것을 감사하고, 우리의 질병과 연약함을 치료받고 강건하게 된 것을 감사하며, 저주의 쓴 뿌리가 제거되고 하나님의 복을 넘치게 받게 된 것을 감사하고, 우리의 가난과 절망과 죽음이 철폐되고 부요와 영생과 천국 소망을 받아 누리게 된 것을 감사해야 합니다. 그리고 나아가 우리의 마음과 생활 속에 임한 하나님의 나라를 온 세상에 전해야 합니다.

64절 그러나 너희 중에 믿지 아니하는 자들이 있느니라 하시니 이는 예수께서 믿지 아니하는 자들이 누구며 자기를 팔 자가 누구인지 처음부터 아심이러라

많은 사람이 예수님을 따랐지만, 그들이 모두 예수님을 믿은 것은 아니었습니다. 그들 중에는 떡을 먹었기 때문에, 병을 치료받았기 때문에, 또 다른 표적을 보았기 때문에 예수님을 따르는 사람도 많았습니다. 예수님께서는 이러한 사실을 훤히 알고 계셨습니다. 사람의 마음 중심을 꿰뚫어 보시는 예수님의 눈앞에서 드러나지 않을 것은 하나도 없는 것입니다.

오늘날에도 교회에 많은 사람이 옵니다. 그러나 그들 중에는 참된 성도가 있는가 하면, 다른 목적으로 오는 사람도 있고, 아무 생각 없이 다른 사람을 따라서 오는 사람도 있습니다. 그래서 교회에는 알곡과 쭉정이가 함께 있고, 곡식과 가라지가 동시에 자라고 있는 것입니다. 우리는 누가 알곡이고 누가 쭉정이인지 알지 못하므로 함부로 다른 사람을 판단하고 정죄할 수 없습니다. 그러나 예수님께서는 다 알고 계십니다. 그래서 지금은 알곡과 쭉정이가 함께 교회에 있지만, 마지막 날에는 예수님께서 알곡은 가려내어 모아서 곳간에 들이시고 쭉정이는 영원히 꺼지지 않는 불에 던져 넣어 태워 버리실 것입니다(마 3:12; 13:24-30; 눅 3:17).

65절 또 이르시되 그러므로 전에 너희에게 말하기를 내 아버지께서 오게 하여 주지 아니하시면 누구든지 내게 올 수 없다 하였노라 하시니라

예수님께서는 하나님께서 인도하시고 믿음을 주시지 않는 한 아무도

예수님께로 나아와 구원받을 수 없다는 것을 다시 한번 상기시키셨습니다(37, 44절). 믿음은 인간의 이성으로도, 지식으로도, 의지로도, 노력으로도 얻을 수 없습니다. 믿음은 하나님의 주권에 의해 은혜로 주어지는 하나님의 선물입니다. 그러므로 성경에 "너희는 그 은혜에 의하여 믿음으로 말미암아 구원을 받았으니 이것은 너희에게서 난 것이 아니요 하나님의 선물이라" (엡 2:8)고 기록되어 있는 것입니다. 하나님께서 이끄셔서 우리가 예수님께로 나아오고, 하나님의 성령께서 우리의 마음에 감동을 주시고 믿음을 주셔서 우리가 예수님을 나의 구주로 믿고 구원받게 되는 것입니다.

이와 같이 하나님의 이끄심을 받고 믿음이 생긴 사람은 예수님을 '주'(主)로 시인하고(고전 12:3), 하나님을 '아빠 아버지' 라고 부릅니다(롬 8:15; 갈 4:6). 뿐만 아니라 하나님께서 주시는 믿음이 마음속에 꽉 들어차면, 동남풍이 불고 서북풍이 불어도 요동하지 않습니다. 눈에는 아무 증거 안 보이고, 귀에는 아무 소리 안 들리고, 손에는 잡히는 것 없고, 앞길이 칠흑같이 어두워도 '믿습니다!' 라고 탱크 같은 믿음으로 밀고 나아갑니다. 믿음 없는 쭉정이 교인들은 자기가 아쉽고 필요할 때에만 교회에 나와서 "주시옵소서!" 라고 외치다가 필요한 것이 충족되면 세상으로 떠나 버리지만, 참된 믿음을 가진 성도는 형편이 좋을 때에는 좋아서 감사하고 형편이 좋지 않을 때는 주님께서 좋게 해 주실 것을 믿고 감사하면서 믿음의 경주를 계속하는 것입니다.

66절 그때부터 그의 제자 중에서 많은 사람이 떠나가고 다시 그와 함께 다니지 아니하더라

예수님의 말씀을 듣고 난 후, 예수님을 따르던 사람들 중에 많은 사람이 떠나갔습니다. 그들은 예수님께서 죽으심으로써 완성될 구원과 믿음과 영생 부활에 대한 영적인 말씀의 의미를 이해하지 못했습니다. 그들이 애초에 예수님을 따라온 이유는 다른 생각과 목적이 있었기 때문입니다. 즉, 그들은 놀라운 기사와 이적을 행하시고 사람들의 인기를 한 몸에 받으시는 예수님께서 유대를 해방시키시고 왕위에 올라 통치하실 것을 꿈꾸었습니다. 그러나 이러한 꿈과 기대가 깨어지자, 즉시 예수님에게서 등을 돌리고 자신들의 생업으로 돌아가 버린 것입니다.

67-69절 예수께서 열두 제자에게 이르시되 너희도 가려느냐 시몬 베드로가 대답하되 주여 영생의 말씀이 주께 있사오니 우리가 누구에게로 가오리이까 우리가 주는 하나님의 거룩하신 자이신 줄 믿고 알았사옵나이다

예수님께서는 자신을 따르던 많은 사람이 등을 돌리고 떠나는 모습을 보시며 열두 제자에게 "너희도 가려느냐?"라고 물으셨습니다. 이에 열두 제자를 대표하여 베드로가 선뜻 대답했습니다. "주여, 영생의 말씀이 주께 있사오니 우리가 누구에게로 가오리이까? 우리가 주는 하나님의 거룩하신 자이신 줄 믿고 알았사옵나이다." 여기서 쓰인 '거룩하신 자'라는 칭호는 원래 하나님께만 사용되었던 것인데, 여기서는 예수님께서 메시아이심을 표현하는 것으로 쓰였습니다. 사실 그 자리에 남아 있던 제자들도 아직 예수님의 말씀을 정확하게 이해하고 예수님을 확실하게 믿기는 어려웠을 것입니다. 그러나 성급하고 다혈질적인 성격의 소유자인 베드로가 예수님께 즉각적으로 신앙 고백적인 답변을 함으로써 그들

모두 믿음의 결단을 하고 예수님 곁을 떠나지 않았습니다.

70-71절 예수께서 대답하시되 내가 너희 열둘을 택하지 아니하였느냐 그러나 너희 중의 한 사람은 마귀니라 하시니 이 말씀은 가룟 시몬의 아들 유다를 가리키심이라 그는 열둘 중의 하나로 예수를 팔 자러라

베드로를 필두로 하여 열두 제자는 믿음의 결단을 하였지만, 애초에 그들이 예수님과 함께하게 된 것은 예수님의 선택에 의한 것이었습니다. 즉, 예수님께서 그들을 일일이 택하셔서 "나를 따르라"고 하시므로 예수님의 제자가 되었던 것입니다. 그런데 예수님께서는 이에 대해 말씀하시면서 참으로 놀라운 한 가지 사실을 밝히셨습니다. "그러나 너희 중의 한 사람은 마귀니라". 이는 장차 예수님을 팔 가룟 유다를 가리켜 하신 말씀입니다. 실제로 가룟 유다가 마귀는 아닙니다. 그런데 예수님께서는 그가 마귀의 도구가 되어 마귀가 사주하는 일을 할 것을 예견하시고 그를 마귀라고 말씀하신 것입니다.

예수님의 이 예언은 일점일획도 틀림이 없이 완전히 이루어졌습니다. 때가 되자 마귀는 가룟 유다의 마음에 들어가 사주하여 예수님을 은 30에 팔게 하여 결국 예수님을 십자가에 못 박혀 죽게 했습니다. 그러나 예수님을 죽이고 온 천하를 장악하려던 마귀의 성공은 '삼일천하' 로 끝나고 말았습니다. 마귀는 예수님을 십자가에 못 박아 죽임으로써 완전히 승리한다고 생각했지만, 오히려 예수님께서는 십자가에 달려 사망과 흑암의 권세를 깨뜨리고 다시 살아나심으로 온 세상의 구주요, 영원한 승리자가 되신 것입니다.

제 7 장

예수님의 두 번째 예루살렘 방문

예수님과 형제들의 대화	7:1-9
성전에서 가르치시는 예수님	7:10-24
자신의 기원을 밝히신 예수님	7:25-31
자신의 죽음을 예고하시는 예수님	7:32-36
생수의 강	7:37-44
유대교 지도자들의 증오와 니고데모의 변호	7:45-53

A COMMENTARY
ON THE GOSPEL OF
JOHN I

예수님께서 초막절에 예루살렘으로 올라가시자, 사람들은 예수님을 찾으며 예수님에 대해 상반된 평가를 하였습니다. 이러한 와중에 예수님께서는 예루살렘 성전에서 사람들을 가르치셨습니다.

예수님께서 자신은 하나님에게서 났고 하나님으로부터 보내심을 받았다고 말씀하시자, 이 말씀을 들은 사람들은 예수님을 잡으려는 부류와 예수님을 믿는 부류로 나뉘었습니다.

유대교 지도자들은 예수님을 믿는 사람들이 늘어 가자 이에 불안을 느끼고 아랫사람들을 시켜 예수님을 잡아 오게 하였습니다. 그러나 아직 때가 이르지 않았으므로, 예수님을 잡기는커녕 오히려 잡으러 간 사람들마저 예수님께 감화되고 말았습니다.

이 일로 인하여 바리새인들은 몹시 분노하여 예수님을 정죄했습니다. 니고데모가 나서서 예수님을 변호하였으나 여전히 마음이 닫혀 있는 바리새인들은 예수님을 조소하고 힐난하였습니다.

1. 예수님과 형제들의 대화(7:1-9)

1. 그 후에 예수께서 갈릴리에서 다니시고 유대에서 다니려 아니하심
은 유대인들이 죽이려 함이러라 2. 유대인의 명절인 초막절이 가까
운지라 3. 그 형제들이 예수께 이르되 당신이 행하는 일을 제자들도
보게 여기를 떠나 유대로 가소서 4. 스스로 나타나기를 구하면서 묻
혀서 일하는 사람이 없나니 이 일을 행하려 하거든 자신을 세상에 나
타내소서 하니 5. 이는 그 형제들까지도 예수를 믿지 아니함이러라
6. 예수께서 이르시되 내 때는 아직 이르지 아니하였거니와 너희 때
는 늘 준비되어 있느니라 7. 세상이 너희를 미워하지 아니하되 나를
미워하나니 이는 내가 세상의 일들을 악하다고 증언함이라 8. 너희
는 명절에 올라가라 내 때가 아직 차지 못하였으니 나는 이 명절에 아
직 올라가지 아니하노라 9. 이 말씀을 하시고 갈릴리에 머물러 계시
니라

1절 그 후에 예수께서 갈릴리에서 다니시고 유대에서 다니려 아니

하심은 유대인들이 죽이려 함이러라

유대 지역에는 예루살렘 성읍이 있으며, 예루살렘에는 유대교의 구심점이 되는 성전과 유대 최고 의결 기관인 산헤드린이 있었습니다. 그런데 예수님께서는 유대 지역에 가시기를 기피하셨습니다. 왜냐하면 그곳의 유대인들이 예수님을 죽이려 했기 때문입니다. 예수님께서는 지난 유월절에 예루살렘에서 베데스다 연못가에 누워 있던 서른여덟 해 된 병자를 고치시고(5:1-9) 이를 정죄하고 질책하는 유대인들에게 자신을 하나님의 아들이라고 말씀하셨는데(요 5:17-18), 이 일로 인하여 유대인들이 예수님께 반감을 갖고 죽이려 한 것입니다.

예수님께서 유대 지역을 다니시지 않은 것은 이러한 유대인들의 반감과 살의가 무서웠기 때문이 아닙니다. 예수님께서는 아직 그들에게 잡혀서 죽을 때가 아니었기 때문에 그들을 피해 갈릴리에 계셨던 것입니다.

이를 통해서 우리는 한 가지 깨달음을 얻을 수 있습니다. 그것은 박해를 자초해서 받을 필요는 없다는 것입니다. 우리가 예수 그리스도를 믿다 보면, 가정과 직장에서, 가족과 친구와 이웃들이 박해할 때가 있습니다. 그 박해가 우리의 신앙을 포기하게 하려는 것이라면, 우리는 절대로 타협하지 말고 과감히 믿음으로 극복해야 합니다. 그러나 화평을 유지할 수 있는데도 불구하고 신앙을 빙자하여 자신의 고집을 꺾지 않고 자기 자신의 의(義)만을 내세우는 독선을 보여서 박해를 받는다면, 그것은 어느 누구의 탓이 아니라 스스로 자초한 것입니다. 믿음을 지키기 위해 박해받는 사람은 하늘에서 큰 상을 받게 됩니다(마 5:11-12). 그러나 박해를 자초하여 받는 사람은 미련함으로 인하여 자기 인생을 고달프게 만든다는 것을 알아야 합니다.

2절 유대인의 명절인 초막절이 가까운지라

유월절, 오순절과 함께 유대인의 3대 명절의 하나인 초막절은 히브리 종교력으로 7월 15일부터 일주일 동안 지키는 절기입니다. 초막절은 이스라엘 백성들이 하나님의 인도하심을 받아 출애굽 후 가나안에 들어오기까지 40년 동안의 광야 생활을 기념하여 장막을 치고 생활하므로 '장막절' 이라고도 하며, 추수기에 첫 곡식을 하나님께 드리는 추수감사절의 성격이 있다 하여 '수장절' 이라고도 합니다.

매년 초막절이 되면, 유대인들은 집에서 나와 초막을 짓고 일주일 동안 초막 생활을 하면서 하나님께 감사의 제사를 드렸습니다. 초막절에는 유월절이나 오순절과 마찬가지로 모든 이스라엘 남자들이 예루살렘에 가서 절기를 지켜야 했습니다. 따라서 예수님께서도 자신을 죽이려는 사람들이 기다리고 있는 예루살렘으로 가셔야만 했던 것입니다.

3-5절 그 형제들이 예수께 이르되 당신이 행하는 일을 제자들도 보게 여기를 떠나 유대로 가소서 스스로 나타나기를 구하면서 묻혀서 일하는 사람이 없나니 이 일을 행하려 하거든 자신을 세상에 나타내소서 하니 이는 그 형제들까지도 예수를 믿지 아니함이러라

예수님께서 동정녀 마리아의 몸에 성령으로 잉태되어 태어나신 후, 요셉과 마리아 사이에 많은 자녀가 태어났습니다. 이들은 예수님과 함께 한 부모님 슬하에서 성장하며 생활했기 때문에 예수님을 단지 맏형, 큰오빠

로만 알고 있었습니다. 아버지 요셉이 죽은 후, 예수님께서는 가족의 생계를 어깨에 짊어지고 성실히 목수 일을 하셨습니다. 이러한 예수님의 모습은 온 가족의 든든한 가장으로서 손색이 없었습니다. 그런데 어느 날 이 가정에 큰 변화가 생겼습니다. 집안의 기둥인 예수님께서 집을 떠나 버린 것입니다.

그 후 예수님께서는 제자들을 불러 모아 그들을 데리고 다니시면서 기적을 행하시고 설교를 하심으로 사람들의 호응과 인기를 끌었습니다. 그런데 형제들은 이러한 예수님의 변화를 오해하였습니다. 그들은 예수님께서 사람들의 인기를 얻고 지지를 받아 정치적인 야망을 이루려고 하는 줄로 알았던 것입니다. 그래서 그들은 예수님께 "자기를 과시하고 사람들의 인기를 몰아서 정치적인 야망을 이루려면 사람들이 많은 곳에서 기적을 보여 주어야지, 이렇게 사람이 적은 시골구석에서 숨어 지내면 되겠습니까? 마침 사람들이 모두 모이는 초막절이 며칠 남지 않았으니, 이 기회에 예루살렘에 가서 사람들에게 기적을 보여 주세요."라고 말했습니다.

본문에 보면, 예수님의 친형제들이 이와 같이 예수님께 간청한 까닭은 예수님을 믿지 않았기 때문이라고 밝히고 있습니다. 그들의 눈에는 예수님이 맏형으로만 보였습니다. 그들은 한집에서 생활하면서 평범하고 책임감 있는 맏아들로서의 면모를 보이신 예수님께서 메시아라는 것을 상상조차 하지 못했습니다. 그러므로 공생애에 들어간 예수님의 변화된 모습이 그들에게는 한낱 정치적 야망을 이루려는 야심가로 비칠 뿐이었던 것입니다.

이와 같이 예수님께서 하나님의 아들이시요, 세상 만민을 구원하러 오신 메시아라는 것을 믿지 않던 형제들은 훗날 예수님께서 장사된 지 사흘 만에 부활하시고 승천하시는 것을 목격하고서야 믿었습니다. 그리고 마가 다락방에서 기도에 힘쓰던 중에 오순절 날 성령 충만함을 받고서 초대 교회의 지도자들이 되었습니다.

6-9절 예수께서 이르시되 내 때는 아직 이르지 아니하였거니와 너희 때는 늘 준비되어 있느니라 세상이 너희를 미워하지 아니하되 나를 미워하나니 이는 내가 세상의 일들을 악하다고 증언함이라 너희는 명절에 올라가라 내 때가 아직 차지 못하였으니 나는 이 명절에 아직 올라가지 아니하노라 이 말씀을 하시고 갈릴리에 머물러 계시니라

예수님께서는 '때'를 따라 일하셨습니다. 그 '때'는 예수님께서 임의로 정하신 때가 아니라, 하나님께서 정하신 때였습니다.

우리도 때를 잘 분별하여 때를 따라 살아야 합니다. 성경에는 "범사에 기한이 있고 천하만사가 다 때가 있나니 날 때가 있고 죽을 때가 있으며 심을 때가 있고 심은 것을 뽑을 때가 있으며 죽일 때가 있고 치료할 때가 있으며 헐 때가 있고 세울 때가 있으며 울 때가 있고 웃을 때가 있으며 슬퍼할 때가 있고 춤출 때가 있으며 돌을 던져 버릴 때가 있고 돌을 거둘 때가 있으며 안을 때가 있고 안는 일을 멀리할 때가 있으며 찾을 때가 있고 잃을 때가 있으며 지킬 때가 있고 버릴 때가 있으며 찢을 때가 있고 꿰맬 때가 있으며 잠잠할 때가 있고 말할 때가 있으며 사랑할 때가 있고 미워할 때가 있으며 전쟁할 때가 있고 평화할 때가 있느니라"(전 3:1-8)고 기록되어 있습니다. 이처럼 범사에 하나님께서 정하신 때가 있으므로, 우리

는 무슨 일을 하든지 하나님의 때를 분별하여 때에 맞추어 행하여야 하는 것입니다.

예수님의 모든 행동과 사역은 철저하게 하나님의 때를 따라 진행되었습니다. 하나님의 때가 차매 이 세상에 오셨고, 때를 기다려 가나 혼인 잔칫집의 물을 포도주로 만드는 기적을 행하셨으며, 고난의 때가 되자 십자가 고난을 받고 구원을 이루신 것입니다. 이와 같이 전 생애를 하나님의 때에 맞추어 사신 예수님께서는 초막절에 예루살렘으로 가실 때에도 때를 기다렸다가 하나님께서 정하신 때에 가셨습니다.

예수님께서는 자신을 세상에 드러내라고 요구하는 형제들에게 "내 때는 아직 이르지 아니하였거니와 너희 때는 늘 준비되어 있느니라" 고 대답하셨습니다. 예수님께서는 하나님께서 정하신 때가 되지 않아서 때를 기다리셔야 했지만, 예수님의 형제들은 그렇지 않다는 말입니다. 그들은 가고 싶으면 언제라도 갈 수 있었습니다. 그들은 세상에 속한 자들이었으므로 하나님의 때와 상관없이 자기가 원하는 때를 따라 움직이고 자신의 뜻을 따라 자기의 삶을 결정해 나갔기 때문입니다. 이와 같이 세상에 속한 사람들은 세상의 미움을 받지 않습니다. 그들은 세상에 속해 세상과 짝이 되어 살기 때문에 세상이 그들을 미워할 이유가 없는 것입니다. 그러나 예수님께서는 세상에 속하지 않고 철저히 하나님의 뜻에 순종하여 살며 세상의 악함을 책망하셨기 때문에 세상의 미움을 받으셨습니다.

아직 하나님께서 정하신 때가 되지 않았기 때문에, 예수님께서는 형제들을 먼저 예루살렘으로 떠나보내시고 혼자서 갈릴리에 머물면서 때를 기다리셨습니다. 이러한 예수님의 모습에서 우리는 하나님의 뜻에 전적으로 순종하되 행동 하나하나까지도 하나님의 때에 맞추어 해야 한다는 것을 배울 수 있습니다.

우리는 하나님의 뜻을 구하고 그 뜻대로 살겠다고 고백하고 행하지만, 참으로 많은 시행착오를 범하고 실패하기도 합니다. 그것은 하나님의 때를 분별하지 못하고 자신이 적합하다고 생각하는 때에 행동하기 때문입니다. 그래서 때로는 하나님보다 앞서서 뛸 때도 있고, 때로는 하나님의 때를 지나쳐 버릴 때도 있는 것입니다. 그러므로 우리는 무슨 일을 하든지 하나님의 뜻을 따라 하되, 하나님께서 정하신 때에 맞추어서 할 수 있도록 기도해야 합니다. 때를 주장하시는 분은 하나님이십니다. 그러므로 기도로 때를 구하고 성령의 인도를 받으면, 하나님의 때에 부합하는 믿음의 삶을 살 수 있습니다.

2. 성전에서 가르치시는 예수님(7:10-24)

10. 그 형제들이 명절에 올라간 후에 자기도 올라가시되 나타내지 않
고 은밀히 가시니라 11. 명절 중에 유대인들이 예수를 찾으면서 그가
어디 있느냐 하고 12. 예수에 대하여 무리 중에서 수군거림이 많아
어떤 사람은 좋은 사람이라 하며 어떤 사람은 아니라 무리를 미혹한
다 하나 13. 그러나 유대인들을 두려워하므로 드러나게 그에 대하여
말하는 자가 없더라 14. 이미 명절의 중간이 되어 예수께서 성전에
올라가사 가르치시니 15. 유대인들이 놀랍게 여겨 이르되 이 사람은

배우지 아니하였거늘 어떻게 글을 아느냐 하니 16. 예수께서 대답하여 이르시되 내 교훈은 내 것이 아니요 나를 보내신 이의 것이니라
17. 사람이 하나님의 뜻을 행하려 하면 이 교훈이 하나님께로부터 왔는지 내가 스스로 말함인지 알리라 18. 스스로 말하는 자는 자기 영광만 구하되 보내신 이의 영광을 구하는 자는 참되니 그 속에 불의가 없느니라 19. 모세가 너희에게 율법을 주지 아니하였느냐 너희 중에 율법을 지키는 자가 없도다 너희가 어찌하여 나를 죽이려 하느냐
20. 무리가 대답하되 당신은 귀신이 들렸도다 누가 당신을 죽이려 하나이까 21. 예수께서 대답하여 이르시되 내가 한 가지 일을 행하매 너희가 다 이로 말미암아 이상히 여기는도다 22. 모세가 너희에게 할례를 행했으니 (그러나 할례는 모세에게서 난 것이 아니요 조상들에게서 난 것이라) 그러므로 너희가 안식일에도 사람에게 할례를 행하느니라 23. 모세의 율법을 범하지 아니하려고 사람이 안식일에도 할례를 받는 일이 있거든 내가 안식일에 사람의 전신을 건전하게 한 것으로 너희가 내게 노여워하느냐 24. 외모로 판단하지 말고 공의롭게 판단하라 하시니라

10-13절 그 형제들이 명절에 올라간 후에 자기도 올라가시되 나타내지 않고 은밀히 가시니라 명절 중에 유대인들이 예수를 찾으면서 그가 어디 있느냐 하고 예수에 대하여 무리 중에서 수군거림이 많아 어떤 사람은 좋은 사람이라 하며 어떤 사람은 아니라 무리를 미혹한다 하나 그러나 유대인들을 두려워하므로 드러나게 그에 대하여 말하는 자가 없더라

때가 이르자 예수님께서는 아무에게도 나타내지 않으시고 비밀리에 예루살렘으로 가셨습니다. 그럼에도 불구하고 예루살렘에 모인 사람들

의 화제는 온통 예수님에 관한 것뿐이었습니다. 사람들은 예수님께서 초막절을 지키러 예루살렘에 와 계실 것이라고 짐작하고 예수님을 찾으면서 예수님에 관한 소문을 주고받았습니다.

예수님에 대한 사람들의 견해는 서로 상반되었습니다. 어떤 이들은 호의적인 견해를 갖고 "그는 좋은 사람이다."라고 이야기했고, 어떤 이들은 적대적인 견해를 갖고 "그는 사람들을 미혹시킨다."고 이야기했습니다. 사람들을 미혹시킨다는 이야기의 근거는, 예수님께서 안식일에 일을 하시고 자신을 하나님의 아들이라고 말씀하셨던 데에 있습니다. 그들은 이러한 일로 인하여 유대 종교 지도자들이 예수님을 적대시하고 죽이려 한다는 것을 알고 있었습니다. 그러므로 사람들은 예수님에 대하여 나지막한 소리로 은밀하게 이야기하였습니다.

14-15절 이미 명절의 중간이 되어 예수께서 성전에 올라가사 가르치시니 유대인들이 놀랍게 여겨 이르되 이 사람은 배우지 아니하였거늘 어떻게 글을 아느냐 하니

예수님께서 예루살렘에 오신 때는 이미 초막절 기간의 중간쯤 되어서였습니다. 예루살렘에 오신 예수님께서는 성전에 올라가셔서 사람들을 가르치셨습니다. 그런데 예수님의 가르침이 어찌나 심오한지, 말씀을 듣는 사람들이 그 말씀에 완전히 몰입되어 큰 감동을 받았습니다. 이를 보고 듣던 유대인들은 예수님께서 어떻게 이토록 성경 지식에 능통한지 기이히 여겼습니다. 당시에 사람들에게 율법을 가르치려면 정규 교육 과정을 거쳐 랍비가 되어야 했습니다. 그런데 예수님께서는 나사렛이라는 보잘것없는 동네에서 자라나셨으며 정규 교육을 받으신 적이 없었습니다.

그러므로 이러한 예수님의 배경을 아는 유대인들로서는 예수님께서 심오한 진리를 능력 있게 가르치시는 것이 어찌된 일인지 도무지 납득이 되지 않았던 것입니다. 그래서 그들은 서로 머리를 갸웃거리며 "이 사람은 배우지 아니하였거늘 어떻게 글을 아느냐" 고 말하였습니다.

예수님께서는 하나님의 아들이시요, 하나님의 깊은 것까지도 통달하시는 진리의 성령으로 충만하신 분이십니다. 또한 예수님 자신이 진리요, 말씀이십니다. 그렇기 때문에 예수님께서는 정규 교육을 받지 않고도 교육받은 랍비보다 훨씬 학문에 능통하고 말씀의 심오한 뜻을 더 잘 가르치셨던 것입니다.

오늘날 우리가 성경에 기록된 진리의 심오한 뜻을 깨달아 알고 가르치려면 무엇보다도 성령의 충만함을 받고 성령의 조명과 깨우침을 받아야 합니다. 진리를 깨닫고 가르치는 데에는 세상 학문의 박식함이 도움을 주지 못합니다. 신학적인 지식도 별로 도움이 되지 않습니다. 주관적이고 편파적인 신학 지식과 인본주의적인 관점에서 해석한 신학자들의 견해는 오히려 장애가 될 뿐입니다. 그러므로 우리는 진리의 말씀을 대하기에 앞서 성령의 충만함을 받기 위해 기도해야 합니다. 그리고 진리의 영이신 성령께서 우리의 눈과 마음을 열어 주셔서 진리를 바로 보고 그 속에 담긴 심오한 하나님의 뜻을 마음으로 깨닫게 해 달라고 기도해야 합니다.

16-17절 예수께서 대답하여 이르시되 내 교훈은 내 것이 아니요 나를 보내신 이의 것이니라 사람이 하나님의 뜻을 행하려 하면 이 교훈이 하나님께로부터 왔는지 내가 스스로 말함인지 알

리라

교육을 제대로 받지 않은 예수님께서 어떻게 그토록 심오한 지식을 가르치시는지 기이히 여기는 유대인들을 향해, 예수님께서는 "내 교훈은 내 것이 아니요 나를 보내신 이의 것이니라" 고 말씀하셨습니다. 그리고 계속해서 "사람이 하나님의 뜻을 행하려 하면 이 교훈이 하나님께로부터 왔는지 내가 스스로 말함인지 알리라" 고 말씀하셨습니다. 즉, 전심으로 하나님의 뜻을 행하려는 자는 누구나 예수님의 교훈이 하나님에게서 받은 것임을 알 수 있다는 것입니다.

우리가 마음 중심에 하나님을 모시고 하나님의 뜻을 행하며 사는 것은 매우 중요합니다. 성경에는 "모든 지킬 만한 것 중에 더욱 네 마음을 지키라 생명의 근원이 이에서 남이니라" (잠 4:23)고 기록되어 있습니다. 우리가 자아와 교만과 고집과 욕심을 따라 살지 않고 하나님 중심으로 살겠다고 결심하면, 성령께서 우리를 이 세상 죄악의 고향과 친척과 아버지의 집에서 이끌어 내어 십자가 밑으로 인도해 주십니다. 내 마음속에 있는 모든 욕망과 탐심을 버리고 하나님의 뜻이라면 살든지 죽든지, 흥하든지 망하든지, 성하든지 쇠하든지 순종하겠다는 마음 자세를 가지고 있으면, 성령께서 분별력과 깨달음을 주셔서 하나님의 뜻을 밝히 볼 수 있게 하시므로 우리가 성공적인 삶을 살게 되는 것입니다.

18절 스스로 말하는 자는 자기 영광만 구하되 보내신 이의 영광을 구하는 자는 참되니 그 속에 불의가 없느니라

예수님께서는 하나님의 뜻을 행하려는 자를 분별할 수 있는 기준에 대해서 말씀하셨습니다. 자기 자신을 드러내려 하고 자기 자신의 말을 하

는 자는 다른 사람들에게 인정받고 칭찬받으려는 자입니다. 반면에, 하나님의 영광을 구하는 자는 참되고 불의가 없습니다. 그러므로 성경은 "자랑하는 자는 주 안에서 자랑할지니라 옳다 인정함을 받는 자는 자기를 칭찬하는 자가 아니요 오직 주께서 칭찬하시는 자니라"(고후 10:17-18)고 말씀하고 있습니다. 예수님께서는 자의로 말씀하시지 않고 당신을 보내신 성부 하나님께서 주시는 말씀만 하셨으며, 그럼으로써 하나님만을 드러내고 하나님을 영화롭게 해 드린 참되고 의로운 분이십니다.

19절 모세가 너희에게 율법을 주지 아니하였느냐 너희 중에 율법을 지키는 자가 없도다 너희가 어찌하여 나를 죽이려 하느냐

모세는 하나님께서 계시해 주신 율법을 이스라엘 백성들에게 전해 주었습니다. 유대인들은 자신들이 율법의 수여자인 모세의 제자라는 자긍심을 가지고 있었습니다. 그들은 누구보다도 성경에 능통하고 율법을 잘 준수한다고 자랑했습니다. 그러나 예수님께서는 그들에게 "너희 중에 율법을 지키는 자가 없도다"라고 호통하셨습니다.

유대인들이 스스로 자랑하는 대로 모세의 율법을 잘 알았다면 모세가 증언한 예수님을 믿었을 것입니다(5:46). 그러나 그들은 예수님을 믿기는커녕 오히려 예수님을 죽이려 했습니다. 모세의 율법에 의하면, 사람을 처형하려면 먼저 두세 사람의 일치된 증언이 있고 그에 따른 판결을 받아야 합니다. 그런데 그들은 무조건 예수님을 잡아 죽이려는 목적으로 예수님의 일거수일투족을 감시하고 꼬투리를 잡으려 했습니다. 이와 같은 유대인들의 행동은 모세의 충실한 제자라고 자부하는 그들의 자긍심과 모순되는 것이요, 하나님의 율법을 범하는 죄악이었습니다.

20절 무리가 대답하되 당신은 귀신이 들렸도다 누가 당신을 죽이려 하나이까

예수님께서 자신을 죽이려고 한다고 말씀하신 대상은 유대 종교 지도자들이었습니다(5:18). 종교 지도자들은 예수님을 미워하여 죽이려 하였습니다. 그러나 이러한 사실을 알지 못하는 유대인 무리는 "너희가 어찌하여 나를 죽이려 하느냐"(19절)는 예수님의 말씀을 듣고 어리둥절했습니다. 무리는 '도대체 누가 자기를 죽이려 한다는 말인가? 이 사람이 미쳤구나.' 라고 생각하고, 예수님께 "당신은 귀신이 들렸도다. 누가 당신을 죽이려 하나이까?" 라고 반문했습니다.

21-24절 예수께서 대답하여 이르시되 내가 한 가지 일을 행하매 너희가 다 이로 말미암아 이상히 여기는도다 모세가 너희에게 할례를 행했으니 (그러나 할례는 모세에게서 난 것이 아니요 조상들에게서 난 것이라) 그러므로 너희가 안식일에도 사람에게 할례를 행하느니라 모세의 율법을 범하지 아니하려고 사람이 안식일에도 할례를 받는 일이 있거든 내가 안식일에 사람의 전신을 건전하게 한 것으로 너희가 내게 노여워하느냐 외모로 판단하지 말고 공의롭게 판단하라 하시니라

무리의 질문에 예수님께서는 유대 종교 지도자들이 자신을 미워하여 죽이려 하는 원인이 된 '한 가지 일'을 말씀하셨습니다. 그 '한 가지 일'은 바로 안식일에 베데스다에서 서른여덟 해 된 병자를 고치신 일이었습니다(5:1-18). 예수님께서는 안식일에 병을 치료하셨다는 이유로 율법을 어긴 자로 간주되어 유대 종교 지도자들의 미움을 사게 되었으며 죽음의

위협을 받게 된 것입니다. 이와 같이 안식일을 어겼다는 이유로 율법을 어긴 자로 몰리신 예수님께서는 무리에게 율법의 참된 의미에 대해 말씀하셨습니다.

"너희는 내가 안식일에 병을 치료한 일을 이상하게 여기고 그 일로 인하여 나를 죽이려 하는데, 그렇다면 할례에 대해서 함께 이야기해 보자. 너희는 모세의 율법에 따라, 아들을 낳으면 생후 8일째 되는 날에 할례를 행하느니라. 그런데 아이가 태어난 지 8일째 되는 날이 안식일인 경우에 어떻게 하고 있느냐? 너희는 안식일을 지키기보다는 할례를 행하는 일을 더 중요하게 여기고 안식일에도 할례를 행하고 있지 않느냐? 너희는 할례 받는 날을 지키기 위해서 '안식일에는 아무 일도 하지 말라' 는 율법을 어기면서, 내가 안식일에 서른여덟 해 동안이나 고통당하고 있는 사람의 전신을 고쳐 주었다고 하여 내게 분노하여 죽이려 하느냐? 겉으로 보이는 형식을 보고 판단하지 말고, 율법의 참뜻에 맞는 공의로운 판단을 하라."

율법을 철저하게 지킨다는 자부심을 갖고 율법의 잣대로 판단하고 정죄하는 유대인들은 자신들의 모순을 알지도 못했고 인정하지도 않았습니다. 그들은 스스로 율법을 잘 지킨다고 자랑했지만, 그들 역시 율법을 어기고 있었습니다. 즉, 그들은 하나님의 언약 백성이라는 표로 행하는 할례 의식을 안식일 계명보다 중시하여, 할례받는 날이 안식일이 되는 경우에는 할례를 받도록 임의로 예외 사항을 만들어 시행하였습니다. 이러한 유대인들의 율법 준수는, 율법의 참뜻을 알지 못한 채 자신들의 생각과 편리에 따라 수정하여 형식화한 의식주의에 지나지 않습니다.

애초에 할례는 하나님께서 언약의 표로 아브라함에게 명하신 것으로,

모세가 율법을 받기 430년 전부터 이미 시행되었습니다. 아브라함으로부터 시행되기 시작한 할례는 모세에 의해 율법화되었습니다(레 12:3). 그러나 형식적인 할례 의식을 행하는 것은 의미가 없습니다. 그렇기 때문에 성경은 여러 곳에 형식적인 '육신의 할례 의식' 을 행하기보다는 '마음의 할례' 를 받으라고 강조하고 있는 것입니다(신 10:16; 30:6; 렘 4:4; 롬 2:28-29). 하나님을 진정으로 사랑하고 하나님의 뜻에 전폭적으로 순종하는 마음 자세가 '마음의 할례' 요, 이러한 마음의 할례를 받은 사람이야말로 진정한 하나님의 백성입니다.

율법의 참뜻을 간과하고서 율법의 형식과 의식만을 중시하여 변칙적으로 율법을 지키고 그것으로 사람들을 판단하고 정죄하는 것은 자가당착입니다. 예수님께서는 이러한 점을 지적하시고, 그럼으로써 자신의 정당성을 입증하신 것입니다.

3. 자신의 기원을 밝히신 예수님(7:25-31)

25. 예루살렘 사람 중에서 어떤 사람이 말하되 이는 그들이 죽이고자
하는 그 사람이 아니냐 26. 보라 드러나게 말하되 그들이 아무 말도
아니하는도다 당국자들은 이 사람을 참으로 그리스도인 줄 알았는가
27. 그러나 우리는 이 사람이 어디서 왔는지 아노라 그리스도께서 오
실 때에는 어디서 오시는지 아는 자가 없으리라 하는지라 28. 예수

께서 성전에서 가르치시며 외쳐 이르시되 너희가 나를 알고 내가 어디서 온 것도 알거니와 내가 스스로 온 것이 아니니라 나를 보내신 이는 참되시니 너희는 그를 알지 못하나 29. 나는 아노니 이는 내가 그에게서 났고 그가 나를 보내셨음이라 하시니 30. 그들이 예수를 잡고자 하나 손을 대는 자가 없으니 이는 그의 때가 아직 이르지 아니하였음이러라 31. 무리 중의 많은 사람이 예수를 믿고 말하되 그리스도께서 오실지라도 그 행하실 표적이 이 사람이 행한 것보다 더 많으랴 하니

25-27절 예루살렘 사람 중에서 어떤 사람이 말하되 이는 그들이 죽이고자 하는 그 사람이 아니냐 보라 드러나게 말하되 그들이 아무 말도 아니하는도다 당국자들은 이 사람을 참으로 그리스도인 줄 알았는가 그러나 우리는 이 사람이 어디서 왔는지 아노라 그리스도께서 오실 때에는 어디서 오시는지 아는 자가 없으리라 하는지라

예수님의 말씀을 듣고 있던 무리 가운데에는 예루살렘에 거주하는 사람들도 있었습니다. 그들은 당국자들, 곧 유대 종교 지도자들이 예수님을 잡아 죽이려 한다는 것을 잘 알고 있었습니다. 그런데 예수님께서 수많은 사람이 모여 있는 곳에서 공개적으로 모습을 드러내고 말씀을 가르치시자 그들은 몹시 놀랐습니다. 그리고 예수님께서 사람들 앞에 버젓이 나서서 당당하게 말씀을 하고 계신데도 당국자들이 예수님을 체포하지도, 제재를 가하지도 않는 것을 이상하게 생각하였습니다. 그래서 그들 가운데 어떤 한 사람이 이렇게 말했습니다. "이 사람은 당국자들이 잡

아서 죽이려고 하는 바로 그 사람이 아니냐? 그런데 이처럼 사람들에게 거침없이 나서서 말하고 있는데도 아무도 손대지 않으니 어찌된 일인가? 그 사이에 당국자들이 마음이 변해서 이 사람을 그리스도로 인정하기라도 했다는 말인가?" 그리고 이렇게 덧붙여 말했습니다. "그러나 이 사람이 그리스도라는 것은 가당치 않다. 이 사람이 나사렛 출신이라는 것은 우리가 다 아는 사실이 아닌가. 그런데 성경은 그리스도께서 오실 때에 어디서 오시는지 아무도 모른다고 하였다. 그러니 이 사람이 그리스도가 아니라는 것은 너무나 분명한 사실이다."

이처럼 그들이 예수님을 그리스도로 인정하려 들지 않은 근본적인 원인은 성경을 잘못 알았으며 예수님에 관한 세부적이고 정확한 정보와 지식이 부족했기 때문이었습니다. 그들은 예수님께서 나사렛 출신이라는 것은 알았지만, 구약에서 예언된 대로 베들레헴에서 태어나신 사실은 알지 못했습니다(미 5:2; 마 2:4-6; 눅 2:1-20). 뿐만 아니라 그들은 "너희가 구하는바 주가 갑자기 그의 성전에 임하시리니 곧 너희가 사모하는바 언약의 사자가 임하실 것이라"(말 3:1)는 말씀을 잘못 해석하여 그리스도께서 아무도 모르게 갑자기 나타나실 것이라고 믿고 있었습니다. 결국 이러한 편견으로 인하여 그들은 예수님을 그리스도로 인정하지 않고 믿기를 거부한 것입니다.

28-29절 예수께서 성전에서 가르치시며 외쳐 이르시되 너희가 나를 알고 내가 어디서 온 것도 알거니와 내가 스스로 온 것이 아니니라 나를 보내신 이는 참되시니 너희는 그를 알지 못하나 나는 아노니 이는 내가 그에게서 났고 그가 나를 보내셨음

이라 하시니

유대인들이 예수님에 관하여 알고 있는 지식과 정보는 단편적이고 외적인 것들뿐이었습니다. 그래서 예수님께서는 일단 그들의 말이 옳다고 인정해 주신 다음, 그들이 미처 알지 못하는 점을 큰 소리로 일깨워 주셨습니다.

유대인들은 예수님의 출신과 가족 사항은 알고 있었지만 그보다 더 중요한 사실, 즉 예수님께서 하나님으로부터 오신 분이라는 사실은 알지 못했습니다. 그렇기 때문에 그들은 하나님의 말씀도 잘 알고 예수님에 대해서도 잘 안다고 하면서도, 하나님의 말씀대로 하나님의 보내심을 받아 세상에 오신 예수님을 그리스도로 인정하지 않고 배척했던 것입니다.

예수님께서는 "나를 보내신 이는 참되시니 너희는 그를 알지 못하나 나는 아노니 이는 내가 그에게서 났고 그가 나를 보내셨음이라"고 하심으로 자신을 보내신 분은 '참되시다' 고 말씀하셨습니다. 이는 성부 하나님은 실제로 존재하시는 분이라는 뜻입니다. 또한 예수님께서는 "유대인들은 하나님을 알지 못하지만, 나는 하나님에게서 났고 하나님으로부터 보냄을 받았기 때문에 하나님을 안다." 고 말씀하셨습니다. 예수님께서는 유대인들이 아는 대로 요셉과 마리아를 부모로 모시고 나사렛에서 성장하셨지만 그것은 외적이고 육적인 출신 배경에 불과합니다. 정말로 중요한 사실은 예수님이 하나님에게서 나서 하나님으로부터 보냄을 받은 '하나님의 아들 그리스도' 라는 신적 기원에 있습니다.

30-31절 그들이 예수를 잡고자 하나 손을 대는 자가 없으니 이는 그

의 때가 아직 이르지 아니하였음이러라 무리 중의 많은 사람이 예수를 믿고 말하되 그리스도께서 오실지라도 그 행하실 표적이 이 사람이 행한 것보다 더 많으랴 하니

예수님의 말씀을 듣고 난 후, 무리는 예수님을 잡아 죽이려는 사람들과 예수님을 믿는 사람들의 두 부류로 나뉘었습니다. 이 둘 가운데 전자는 예수님께서 자칭 하나님의 아들이라고 말함으로써 하나님을 모독했다는 이유로 분노를 터뜨리며 예수님을 잡아서 죽이려고 했습니다. 그러나 실제로 이를 행동으로 실천한 사람은 아무도 없었습니다. 이처럼 그들이 예수님을 해칠 생각만 하고 손을 대지 못한 이유는, 아직 때가 이르지 않았기 때문입니다. 하나님께서는 예수님이 십자가 고난을 받으실 때가 되기 전까지 아무도 예수님께 손대지 못하게 막으셨던 것입니다.

반면에 후자, 즉 예수님을 믿는 다른 한 부류에 속한 많은 사람은 이렇게 말했습니다. "그리스도께서 오실지라도 그 행하실 표적이 이 사람이 행한 것보다 더 많으랴?" 이들은 예수님을 믿기는 했으나, 그것은 표적을 봄으로써 믿게 된 연약한 믿음이었습니다.

그러나 어떻든 간에 우리는 여기서 한 가지 사실을 알 수 있습니다. 그것은 예수님의 말씀이 선포되는 곳에는 반드시 배척하는 무리와 받아들이고 믿는 무리가 생긴다는 것입니다. 성령께서는 믿는 무리를 통해 역사하십니다. 그리하여 처음에는 연약한 믿음을 가졌던 사람이 점차 반석처럼 굳센 믿음의 사람으로 성장하고, 이들을 통해 복음이 확산되는 것입니다.

4. 자신의 죽음을 예고하시는 예수님(7:32-36)

32. 예수에 대하여 무리가 수군거리는 것이 바리새인들에게 들린지
라 대제사장들과 바리새인들이 그를 잡으려고 아랫사람들을 보내니
33. 예수께서 이르시되 내가 너희와 함께 조금 더 있다가 나를 보내
신 이에게로 돌아가겠노라 34. 너희가 나를 찾아도 만나지 못할 터
이요 나 있는 곳에 오지도 못하리라 하시니 35. 이에 유대인들이 서
로 묻되 이 사람이 어디로 가기에 우리가 그를 만나지 못하리요 헬라
인 중에 흩어져 사는 자들에게로 가서 헬라인을 가르칠 터인가 36.
나를 찾아도 만나지 못할 터이요 나 있는 곳에 오지도 못하리라 한
이 말이 무슨 말이냐 하니라

32-34절 예수에 대하여 무리가 수군거리는 것이 바리새인들에게 들린지라 대제사장들과 바리새인들이 그를 잡으려고 아랫사람들을 보내니 예수께서 이르시되 내가 너희와 함께 조금 더 있다가 나를 보내신 이에게로 돌아가겠노라 너희가 나를 찾아도 만나지 못할 터이요 나 있는 곳에 오지도 못하리라 하시니

초막절을 지키기 위해 예루살렘에 모여든 사람들 중에 수많은 사람이 예수님을 믿게 되고 사람들마다 예수님에 대하여 수군거렸습니다. 예루살렘에 있는 사람들의 관심이 온통 예수님께로 쏠린 것입니다. 사람들의 수군거리는 소리는 급기야 예수님을 죽이려는 유대 종교 지도자들의

귀에까지 흘러 들어갔습니다. 그들은 사람들의 마음이 예수님께로 기울어지고 그에 비례하여 예수님의 인기가 하늘로 치솟자 안절부절못하였습니다. 가뜩이나 예수님을 시기하며 미워하고 있던 그들은 마음에 질투의 불길이 치솟아 예수님을 죽이자는 데에 의견 일치를 보고 하인들을 보내어 예수님을 잡아 오게 했습니다.

이러한 절박한 상황이 진행되고 있는 가운데, 유대인들을 향해 외치시는 예수님의 말씀은 계속되었습니다. "내가 너희와 함께 조금 더 있다가 나를 보내신 이에게로 돌아가겠노라". 이는 예수님께서 오래지 않아 하나님께로 돌아가실 것이라는 말씀입니다. 예수님께서는 자신이 얼마 있지 않으면 십자가 고난을 받아 죽었다가 부활하고 승천하리라는 것을 알고 계셨습니다. 그렇기 때문에 "너희가 나를 찾아도 만나지 못할 터이요 나 있는 곳에 오지도 못하리라" 고 상징적으로 말씀해 주셨습니다.

35-36절 이에 유대인들이 서로 묻되 이 사람이 어디로 가기에 우리가 그를 만나지 못하리요 헬라인 중에 흩어져 사는 자들에게로 가서 헬라인을 가르칠 터인가 나를 찾아도 만나지 못할 터이요 나 있는 곳에 오지도 못하리라 한 이 말이 무슨 말이냐 하니라

예수님께서는 아버지께로 돌아가신다고 분명히 말씀하셨지만, 유대인들은 그 말씀을 도무지 이해하지 못했습니다. 그리고 서로 예수님을 조소하며 이렇게 말했습니다. "이 사람이 어디로 가기에 우리가 자기를 만나지 못할 것이라고 큰소리치는 거냐? 헬라인들과 섞여 사는 자들이

있는 데로 가서 헬라인들이라도 가르쳐 볼 셈인가? 자기를 찾아도 만나지 못하고 자기가 있는 곳에 오지도 못할 것이라는 말은 또 무슨 말이냐?" 예수님을 적대시하는 유대인들은 예수님께서 더 이상 유대 땅에 발붙이지 못하고 이방인들에게나 가서 가르치려는가 보다고 조롱했지만, 그들이 조롱 투로 한 말은 훗날 예수님의 제자들에 의해 현실로 이루어졌습니다. 예수님께서 승천하시고 난 후 성령 침례를 받고 초대 교회에서 사역하던 제자들은 스데반 집사의 순교 사건을 시작으로 본격적으로 박해가 다가오자 온 천하로 흩어져서 이방인들에게 복음을 전한 것입니다.

5. 생수의 강(7:37-44)

37. 명절 끝 날 곧 큰 날에 예수께서 서서 외쳐 이르시되 누구든지
목마르거든 내게로 와서 마시라 38. 나를 믿는 자는 성경에 이름과
같이 그 배에서 생수의 강이 흘러나오리라 하시니 39. 이는 그를 믿
는 자들이 받을 성령을 가리켜 말씀하신 것이라 (예수께서 아직 영
광을 받지 않으셨으므로 성령이 아직 그들에게 계시지 아니하시더
라) 40. 이 말씀을 들은 무리 중에서 어떤 사람은 이 사람이 참으로
그 선지자라 하며 41. 어떤 사람은 그리스도라 하며 어떤 이들은 그
리스도가 어찌 갈릴리에서 나오겠느냐 42. 성경에 이르기를 그리
스도는 다윗의 씨로 또 다윗이 살던 마을 베들레헴에서 나오리라 하

지 아니하였느냐 하며 43. 예수로 말미암아 무리 중에서 쟁론이 되니 44. 그중에는 그를 잡고자 하는 자들도 있으나 손을 대는 자가 없었더라

37-39절 명절 끝 날 곧 큰 날에 예수께서 서서 외쳐 이르시되 누구든지 목마르거든 내게로 와서 마시라 나를 믿는 자는 성경에 이름과 같이 그 배에서 생수의 강이 흘러나오리라 하시니 이는 그를 믿는 자들이 받을 성령을 가리켜 말씀하신 것이라 (예수께서 아직 영광을 받지 않으셨으므로 성령이 아직 그들에게 계시지 아니하시더라)

'명절 끝 날' 은 일주일간의 초막절 축제를 마감하고 성회로 모이는 '제8일' 을 가리킵니다. 원래 초막절은 7일 동안이지만, 제8일에는 아무 일도 하지 않고 모두 성회로 모였습니다(레 23:36; 민 29:35).

초막절 기간에는 제사장들이 매일 실로암 못에서 금항아리에 물을 떠다가 성전 제단에 가지고 와서 제단 주위에 붓는 의식을 행하였습니다. 이 의식은 이스라엘 백성들이 광야에서 40년 동안 생활하면서 물을 얻지 못하여 갈증으로 고통당할 때에 하나님께서 바위에서 샘물이 터져 나오게 하셔서 마시게 해 주셨던 것을 기념하는 것입니다(출 17:1-7; 민 20:2-13).

초막절 일주일 동안 제사장들이 실로암 못에 줄을 서서 물을 긷는 의식이 끝나고 제8일, 즉 명절 끝 날이 되었을 때에 예수님께서는 모든 사람이 운집한 가운데 우뚝 서서 큰 소리로 외치셨습니다.

"누구든지 목마르거든 내게로 와서 마시라 나를 믿는 자는 성경에 이름과 같이 그 배에서 생수의 강이 흘러나오리라".

이는 다시 말하면 '너희는 광야에서 조상들이 바위에서 나오는 물을 마신 것을 기념하기 위해서 제사장들이 실로암 못에서 물을 길어다가 제단 주위에 뿌리는 것을 해마다 보는데, 그 바위는 바로 나를 상징하는 것이다.' 라는 것입니다. 과거에 이스라엘 백성들이 마신, 바위에서 나온 물은 육신의 갈증을 일시적으로 해갈시켜 줄 뿐이었습니다. 그러나 생수의 원천이시요, 만세 반석이신 예수님에게서 얻는 생수는 영원하며 우리 영혼의 목마름을 해갈시켜 줍니다.

오늘날 우리가 살면서 느끼는 육신의 갈증은 물을 마시면 해결되지만, 영혼의 갈증은 이 세상 무엇으로도 해결되지 않습니다. 부귀영화를 다 누려도, 부모와 처자와 형제와 친구가 아무리 친밀해도 내 영혼 깊은 곳에 있는 고독과 목마름을 해결해 주지 못합니다. 그렇기 때문에 가뭄에 논밭이 쩍쩍 갈라지고 황폐해지듯이 사람들은 고독과 영혼의 목마름의 골이 져서 몸부림칩니다. 이러한 현상은 문명이 발달한 나라, 소위 복지 제도가 잘되어 있다는 선진국일수록 더욱 심각하게 나타납니다. 먹고사는 데 걱정 없고 시간 여유가 있는 사람일수록 영혼의 갈증에 고통하며 타락하는 양상을 보입니다. 그들은 영혼의 갈증을 해결해 보려고 술을 마시고, 마약에 손을 대고, 방탕한 생활을 하다가 결국 알코올 중독자로, 마약 중독자로, 인생 파탄자로 전락하고, 심지어는 자살로써 인생을 끝내기도 합니다.

인간이라면 누구나 안고 있는 이러한 영혼의 목마름은 만세 반석이신 예수님께 나아와야만 해결될 수 있습니다. 만세 반석이신 예수님께 나아와서 예수님께서 주시는 생수를 마실 때, 비로소 영혼의 목마름이 해갈됩니다. 뱃속 가장 깊은 곳에서 생수의 강이 흘러나오게 되어, 다시는 목마르지 않게 되는 것입니다.

예수님을 믿는 사람의 뱃속에서 흘러나오는 생수는 '성령' 을 상징합니다. 성령님께서는 예수님을 자신의 구주로 믿고 거듭난 사람을 성전 삼고 내주하십니다. 이 일은 '성령 침례' 를 통해 이루어집니다. '성령 침례' 를 받으면 영혼의 목마름이 해결됩니다. 즉, 심령에 생수의 강이 넘쳐 흘러서 활력이 넘치고 능력 있는 신앙생활을 하며 성령의 열매를 맺게 됩니다.

그러나 "예수께서 아직 영광을 받지 않으셨으므로 성령이 아직 그들에게 계시지 아니하시더라"는 말씀에서 알 수 있듯이 예수님을 믿는 사람들에게 성령께서 임하시는 일은 예수님 당시에는 이루어지지 않았습니다. 물론 성령의 역사는 구약 시대에도 있었습니다. 그러나 그때에는 성령께서 세상에 거하지 않으시고 특정한 사람에게 임하셨다가 일을 마치신 후에는 떠나셨습니다. 이처럼 특정 기간에 특정인에게 임하여 역사하시던 성령께서 예수님을 믿는 모든 사람에게 임하셔서 평생 함께하여 주시며 세상에 거하시기 시작한 것은 예수님께서 승천하신 후에 이루어졌습니다. '처음 보혜사' 이신 예수님께서 성부 하나님께로 가신 후에 '다른 보혜사' 이신 성령께서 오순절 날 강림하신 이래로(행 2:1-4), 성령의 역사는 믿는 사람들 가운데서, 교회 안에서, 세상에서 폭발적으로 일어나고 있는 것입니다.

40-44절 이 말씀을 들은 무리 중에서 어떤 사람은 이 사람이 참으로

그 선지자라 하며 어떤 사람은 그리스도라 하며 어떤 이들은 그리스도가 어찌 갈릴리에서 나오겠느냐 성경에 이르기를 그리스도는 다윗의 씨로 또 다윗이 살던 마을 베들레헴에서 나오리라 하지 아니하였느냐 하며 예수로 말미암아 무리 중에서 쟁론이 되니 그중에는 그를 잡고자 하는 자들도 있으나 손을 대는 자가 없었더라

예수님의 말씀을 듣고 난 무리의 반응은 세 가지로 나뉘었습니다.

그중 하나는, 예수님을 '선지자' 로 인정한 것이었습니다. 무리 가운데 어떤 사람들은 모세가 장차 오리라고 예언했던 그 선지자가 바로 예수님이라고 본 것입니다. 그러나 그들은 모세가 예언했던 선지자가 그리스도를 가리킨다는 것을 몰랐습니다. 다만 예수님을 구약 시대의 선지자들과 같은 한 선지자로 보았을 뿐입니다.

다른 하나는, 예수님을 그리스도로 인정하고 믿는 것이었습니다. 무리 가운데 어떤 사람들은 예수님을 그리스도로 믿었는데, 이는 앞서 31절에서 살펴보았듯이 예수님께서 행하시는 표적을 보았기 때문에 가능했던 것입니다.

또 다른 하나는, 예수님을 불신하고 배척하는 것이었습니다. 무리 가운데 어떤 사람들은 성경적 지식이 걸림돌이 되어 예수님을 적대시하였습니다. 그들은 그리스도께서 다윗의 고향인 베들레헴에서 다윗의 자손으로 태어나신다는 것을 알고 있었습니다. 그러나 정작 그들의 눈앞에서 말씀하시고 계신 예수님에 관해서는 정확하게 알지 못했습니다. 그들이 알기로 예수님은 일개 갈릴리의 '나사렛 사람' 에 불과하며 그리스도와는 거리가 먼 사람이었습니다. 예수님께서는 구약 성경에

예언된 대로 베들레헴에서 다윗의 자손으로 태어나셨으며 갈릴리 지방 나사렛에서 성장하심으로 구약의 예언들을 성취시키셨습니다(사 9:1-7; 미 5:2). 그러나 그들은 구약 성경에 예언된 내용도 부분적으로 알았고 예수님에 관해서도 불완전하게 알았을 뿐 아니라 그들 자신의 성경 지식과 예수님의 출신을 맞추는 확인 작업도 해 보지 않고서 자신들의 편견에 따라 '예수는 절대로 그리스도일 수가 없다.' 라고 단정해 버렸던 것입니다.

서로 견해가 다른 세 부류로 나뉜 무리들은 예수님에 대해 갑론을박하며 논쟁을 벌였습니다. 이들 중에는 예수님을 잡을 기회를 엿보고 있던 유대 종교 지도자들의 아랫사람들(32절)도 있었고 종교 지도자들과 뜻을 같이하는 사람들도 있었습니다. 그러나 그들 중 감히 예수님께 직접 손을 대는 자는 아무도 없었습니다.

6. 유대교 지도자들의 증오와 니고데모의 변호(7:45-53)

45. 아랫사람들이 대제사장들과 바리새인들에게로 오니 그들이 묻되 어찌하여 잡아 오지 아니하였느냐 46. 아랫사람들이 대답하되 그 사람이 말하는 것처럼 말한 사람은 이때까지 없었나이다 하니 47.

바리새인들이 대답하되 너희도 미혹되었느냐 48. 당국자들이나 바리새인 중에 그를 믿는 자가 있느냐 49. 율법을 알지 못하는 이 무리는 저주를 받은 자로다 50. 그중의 한 사람 곧 전에 예수께 왔던 니고데모가 그들에게 말하되 51. 우리 율법은 사람의 말을 듣고 그 행한 것을 알기 전에 심판하느냐 52. 그들이 대답하여 이르되 너도 갈릴리에서 왔느냐 찾아보라 갈릴리에서는 선지자가 나지 못하느니라 하였더라 53. 〔다 각각 집으로 돌아가고

45-46절 아랫사람들이 대제사장들과 바리새인들에게로 오니 그들이 묻되 어찌하여 잡아 오지 아니하였느냐 아랫사람들이 대답하되 그 사람이 말하는 것처럼 말한 사람은 이때까지 없었나이다 하니

대제사장들과 바리새인들은 성회에 아랫사람들을 보내고 난 후(32절), 예수님께서 잡혀 오기를 기다리면서 서로 머리를 맞대고 예수님을 죽일 음모를 꾸미고 있었습니다. 그러던 중에 아랫사람들만 돌아오자, 그들은 실망하여 화를 냈습니다.

"잡아 오라는 예수는 어떻게 하고 빈손으로 돌아왔느냐? 어찌하여 예수를 잡아 오지 않았느냐?"

이같이 분통을 터뜨리며 힐문하는 대제사장들과 바리새인들에게 아랫사람들은 참으로 뜻밖의 대답을 했습니다.

"그 사람이 말하는 것처럼 말한 사람은 이때까지 없었나이다".

유대 종교 지도자들의 아랫사람들이 예수님을 잡아 오라는 막중한 임무를 부여받았음에도 불구하고 빈손으로 돌아온 것은, 아직 하나님께서

정하신 때가 되지 않았기 때문이기도 했지만 그들이 예수님의 말씀에 깊이 감동했기 때문이기도 했습니다. 그렇기 때문에 그들은 종교 지도자들에게 자신들이 듣고 느낀 것을 숨기지 않고 용기 있게 말할 수 있었던 것입니다.

47-49절 바리새인들이 대답하되 너희도 미혹되었느냐 당국자들이나 바리새인 중에 그를 믿는 자가 있느냐 율법을 알지 못하는 이 무리는 저주를 받은 자로다

아랫사람들의 말에 민감한 반응을 보인 이들은 바리새인들이었습니다. 그들은 율법의 전문가요, 권위자인 율법 선생들이었습니다. 그들은 예수님의 인기를 시기, 질투하였으며, 예수님께서 자기들의 교리를 따르지 않고 율법 해석을 달리하여 백성들을 잘못된 교리로 미혹시키고 세뇌한다고 생각하여 예수님을 극도로 미워하고 있었습니다. 그런데 '아랫사람들마저 예수의 말에 넘어갔구나.' 라고 생각되자, 화가 치밀어 올라서 도저히 참을 수가 없었습니다. 그래서 그들은 격앙된 어조로 "너희도 미혹되었느냐? 당국자들이나 바리새인 중에 그를 믿는 자가 있느냐?" 라고 질책했습니다.

산헤드린 공회의 회원으로 소속되어 있는 바리새인들 중에는 전에 예수님을 은밀히 찾아왔다가 예수님을 믿게 된 니고데모도 있었습니다(3:1-21). 그러나 니고데모가 드러내 놓고 예수님을 믿지 않았기 때문에 그가 믿는다는 것은 아무도 몰랐습니다. 그래서 바리새인들은 아랫사람들에게 "우리 공회원들 가운데 예수를 믿는 사람이 단 한 사람도 없는데, 어찌하여 너희는 상관인 우리가 믿지도 않고 미워하는 예수의 말을 듣고 그를

믿는단 말이냐?"라고 호통을 친 것입니다.

아랫사람들에게 한바탕 호통을 치고도 분이 풀리지 않자, 바리새인들은 예수님을 믿는 사람들을 모두 싸잡아 "율법을 알지 못하는 이 무리는 저주를 받은 자로다."라고 정죄하였습니다. 시기와 질투에 눈이 멀어 예수님을 잡아서 죽이려는 데에만 혈안이 된 그들은 자신들이야말로 율법을 알지 못하는 자요, 저주를 받은 자라는 것을 전혀 깨닫지 못했던 것입니다.

50-51절 그중의 한 사람 곧 전에 예수께 왔던 니고데모가 그들에게 말하되 우리 율법은 사람의 말을 듣고 그 행한 것을 알기 전에 심판하느냐

그때까지 바리새인들 가운데 섞여 한쪽에서 조용히 일의 추이를 지켜보던 니고데모는 함부로 정죄하고 판결하는 바리새인들의 횡포를 더 이상 참을 수 없어서 한마디 하고 나섰습니다. "우리 율법은 사람의 말을 듣고 그 행한 것을 알기 전에 심판하느냐?"

율법에 의하면, 송사를 할 때에는 피고와 원고의 주장을 듣고 증인들의 증언의 진위를 조사한 다음에 공정한 판결을 내리도록 하였습니다(신 19:15-19). 그런데 바리새인들은 율법의 규례를 어기고 자신들의 감정에 따라 함부로 예수님을 정죄하였습니다. 그렇기 때문에 니고데모는 율법에 어긋나는 바리새인들의 잘못을 지적했는데, 이는 바리새인들의 눈에 오히려 예수님을 옹호하는 것으로 비쳤습니다.

한편 니고데모의 태도는, 이제껏 행여나 누가 알세라 몰래 숨어서 예

수님을 믿던 그의 신앙이 성장했음을 보여 줍니다. 아직까지 적극적으로 예수님을 증언하고 믿음을 시인하는 용기는 없지만, 그의 말 한마디는 예수님과 예수님을 믿는 자들을 정죄하던 바리새인들의 고조된 감정에 쐐기를 박았습니다.

52-53절 그들이 대답하여 이르되 너도 갈릴리에서 왔느냐 찾아보라 갈릴리에서는 선지자가 나지 못하느니라 하였더라 [다 각각 집으로 돌아가고

니고데모의 말은 예수님과 예수님을 믿는 자들을 정죄하던 분위기에 일시에 찬물을 끼얹는 결과를 가져왔습니다. 한창 흥분하여 아랫사람들을 질책하고 예수님을 믿는 자들을 정죄하던 바리새인들은 니고데모의 말을 듣고 순간적으로 당황했습니다. 그러나 곧 그의 말을 일축해 버렸습니다. 그들은 니고데모에게 "너도 갈릴리에서 왔느냐?" 고 비아냥거리며, "찾아보라. 갈릴리에서는 선지자가 나지 못하느니라." 고 단언했습니다. 시기와 질투와 미움으로 마음이 비뚤어진 바리새인들은 그들이 잘못 알고 있는 율법의 굴절된 잣대만을 믿고, 그것을 휘둘러 뭇사람을 판단하고 정죄했습니다. 그러나 그렇게 하는 그들이야말로 자신들이 헤아렸던 율법의 잣대로 헤아림을 받아 심판받게 될 불의한 자들이었습니다.

"다 각각 집으로 돌아가고". 산헤드린에 모여서 예수님을 죽일 음모를 꾀하면서 예수님을 잡아 오기를 기다리던 바리새인들과 제사장들은 체포에 실패하자 더 이상 그곳에서 지체할 필요가 없었습니다. 더욱이 니고데모의 말 한마디에, 그들은 일단 비난을 퍼붓기는 했으나 자기들끼리

도 완전한 의견 일치가 이루어지지 않는다는 점에 당황했습니다. 그리하여 결국 그들은 서둘러서 의회를 해산해 버렸습니다.

한편 이날 예루살렘 성전에 성회로 모였던 무리들도 초막절 끝 날 행사가 다 끝나자 해산했습니다. 어떤 사람들은 예수님의 말씀을 듣고서 예수님에 대한 호감을 가지고, 다른 사람들은 믿음을 가지고, 또 다른 사람들은 적대감을 가지고 각자 자기 집으로 돌아갔습니다.

제 8 장

생명의 빛이신 **예수님**

간음한 여인을 용서하신 예수님	8:1-11
세상의 빛이신 예수님	8:12-20
위에서 나신 분	8:21-30
참된 자유를 주는 진리	8:31-47
아브라함이 나기 전부터 계신 예수님	8:48-59

A COMMENTARY
ON THE GOSPEL OF
JOHN I

예수님께서는 감람산으로 잠시 물러가셨다가 다시 예루살렘 성전으로 오셨습니다. 예수님께서 성전에서 사람들을 가르치고 계실 때, 서기관들과 바리새인들이 간음한 여인을 잡아 예수님께로 끌고 와서 예수님을 시험하였습니다. 그들의 의도를 아신 예수님께서는 말씀으로 그들을 물리치시고 여인을 용서해 주셨습니다.

이 일이 있은 후에 예수님께서는 자신을 세상의 빛으로 계시하시고 유대인들에게 자신이 누구인가를 밝히셨습니다. 또한 그들에게 진리를 알아 진리가 주는 참된 자유를 누리라고 권고하셨으며, 자신은 아브라함이 나기 전부터 존재한 하나님임을 강조하셨습니다. 그러자 유대인들은 예수님을 하나님을 모독한 죄인으로 간주하고 돌로 쳐 죽이려고 하였습니다.

1. 간음한 여인을 용서하신 예수님(8:1-11)

1. 예수는 감람산으로 가시니라 2. 아침에 다시 성전으로 들어오시
니 백성이 다 나아오는지라 앉으사 그들을 가르치시더니 3. 서기관
들과 바리새인들이 음행 중에 잡힌 여자를 끌고 와서 가운데 세우고
4. 예수께 말하되 선생이여 이 여자가 간음하다가 현장에서 잡혔나
이다 5. 모세는 율법에 이러한 여자를 돌로 치라 명하였거니와 선생
은 어떻게 말하겠나이까 6. 그들이 이렇게 말함은 고발할 조건을 얻
고자 하여 예수를 시험함이러라 예수께서 몸을 굽히사 손가락으로
땅에 쓰시니 7. 그들이 묻기를 마지아니하는지라 이에 일어나 이르
시되 너희 중에 죄 없는 자가 먼저 돌로 치라 하시고 8. 다시 몸을 굽
혀 손가락으로 땅에 쓰시니 9. 그들이 이 말씀을 듣고 양심에 가책
을 느껴 어른으로 시작하여 젊은이까지 하나씩 하나씩 나가고 오직
예수와 그 가운데 섰는 여자만 남았더라 10. 예수께서 일어나사 여
자 외에 아무도 없는 것을 보시고 이르시되 여자여 너를 고발하던 그
들이 어디 있느냐 너를 정죄한 자가 없느냐 11. 대답하되 주여 없나
이다 예수께서 이르시되 나도 너를 정죄하지 아니하노니 가서 다시

는 죄를 범하지 말라 하시니라〕

1-2절 예수는 감람산으로 가시니라 아침에 다시 성전으로 들어오시니 백성이 다 나아오는지라 앉으사 그들을 가르치시더니

초막절 끝 날 성전에서 예수님의 말씀을 들은 무리는 다 각각 집으로 돌아가고(7:53) 예수님께서는 감람산으로 가셔서 밤을 지내셨습니다. 감람산은 공관복음에는 여러 번 언급되어 있으나(마 21:1; 24:3; 26:30; 막 11:1; 13:3; 14:26; 눅 19:29, 37; 21:37; 22:39), 본 서에는 본문에만 유일하게 언급되어 있습니다. 감람산은 예루살렘 성 동쪽의 기드론 골짜기 건너편에 있는 언덕입니다. 예수님께서는 예루살렘에 오시면 낮에는 성전에서 가르치시고 밤에는 감람산에서 쉬시거나(눅 21:37) 기도하시는 습관이 있었습니다(눅 22:39).

이튿날 아침 일찍 예수님께서 다시 성전에 들어오시자 백성들도 모두 예수님께 나아왔습니다. 이에 예수님께서는 앉아서 그들을 가르치셨습니다.

3-5절 서기관들과 바리새인들이 음행 중에 잡힌 여자를 끌고 와서 가운데 세우고 예수께 말하되 선생이여 이 여자가 간음하다가 현장에서 잡혔나이다 모세는 율법에 이러한 여자를 돌로 치라 명하였거니와 선생은 어떻게 말하겠나이까

예수님께서 사람들을 가르치고 계시는데, 갑자기 성전 입구가 소란스러웠습니다. 그러더니 서기관들과 바리새인들이 한 여자를 끌고 들어와

서 사람들 앞에 세워 놓고 예수님께 질문하였습니다.

"선생이여 이 여자가 간음하다가 현장에서 잡혔나이다 모세는 율법에 이러한 여자를 돌로 치라 명하였거니와 선생은 어떻게 말하겠나이까".

이 질문은 언뜻 보면 예수님께 존경을 표하며 예수님의 조언을 구하는 듯이 보입니다. 그러나 이러한 질문을 하는 그들의 속셈은 따로 있었습니다.

간음한 여자를 돌로 쳐 죽이는 것은 합법적인 것입니다(레 20:10; 신 22:22-24). 그러므로 그들이 한 말 자체는 옳은 것이었습니다. 그러나 율법에는 간음하다가 현장에서 잡힌 남자와 여자를 둘 다 죽이라고 규정하고 있는데, 그들은 간음하는 현장에 남자는 놓아두고 여자만 끌고 왔습니다. 이러한 그들의 처사는 율법에 어긋난 부당한 행동이었습니다. 더구나 율법을 준수하는 유대 사회에서 율법을 가장 잘 알고 가르치는 지도 계급층인 서기관들과 바리새인들이, 간음한 현장에서 잡힌 여자를 굳이 성전 안에까지 끌고 와서 예수님께 자문을 구할 하등의 필요가 없었습니다. 그들은 현장을 본 증인들의 증언을 듣고 죄지은 여자에게 사형을 구형하면 그뿐이었습니다. 따라서 서기관들과 바리새인들이 간음한 여자를 어떻게 처리할지를 질문하는 의도가 순수하지 못하고 무엇인가 계략이 있다는 것을 짐작할 수 있습니다.

6절 그들이 이렇게 말함은 고발할 조건을 얻고자 하여 예수를 시험함이러라 예수께서 몸을 굽히사 손가락으로 땅에 쓰시니

과연 서기관들과 바리새인들의 목적은 다른 데 있었습니다. 그들은

간음한 여자를 미끼로 하여 예수님을 고소할 조건을 얻으려 했던 것입니다. 즉, 죽이지 말라고 대답하시면 율법을 어긴 죄목으로 정죄하고, 율법대로 돌로 쳐 죽이라고 대답하시면 당국의 허가 없이 사람을 처형하도록 부추겼다는 죄목으로 로마 당국에 고소하려 했던 것입니다.

어느 쪽의 대답을 하든지 고소당하게 되어 있는 그들의 질문은 예수님을 진퇴양난의 함정에 빠뜨리는 듯했습니다. 그들은 의기양양하여 '어디 한번 대답해 보시지. 이번에는 우리 계략에 꼼짝없이 걸려들고 말걸.' 하고 생각하며 예수님의 대답을 기다렸습니다.

그러나 예수님께서는 아무 말씀도 하지 않으시고 몸을 굽혀 손가락으로 땅에 글을 쓰기 시작하셨습니다. 이때 예수님께서 무엇을 쓰셨는지에 대해서는 분명하게 알 수 없으나, 일반적으로 십계명 혹은 그 자리에 있던 서기관들과 바리새인들의 죄를 쓰셨을 것으로 추측됩니다. 예수님께서는 이미 그들의 교활한 계략을 아시고 말없이 땅에 글을 쓰셨는데, 이러한 예수님의 반응에 서기관들과 바리새인들은 마음이 조급해졌습니다.

7-9절 그들이 묻기를 마지아니하는지라 이에 일어나 이르시되 너희 중에 죄 없는 자가 먼저 돌로 치라 하시고 다시 몸을 굽혀 손가락으로 땅에 쓰시니 그들이 이 말씀을 듣고 양심에 가책을 느껴 어른으로 시작하여 젊은이까지 하나씩 하나씩 나가고 오직 예수와 그 가운데 섰는 여자만 남았더라

계속 땅에다 글만 쓰고 계신 예수님을 보다 못한 서기관들과 바리새인들은 예수님에게 빨리 대답해 달라고 강요했습니다. 이에 예수님께서 천천히 일어나서 그들을 둘러보며 대답하셨습니다.

"너희 중에 죄 없는 자가 먼저 돌로 치라."

그들은 이러한 예수님의 대답을 듣자 몹시 당황했습니다. 예수님의 대답은 그들이 전혀 예상치 못한 것으로, 그들의 간교한 계략을 물거품으로 만들었을 뿐 아니라 그들의 양심을 예리하게 찔렀던 것입니다.

예수님께서는 대답을 마치시고는 다시 몸을 굽히고 손가락으로 땅에 글을 쓰셨습니다. 그러는 동안, 간음한 여자를 돌로 치려던 사람들이 하나씩 하나씩 그 자리를 떠났습니다. 그들은 자기 자신 역시 그 여자 못지않은 죄인임을 부인할 수 없었으므로 양심에 가책을 느끼고 물러간 것입니다. 그리하여 결국 모두 떠나고 그 자리에는 예수님과 여자만 남게 되었습니다.

10-11절 예수께서 일어나사 여자 외에 아무도 없는 것을 보시고 이르시되 여자여 너를 고발하던 그들이 어디 있느냐 너를 정죄한 자가 없느냐 대답하되 주여 없나이다 예수께서 이르시되 나도 너를 정죄하지 아니하노니 가서 다시는 죄를 범하지 말라 하시니라〕

땅에 글을 쓰시던 예수님께서는 일어나셔서 사람들이 다 가고 없는 것을 보시고 여자에게 말씀하셨습니다. "여자여, 너를 고발하던 그들이 어디 있느냐? 너를 정죄한 자가 없느냐?" 이에 여자가 "주여, 없나이다." 라고 대답하자, "나도 너를 정죄하지 아니하노니 가서 다시는 죄를 범하지 말라." 고 말씀하셨습니다. 예수님께서는 죽음의 두려움으로 벌벌 떨고 있던 여자에게 죄를 용서해 주심으로써 새로운 삶을 살게 해 주신 것입니다.

예수님의 은혜로 죄를 용서받고 갱생의 길을 걷게 된 이 여자는 바로 우리들이라고 할 수 있습니다. 세상에 속한 자로서 살던 때의 우리의 삶 역시 죄 된 삶이었습니다. 그런데 예수님께서 죄를 사해 주심으로 우리는 예수님 안에서 정죄받지 않고(롬 8:1) 심령이 새롭게 되어 의와 진리의 거룩함으로 지으심을 받은 새사람으로 살게 된 것입니다(엡 4:23-24).

2. 세상의 빛이신 예수님(8:12-20)

12. 예수께서 또 말씀하여 이르시되 나는 세상의 빛이니 나를 따르는
자는 어둠에 다니지 아니하고 생명의 빛을 얻으리라 13. 바리새인들
이 이르되 네가 너를 위하여 증언하니 네 증언은 참되지 아니하도다
14. 예수께서 대답하여 이르시되 내가 나를 위하여 증언하여도 내 증
언이 참되니 나는 내가 어디서 오며 어디로 가는 것을 알거니와 너희
는 내가 어디서 오며 어디로 가는 것을 알지 못하느니라 15. 너희는
육체를 따라 판단하나 나는 아무도 판단하지 아니하노라 16. 만일
내가 판단하여도 내 판단이 참되니 이는 내가 혼자 있는 것이 아니요
나를 보내신 이가 나와 함께 계심이라 17. 너희 율법에도 두 사람의
증언이 참되다 기록되었으니 18. 내가 나를 위하여 증언하는 자가
되고 나를 보내신 아버지도 나를 위하여 증언하시느니라 19. 이에
그들이 묻되 네 아버지가 어디 있느냐 예수께서 대답하시되 너희는
나를 알지 못하고 내 아버지도 알지 못하는도다 나를 알았더라면 내

아버지도 알았으리라 20. 이 말씀은 성전에서 가르치실 때에 헌금함 앞에서 하셨으나 잡는 사람이 없으니 이는 그의 때가 아직 이르지 아니하였음이러라

12절 예수께서 또 말씀하여 이르시되 나는 세상의 빛이니 나를 따르는 자는 어둠에 다니지 아니하고 생명의 빛을 얻으리라

초막절 기간에는 제사장들이 성전 안에 등불을 켰습니다. 이는 출애굽한 이스라엘 백성을 인도했던 불기둥을 기념하는 것이었습니다. 등불의 불빛은 '빛이신 하나님' 을 상징합니다. 그러나 예수님은 상징이 아니라 빛 자체이십니다.

예수님은 '세상의 빛' 이십니다. 이러므로 예수님을 따르는 사람은 어둠 가운데 있지 않습니다. 더 이상 어디서 와서 왜 살며 어디로 가는지 모르고 어두운 죄악 세상에서 방황하지 않습니다. 인생의 참된 목적을 분명하게 알고, 갈 길을 밝히 보여 주시는 예수님의 인도를 받으며 빛 가운데서 삽니다. 뿐만 아니라 예수님을 따르는 사람은 어두운 세상을 비추는 작은 등대의 역할을 합니다. 예수님께서는 자신을 따르는 자들을 '세상의 빛' 이라고 말씀하셨습니다(마 5:14-16). 예수님을 따르는 사람은 참빛이신 예수님의 빛을 받아서 어두운 세상에 다시 비추어 줌으로써 세상을 밝혀 주는 것입니다.

성경에는 "너희가 전에는 어둠이더니 이제는 주 안에서 빛이라 빛의 자녀들처럼 행하라 빛의 열매는 모든 착함과 의로움과 진실함에 있느니라" (엡 5:8-9)고 기록되어 있습니다. 또한 "너희는 다 빛의 아들이요 낮의

아들이라 우리가 밤이나 어둠에 속하지 아니하나니 그러므로 우리는 다른 이들과 같이 자지 말고 오직 깨어 정신을 차릴지라 자는 자들은 밤에 자고 취하는 자들은 밤에 취하되 우리는 낮에 속하였으니 정신을 차리고 믿음과 사랑의 호심경을 붙이고 구원의 소망의 투구를 쓰자" (살전 5:5-8) 라고 권면합니다. 그러므로 우리는 세상과 구별되어 생활 가운데 착함과 의로움과 진실함의 열매를 맺으며, 믿음과 사랑과 소망을 갖고 삶으로써 빛의 역할을 다해야겠습니다.

13절 바리새인들이 이르되 네가 너를 위하여 증언하니 네 증언은 참되지 아니하도다

예수님께서 자신을 세상의 빛이라고 증언하시자, 바리새인들은 이에 대해 "네가 너를 위하여 증언하니 네 증언은 참되지 아니하도다" 라고 반박했습니다. 이는 율법에 근거한 합당한 말이었습니다(신 19:15). 또한 증언에 관해서는 앞서 예수님께서도 바리새인들과 똑같은 말씀을 하셨었습니다(5:31). 그렇다면 예수님께서는 증언에 대해서 왜 이처럼 상반된 듯한 말씀을 하셨을까요? 빛은 그 특성상 제3자의 증언이 필요하지 않기 때문입니다. 어두우면 빛이 없는 것이요, 밝으면 빛이 있는 것입니다. 이처럼 빛은 그 자체로 증거가 됩니다. 이러므로 빛이신 예수님께서는 이전에도 "나는 사람에게서 증언을 취하지 아니하노라 다만 이 말을 하는 것은 너희로 구원을 받게 하려 함이니라" (5:34)고 말씀하셨던 것입니다.

14절 예수께서 대답하여 이르시되 내가 나를 위하여 증언하여도 내 증언이 참되니 나는 내가 어디서 오며 어디로 가는 것을 알거니

와 너희는 내가 어디서 오며 어디로 가는 것을 알지 못하느니라

일반적으로 자신에 대해서 스스로 증언하는 것은 제3자의 증언에 비해 주관적이고 편파적일 수 있으므로 신빙성이 부족합니다. 그러나 예수님께서는 자신이 누구이며 어디서 와서 어디로 가는지 확실히 알고 계셨습니다. 즉, 자신이 하나님의 아들로서 하나님으로부터 와서 구원 사역을 이루고 다시 하나님께로 돌아간다는 사실을 분명하게 알고 계셨던 것입니다. 그러나 바리새인들은 이를 전혀 모르고 있었습니다. 그렇기 때문에 그들은 예수님께서 세상의 빛으로 오신 메시아이심을 밝히셨음에도 불구하고 이를 믿지 않고, "네가 너를 위하여 증언하니 네 증언은 참되지 아니하도다"(13절)라고 반박했던 것입니다.

이에 대하여 예수님께서는 자신의 증언이 참되다고 말씀하시며 그것을 뒷받침할 만한 근거를 말씀하셨습니다.

15-18절 너희는 육체를 따라 판단하나 나는 아무도 판단하지 아니하노라 만일 내가 판단하여도 내 판단이 참되니 이는 내가 혼자 있는 것이 아니요 나를 보내신 이가 나와 함께 계심이라 너희 율법에도 두 사람의 증언이 참되다 기록되었으니 내가 나를 위하여 증언하는 자가 되고 나를 보내신 아버지도 나를 위하여 증언하시느니라

'육체를 따라 판단한다'라는 말은 겉으로 나타나는 외적 조건, 곧 외모나 학벌이나 집안이나 재산이나 사회적 지위 등에 따라 판단하는 것을 의미합니다. 이러한 기준에 따라 판단하는 경우, 판단자의 주관과 편견에 따라 판결을 내리게 되므로 그 판단은 공정성과 타당성이 없습니다.

바리새인들이 예수님을 미워하고 배척한 것은, 그들이 예수님의 외적 조건을 보고 판단했기 때문입니다. 그들이 보기에, 예수님은 돈도 지위도 명예도 없는 한낱 초라하고 볼품없는 시골 청년에 불과했습니다. 예수님의 외적 조건만을 보고 이미 선입관에 사로잡혀 있는 그들에게는 예수님의 표적과 말씀조차 왜곡되어 보였습니다. 그들에게는 그것이 단지 사람들의 인기를 끌고 사람들을 미혹하게 하는 언행으로 받아들여졌던 것입니다.

예수님께서는 이와 같은 바리새인들의 잘못된 판단 조건을 지적하신 후 예수님 자신은 아무도 판단하시지 않는다고 말씀하셨습니다. 예수님께서는 세상을 심판하러 오신 것이 아니라 구원하러 오셨기 때문입니다.

또한 예수님께서는 비록 지금은 아무도 판단하시지 않지만, 만일 판단하신다고 할지라도 그 판단은 참되다고 말씀하셨습니다. 그리고 그 이유로 "내가 혼자 있는 것이 아니요 나를 보내신 이가 나와 함께 계심이라"고 말씀하셨습니다. 예수님께서는 늘 성부 하나님과 함께 계시며 하나님의 뜻대로 행하시므로 예수님의 판단은 곧 하나님의 판단이요, 참된 것입니다.

나아가서 예수님께서는 자신에 대한 증언은 "두 사람의 증언이 참되다"라는 율법 조항에 어긋나지 않는다고 말씀하셨습니다(신 17:6; 19:15). 예수님께서는 그 증인으로 성부 하나님과 예수님 자신을 드셨습니다. 율법은 두 사람의 일치된 증언이 있으면 참되다고 인정합니다. 그러므로 삼위일체 하나님의 제1위이신 성부 하나님과 제2위이신 예수님께서 증언하시는 것은 더할 나위 없이 참된 진리인 것입니다.

그러나 바리새인들은 여전히 깨닫지 못하고 그들의 영적 무지를 드러냈습니다.

19절 이에 그들이 묻되 네 아버지가 어디 있느냐 예수께서 대답하시되 너희는 나를 알지 못하고 내 아버지도 알지 못하는도다 나를 알았더라면 내 아버지도 알았으리라

영적으로 무지한 바리새인들은 예수님께 "네 아버지가 어디 있느냐?" 고 물었습니다. 그들은 예수님께서 성부 하나님을 아버지라 부르며 그 아버지께서 자신의 증인이라고 말씀하시자, "네 말이 사실이라면 네 아버지가 어디 있는지 말해 보라." 고 요구한 것입니다.

이에 대해 예수님께서는 "너희는 나를 알지 못하고 내 아버지도 알지 못하는도다. 나를 알았더라면 내 아버지도 알았으리라." 고 대답하셨습니다. 예수님께서는 하나님을 계시하시는 분이시요, 하나님의 형상이십니다. 그러므로 예수님을 보는 것은 곧 하나님을 보는 것이고, 예수님을 아는 것은 곧 하나님을 아는 것입니다. 예수님께서는 이와 같은 하나님과 자신의 일체성을 강조하시며 바리새인들의 영적 무지를 책망하신 것입니다.

20절 이 말씀은 성전에서 가르치실 때에 헌금함 앞에서 하셨으나 잡는 사람이 없으니 이는 그의 때가 아직 이르지 아니하였음이러라

예수님께서 사람들을 가르치시고 바리새인들과 논쟁을 하신 곳은 성전의 헌금함 앞이었습니다. 헌금함은 남녀가 모두 출입할 수 있는 '여인의 뜰' 에 있었으며, 여인의 뜰과 성전 안뜰 사이에는 산헤드린의 회의장

이 있었습니다. 예수님께서는 자신을 잡으려고 호시탐탐 기회를 노리고 있는 종교 지도자들이 있는 곳을 지척에 두고 공개적으로 사람들을 가르치시고 바리새인들과 논쟁하신 것입니다.

그러나 종교 지도자들은 예수님과 논쟁을 벌이기는 했지만, 예수님을 잡을 수 있는 좋은 기회를 그냥 지나쳐 버렸습니다. 왜냐하면 아직 하나님께서 정하신 '때' 가 되지 않았기 때문입니다. 그들의 마음속은 온통 예수님을 잡아서 죽이려는 생각으로 들끓고 있었지만, 하나님의 때가 되기까지는 행동으로 옮길 능력이 없었던 것입니다.

3. 위에서 나신 분(8:21-30)

**21. 다시 이르시되 내가 가리니 너희가 나를 찾다가 너희 죄 가운데
서 죽겠고 내가 가는 곳에는 너희가 오지 못하리라 22. 유대인들이
이르되 그가 말하기를 내가 가는 곳에는 너희가 오지 못하리라 하니
그가 자결하려는가 23. 예수께서 이르시되 너희는 아래에서 났고 나
는 위에서 났으며 너희는 이 세상에 속하였고 나는 이 세상에 속하지
아니하였느니라 24. 그러므로 내가 너희에게 말하기를 너희가 너희
죄 가운데서 죽으리라 하였노라 너희가 만일 내가 그인 줄 믿지 아니
하면 너희 죄 가운데서 죽으리라 25. 그들이 말하되 네가 누구냐 예
수께서 이르시되 나는 처음부터 너희에게 말하여 온 자니라 26. 내
가 너희에게 대하여 말하고 판단할 것이 많으나 나를 보내신 이가 참**

되시매 내가 그에게 들은 그것을 세상에 말하노라 하시되 27. 그들은 아버지를 가리켜 말씀하신 줄을 깨닫지 못하더라 28. 이에 예수께서 이르시되 너희가 인자를 든 후에 내가 그인 줄을 알고 또 내가 스스로 아무것도 하지 아니하고 오직 아버지께서 가르치신 대로 이런 것을 말하는 줄도 알리라 29. 나를 보내신 이가 나와 함께하시도다 나는 항상 그가 기뻐하시는 일을 행하므로 나를 혼자 두지 아니하셨느니라 30. 이 말씀을 하시매 많은 사람이 믿더라

21절 다시 이르시되 내가 가리니 너희가 나를 찾다가 너희 죄 가운데서 죽겠고 내가 가는 곳에는 너희가 오지 못하리라

여기서 '죄' 는 예수님을 믿지 않는 불신앙의 죄를 의미합니다. 예수님께서는 지난 초막절에도 말씀하셨듯이(7:33-34), 자신은 하나님께로 돌아갈 것이며 자신을 믿지 않은 자들은 죄 가운데서 죽어 멸망할 것임을 다시 한번 분명히 말씀하셨습니다.

유대인들은 수천 년간 대대로 메시아를 기다리면서 살아왔습니다. 그러나 정작 그토록 기다리던 메시아 예수님께서 오셨을 때, 그들은 예수님을 영접하여 믿지 않고 오히려 예수님을 미워하고 시기하며 배척했습니다. 그래서 그들의 운명은 돌이킬 수 없는 결과를 맞게 되었습니다. 즉, 자신들을 구원하실 참된 메시아를 거부한 채 오직 자신들이 바라는 조건을 갖춘 인간적인 메시아를 찾다가 결국 죄 가운데서 죽어 영원히 멸망하게 된 것입니다. 그들은 빛이 비추고 있음에도 불구하고 그 빛을 외면하고 어둠 속에서 영원한 죽음을 향하여 걸어갔던 것입니다.

22절 유대인들이 이르되 그가 말하기를 내가 가는 곳에는 너희가 오지 못하리라 하니 그가 자결하려는가

유대인들은 예수님의 말씀에 담겨 있는 뜻을 제대로 알지 못한 채, 자기네 생각대로 해석하고 "자기가 가는 곳에 우리는 갈 수 없다니, 자살이라도 하려나?" 라며 예수님께 비아냥거렸습니다. 당시 유대인들은자살한 사람은 구원받지 못하고 음부의 가장 깊은 곳으로 간다고 믿었습니다. 또한 그들은 자신들이야말로 그 누구보다도 하나님을 잘 믿고 율법을 철저히 지키는 의인이라고 자부했습니다. 영적으로 무지한데다가 교만하기까지 한 유대인들은 자신들이야말로 음부의 가장 깊은 곳으로 가게 될 운명이라는 사실을 전혀 깨닫지 못하고 예수님을 비웃었던 것입니다.

23-24절 예수께서 이르시되 너희는 아래에서 났고 나는 위에서 났으며 너희는 이 세상에 속하였고 나는 이 세상에 속하지 아니하였느니라 그러므로 내가 너희에게 말하기를 너희가 너희 죄 가운데서 죽으리라 하였노라 너희가 만일 내가 그인 줄 믿지 아니하면 너희 죄 가운데서 죽으리라

유대인들의 조롱에도 아랑곳없이 예수님께서는 그들에게 다시 한번 침착하게 말씀하셨습니다. "너희는 아래에서 났고 나는 위에서 났으며, 너희는 이 세상에 속하였고 나는 이 세상에 속하지 아니하였느니라." 여기서 '아래에서 났다' 라는 말은 '세상에 속했다' 라는 뜻이며, 이는 곧 죄 가운데서 마귀의 지배를 받는 것을 의미합니다. 반면에 '위에서 났다' 라

는 말은 '세상에 속하지 않았다' 라는 뜻이며, 이는 곧 죄와 아무 상관이 없고 마귀의 지배를 받지 않는 것을 의미합니다.

이 세상에 속한 자들의 생각과 행동은 모두 어두운 죄악의 테두리를 벗어나지 못합니다. 따라서 그들은 자신의 죄 가운데서 죄를 쌓으며 살다가 죽게 되는 것입니다. 그러나 이처럼 절망적인 운명에 처해 있다고 해서 자신의 운명을 숙명적으로 받아들이고 지레 인생을 비관하거나 포기할 필요는 없습니다. 바로 이러한 사람들을 위해서 세상에 속하지 않은 예수님께서 소망의 빛, 구원의 빛, 생명의 빛으로 세상에 오셨기 때문입니다. 이 빛 되신 예수님께 나아와서 믿기만 하면 절대 절망의 자리에서 절대 소망의 나라로 옮겨 갈 수 있습니다. 세상에 다시없을 정도로 추하고 못나고 불의하고 죄 많은 사람이라 하더라도 예수님께 나아와 믿기만 하면 모든 죄를 용서받고 하나님께 의롭다고 인정받으며 아름답고 소망찬 하나님 나라의 백성이 되는 것입니다.

"너희가 만일 내가 그인 줄 믿지 아니하면 너희 죄 가운데서 죽으리라"는 말씀에서 '내가 그' 라는 표현은 하나님께서 자신을 가리키실 때에 사용하는 말로서(신 32:39; 사 43:10), 예수님의 신성을 나타냅니다. 예수님만이 유일한 생명의 길이요, 영원한 구원을 주시는 메시아이십니다. 예수님 외에는 구원의 길이 없는 것입니다(행 4:12). '구원을 얻고 하나님 나라에서 영생 복락을 누리게 되느냐, 아니면 세상에 속해 살다가 지옥에 들어가서 영원한 사망의 고통을 받게 되느냐?' 를 결정하는 열쇠는 바로 예수님에 대한 믿음입니다. 이러므로 예수님께서는 계속 믿기를 거부하는 유대인들에게 '믿지 않으면 죽으리라' 는 경고를 하심으로써 '믿고 구원을 받으라' 고 역설하신 것입니다.

25절 그들이 말하되 네가 누구냐 예수께서 이르시되 나는 처음부터 너희에게 말하여 온 자니라

"내가 그인 줄 믿으라."는 예수님의 말씀을 들은 유대인들은 예수님께서 하나님을 모독한다고 간주하고 예수님을 비웃으며 "네가 누구냐?"고 질문을 던졌습니다. 이에 예수님께서는 "나는 처음부터 너희에게 말하여 온 자니라."고 대답하셨습니다. 이는 곧 예수님께서 태초부터 말씀해 온 분이시라는 말입니다.

26-27절 내가 너희에게 대하여 말하고 판단할 것이 많으나 나를 보내신 이가 참되시매 내가 그에게 들은 그것을 세상에 말하노라 하시되 그들은 아버지를 가리켜 말씀하신 줄을 깨닫지 못하더라

예수님께서는 마음 중심을 꿰뚫어 보시므로 유대인들의 모든 생각과 뜻을 알고 계셨으며, 그들의 마음이 완악하고 교만하며 영적으로 무지하여 도무지 예수님을 믿지도 않고 말씀을 깨닫지도 못하는 것을 알고 계셨습니다. 그러므로 하실 생각만 있으면 얼마든지 그들에 대하여 비판하고 판단하실 수 있었습니다. 그러나 예수님께서는 다만 이렇게 말씀하셨습니다.

"내가 너희에게 대하여 말하고 판단할 것이 많으나, 나를 보내신 이가 참되시매 내가 그에게 들은 그것을 세상에 말하노라." 여기서 '나를 보내신 이'는 성부 하나님을 가리킵니다. 따라서 이 말씀은 '예수님께서는 자의로 말씀하실 수 있으나 그렇게 하지 않으시고 오직 참되신 하나님께서 주신 말씀만을 전하신다. 그러므로 예수님의 입을 통하여 나오는 말

씀은 진리의 말씀이다.' 라는 뜻입니다.

그러나 예수님의 말씀은 유대인들의 귀에는 '쇠귀에 경 읽기' 였습니다. 보아도 보지 못하고, 들어도 듣지 못하며, 마음에 깨닫지 못하는 그들에게 있어서 예수님의 말씀은 도무지 알아들을 수 없는 수수께끼요, 하나님을 모독하는 말로만 들릴 뿐이었으며, 그에 비례하여 그들의 마음에는 오해와 미움과 적대감만 더욱 쌓여 갔습니다.

28-30절 이에 예수께서 이르시되 너희가 인자를 든 후에 내가 그인 줄을 알고 또 내가 스스로 아무것도 하지 아니하고 오직 아버지께서 가르치신 대로 이런 것을 말하는 줄도 알리라 나를 보내신 이가 나와 함께하시도다 나는 항상 그가 기뻐하시는 일을 행하므로 나를 혼자 두지 아니하셨느니라 이 말씀을 하시매 많은 사람이 믿더라

"너희가 인자를 든 후에 내가 그인 줄을 알고 또 내가 스스로 아무것도 하지 아니하고 오직 아버지께서 가르치신 대로 이런 것을 말하는 줄도 알리라". 이 말씀은 예수님께서 십자가에 못 박혀 죽으신 후에야 비로소 사람들이 예수님께서 메시아이심을 알게 될 것이며, 예수님의 모든 말씀이 하나님으로부터 온 진리의 말씀임을 알게 될 것이라는 뜻입니다.

예수님의 말씀대로, 유대인들은 훗날 예수님께서 십자가에 못 박혀 죽으실 때에 성전의 휘장이 찢어지고 지진이 일어나며 무덤이 열려 죽었던 성도들이 살아나는 일련의 기적적인 사건들을 목격하고서야 예수님께서 하나님의 아들, 즉 메시아이심을 깨달았습니다(마 27:50-54). 그리하여 오순절에 성령의 충만함을 받은 베드로가 예수님의 구원의 복음을 선

포했을 때에 하루에 3천 명이 회개하고 침례를 받은 것으로부터 시작하여(행 2:1-41), 예수 그리스도의 복음이 선포되는 곳마다 수많은 사람들이 예수님께로 나아와 결신하는 역사가 일어났습니다.

"나를 보내신 이가 나와 함께하시도다 나는 항상 그가 기뻐하시는 일을 행하므로 나를 혼자 두지 아니하셨느니라". 이 말씀에서 알 수 있듯이 예수님의 삶은 하나님의 기쁨이었습니다. 예수님께서는 그의 모든 사역을 항상 능동적으로 행하셨습니다. 그 사역은 하나님의 뜻에 순종하고 자신을 철저히 낮추는 겸손으로 일관된 절대 순종의 자세로 행하신 것들이었습니다. 단 한 순간도, 단 한 가지 일도 어김없이 하나님의 뜻대로만 행하시는 예수님의 사역과 삶 전체는 참으로 하나님께 온전한 기쁨과 영광이 되었습니다. 하나님께서는 이러한 예수님과 늘 함께하셨던 것입니다.

"이 말씀을 하시매 많은 사람이 믿더라". 예수님의 말씀은 그 자리에 있던 많은 사람의 마음을 변화시켰습니다. 많은 유대인들이 마음 문을 활짝 열고 예수님의 말씀을 믿게 된 것입니다.

4. 참된 자유를 주는 진리(8:31-47)

31. 그러므로 예수께서 자기를 믿은 유대인들에게 이르시되 너희가 내 말에 거하면 참으로 내 제자가 되고 32. 진리를 알지니 진리가 너

희를 자유롭게 하리라 33. 그들이 대답하되 우리가 아브라함의 자
손이라 남의 종이 된 적이 없거늘 어찌하여 우리가 자유롭게 되리라
하느냐 34. 예수께서 대답하시되 진실로 진실로 너희에게 이르노니
죄를 범하는 자마다 죄의 종이라 35. 종은 영원히 집에 거하지 못하
되 아들은 영원히 거하나니 36. 그러므로 아들이 너희를 자유롭게
하면 너희가 참으로 자유로우리라 37. 나도 너희가 아브라함의 자
손인 줄 아노라 그러나 내 말이 너희 안에 있을 곳이 없으므로 나를
죽이려 하는도다 38. 나는 내 아버지에게서 본 것을 말하고 너희는
너희 아비에게서 들은 것을 행하느니라 39. 대답하여 이르되 우리
아버지는 아브라함이라 하니 예수께서 이르시되 너희가 아브라함의
자손이면 아브라함이 행한 일들을 할 것이거늘 40. 지금 하나님께
들은 진리를 너희에게 말한 사람인 나를 죽이려 하는도다 아브라함
은 이렇게 하지 아니하였느니라 41. 너희는 너희 아비가 행한 일들
을 하는도다 대답하되 우리가 음란한 데서 나지 아니하였고 아버지
는 한 분뿐이시니 곧 하나님이시로다 42. 예수께서 이르시되 하나
님이 너희 아버지였으면 너희가 나를 사랑하였으리니 이는 내가 하
나님께로부터 나와서 왔음이라 나는 스스로 온 것이 아니요 아버지
께서 나를 보내신 것이니라 43. 어찌하여 내 말을 깨닫지 못하느냐
이는 내 말을 들을 줄 알지 못함이로다 44. 너희는 너희 아비 마귀에
게서 났으니 너희 아비의 욕심대로 너희도 행하고자 하느니라 그는
처음부터 살인한 자요 진리가 그 속에 없으므로 진리에 서지 못하고
거짓을 말할 때마다 제 것으로 말하나니 이는 그가 거짓말쟁이요 거
짓의 아비가 되었음이라 45. 내가 진리를 말하므로 너희가 나를 믿
지 아니하는도다 46. 너희 중에 누가 나를 죄로 책잡겠느냐 내가 진
리를 말하는데도 어찌하여 나를 믿지 아니하느냐 47. 하나님께 속
한 자는 하나님의 말씀을 듣나니 너희가 듣지 아니함은 하나님께 속
하지 아니하였음이로다

31-32절 그러므로 예수께서 자기를 믿은 유대인들에게 이르시되 너희가 내 말에 거하면 참으로 내 제자가 되고 진리를 알지니 진리가 너희를 자유롭게 하리라

예수님의 말씀을 듣고서 많은 유대인들이 믿었으나(30절), 그들의 믿음은 확고한 믿음이 아니었습니다. 이러한 사실을 훤히 알고 계신 예수님께서는 그들에게 확고한 믿음을 가진 참제자가 되는 길에 대해서 말씀해 주셨습니다. 그것은 바로 '예수님의 말씀에 거하는 것' 이었습니다. 예수님의 말씀에 거한다는 것은 예수님의 말씀을 마음속 깊이 새기고 말씀을 따라 사는 것이요, 말씀을 실천하는 삶을 말합니다.

또한 예수님께서는 "진리를 알지니 진리가 너희를 자유롭게 하리라" 고 말씀하셨습니다. '진리' 는 바로 예수님 자신을 가리킵니다(14:6). 그러므로 이 말씀은 다시 말하면, '예수님을 알면 예수님께서 자유롭게 해주신다' 라는 것입니다.

우리가 예수 그리스도를 인격적으로 만나서 진리이신 예수님을 체험적으로 알고 믿으며 따를 때에 자유를 얻게 되는데, 그 출발점은 바로 예수님의 십자가입니다. 예수님께서 우리를 죄에서 해방시키기 위해서 십자가에 못 박혀 죄의 사슬을 끊어 놓으셨습니다. 그렇기 때문에 예수님의 대속하심을 체험하고 믿는 자는 더 이상 죄의 사슬에 매이지 않습니다. 이제껏 자유를 억압하던 죄의 사슬이 끊어지고, 죄의 사슬에 연결되어 있던 죽음의 고리, 질병의 고리, 가난의 고리, 저주의 고리, 절망의 고리가 다 벗겨져서 참자유와 해방을 얻게 되는 것입니다.

33절 그들이 대답하되 우리가 아브라함의 자손이라 남의 종이 된 적

이 없거늘 어찌하여 우리가 자유롭게 되리라 하느냐

예수님을 믿는 자에게 예수님께서 주시는 자유는 '영적 자유' 입니다. 그런데 유대인들은 이를 정치적, 육신적인 자유를 준다는 것으로 해석하여 "우리가 아브라함의 자손이라 남의 종이 된 적이 없거늘 어찌하여 우리가 자유롭게 되리라 하느냐?" 고 예수님께 비난조로 반문했습니다.

유대인들은 자신들이 아브라함의 자손이라는 자부심을 갖고 있었으며, 아브라함의 자손으로서 한 번도 남의 종으로 예속된 적이 없다고 생각했습니다. 그러나 이러한 그들의 자부심은 영적 교만이요, 그들의 생각은 자기기만적인 착각이었습니다. 그들은 믿음의 조상 아브라함의 자손이요, 하나님께 택함받은 민족으로서 다른 나라에 예속되어 그들의 종교나 우상을 섬긴 적이 없다고 주장했지만, 역사는 이러한 주장이 거짓임을 증명해 줍니다. 이스라엘의 역사는, 이스라엘 백성들이 이방 나라의 우상을 섬김으로 인하여 하나님의 진노를 사서 주변 강국들의 지배를 받다가 하나님께 회개하고 부르짖어 회복되는 과정이 계속 반복되고 있음을 보여 줍니다. 그리고 이때 당시만 하더라도 유대는 로마의 지배 아래 있었으므로, "남의 종이 된 적이 없다." 라는 유대인들의 말은 터무니없는 거짓말인 것입니다.

34-36절 예수께서 대답하시되 진실로 진실로 너희에게 이르노니 죄를 범하는 자마다 죄의 종이라 종은 영원히 집에 거하지 못하되 아들은 영원히 거하나니 그러므로 아들이 너희를 자유롭게 하면 너희가 참으로 자유로우리라

유대인들은 자신들이 아브라함의 자손이라서 남에게 속박을 받지 않

고 자유를 누린다고 스스로 기만하고 착각하면서 살아왔습니다. 그렇기 때문에 과거에 남에게 지배받았던 역사적인 상처들은 물론, 현재 로마의 지배 아래 있는 현실적인 상처까지도 애써 감추고서 "우리는 남의 종이 된 적이 없다."라고 거짓된 말을 태연히 할 수 있었던 것입니다.

그러나 예수님께서는 유대인들의 이 위선적인 태도를 직시하시고 그들의 처지에 대해 지적하여 말씀해 주셨습니다. 그것은, 그들이 아무리 혈통적으로 아브라함의 자손으로 태어난 하나님의 언약의 백성이라 할지라도 죄의 세력 아래 있는 죄의 종이며, 오직 하나님의 아들이신 예수님만이 그들을 죄에서 자유롭게 할 수 있다는 것이었습니다.

아담의 범죄 이후 모든 인류는 죄 가운데 태어나 죄를 지으면서 살다가 죄로 인하여 죽어 갔습니다. 이처럼 죄에 예속되어 죄의 종으로서 사는 인류의 운명은 대를 이어 세습되고 있으며, 아브라함의 자손인 유대민족도 이러한 인류 공통의 운명에서 예외적인 존재가 될 수 없습니다. 어느 누구도 예외 없이 죄의 지배하에서 죄의 종으로서 죄를 짓는 것입니다. 그래서 성경에 "모든 사람이 죄를 범하였으매 하나님의 영광에 이르지 못하더니"(롬 3:23)라고 말씀하고 있는 것입니다. 죄의 종으로 태어나 죄가 시키는 대로 살다가 허망하게 인생을 마감하는 인류의 운명은 아무런 소망이 없었습니다. 그런데 절망적인 운명에 처한 인류에게 소망의 빛이 비쳤습니다. 바로 하나님의 아들이신 예수님께서 죄악 세상에서 고통받는 인류를 자유롭게 해 주시려고 이 땅에 오신 것입니다.

종은 주인이 시키는 대로 일하면서 살다가 때가 되면 팔려 갑니다. 죄의 종은 칠팔십 년 종살이를 하다가 죗값에 팔려 지옥으로 끌려가고 마는 것입니다. 그러나 모든 것의 주인이신 하나님의 아들 예수님께서 자유롭게 해 주시면 죄의 지배에서 벗어나 참자유를 누리게 됩니다.

성경에는 "너희 자신을 종으로 내주어 누구에게 순종하든지 그 순종함을 받는 자의 종이 되는 줄을 너희가 알지 못하느냐 혹은 죄의 종으로 사망에 이르고 혹은 순종의 종으로 의에 이르느니라"(롬 6:16)고 기록되어 있습니다. 우리는 세상에 속하여 "어리석은 자요 순종하지 아니한 자요 속은 자요 여러 가지 정욕과 행락에 종노릇한 자요 악독과 투기를 일삼은 자요 가증스러운 자요 피차 미워한 자"(딛 3:3)로서 살았습니다. 그러나 하나님의 아들이신 예수님을 믿음으로써 참자유를 얻고 순종의 종이 되어 의에 이르게 된 것입니다.

37절 나도 너희가 아브라함의 자손인 줄 아노라 그러나 내 말이 너희 안에 있을 곳이 없으므로 나를 죽이려 하는도다

예수님께서는 유대인들이 혈통적으로는 아브라함의 자손임을 인정하셨으나 영적으로는 아브라함의 자손이 아님을 지적하셨습니다. 아브라함은 하나님의 말씀을 전폭적으로 믿고 순종했기 때문에 하나님께서 그를 믿음의 조상으로 삼아 주셨습니다. 그러므로 유대인들이 참된 아브라함의 자손이라면 혈통적인 면뿐만 아니라 믿음도 계승했어야 합니다. 그러나 그들은 믿음, 곧 영적인 면에서는 아브라함과 정반대되는 모습을 보였습니다. 즉, 아브라함의 믿음을 본받지 않고, 오히려 믿고 순종해야 할 예수님을 죽이기를 도모했습니다. 그들은 영적으로는 죄에 물든 마귀의 자식들이었던 것입니다. 그러므로 그들의 귀에는 예수님의 말씀이 겉돌다가 오해만 낳을 뿐, 그 마음속에 아무런 깨달음이 없었고 말씀이 마음에 심기지도 않았습니다.

38절 나는 내 아버지에게서 본 것을 말하고 너희는 너희 아비에게서 들은 것을 행하느니라

예수님께서는 자신의 말씀과 유대인들의 행동이 차이가 나는 것은 그 근원이 서로 다르기 때문이라고 밝히셨습니다. 예수님께서는 자신은 '내 아버지', 곧 성부 하나님에게서 직접 본 것을 말씀하시는 데 비해 유대인들은 '너희 아비', 곧 마귀에게서 들은 것을 행한다고 말씀하셨습니다.

성경에는 "죄를 짓는 자는 마귀에게 속하나니 마귀는 처음부터 범죄함이라"(요일 3:8)고 기록되어 있습니다. 또한 예수님께서는 "도둑이 오는 것은 도둑질하고 죽이고 멸망시키려는 것뿐이요 내가 온 것은 양으로 생명을 얻게 하고 더 풍성히 얻게 하려는 것이라"(10:10)고 말씀하셨습니다. 예수님의 능력과 마귀의 능력은 함께할 수 없습니다. 예수님의 능력이 나타나는 곳에는 마귀의 능력이 발붙일 수 없으며, 예수님의 빛이 비치는 곳에는 마귀의 흑암의 권세가 자취를 감출 수밖에 없는 것입니다. 이러므로 마귀는 자신의 자식 된 유대인들로 하여금 예수님의 말씀을 거역하고 예수님을 배척하여 죽이게 한 것입니다.

오늘날도 이러한 마귀의 일은 계속되고 있습니다. 마귀는 세상에 속한 사람들, 즉 마귀의 자식으로서 살아가는 세상 사람들로 하여금 세상 쾌락과 죄악된 일을 추구하게 하며, 하나님의 자녀 된 성도들이 전하는 복음을 거부하고 하나님의 말씀을 거역하는 삶을 살게 합니다. 그러므로 우리는 마귀를 대적하여 물리치고 마귀에게 예속되어 있는 사람들을 전도하여 하나님의 자녀가 되도록 인도해 주어야 하는 것입니다.

39-42절 대답하여 이르되 우리 아버지는 아브라함이라 하니 예수께

서 이르시되 너희가 아브라함의 자손이면 아브라함이 행한 일들을 할 것이거늘 지금 하나님께 들은 진리를 너희에게 말한 사람인 나를 죽이려 하는도다 아브라함은 이렇게 하지 아니하였느니라 너희는 너희 아비가 행한 일들을 하는도다 대답하되 우리가 음란한 데서 나지 아니하였고 아버지는 한 분뿐이시니 곧 하나님이시로다 예수께서 이르시되 하나님이 너희 아버지였으면 너희가 나를 사랑하였으리니 이는 내가 하나님께로부터 나와서 왔음이라 나는 스스로 온 것이 아니요 아버지께서 나를 보내신 것이니라

예수님의 말씀을 들은 유대인들은 "우리 아버지는 아브라함이라" 며 다시 한번 자신들이 아브라함의 자손임을 주장했습니다. 이에 대해 예수님께서는 "너희가 아브라함의 자손이면 아브라함이 행한 일들을 할 것이거늘 지금 하나님께 들은 진리를 너희에게 말한 사람인 나를 죽이려 하는도다 아브라함은 이렇게 하지 아니하였느니라 너희는 너희 아비가 행한 일들을 하는도다" 라고 반박하셨습니다.

아브라함은 하나님의 말씀을 들으면 기쁘게 받아들이고 믿고 순종하였는데, 유대인들은 하나님께 들은 진리를 전하는 예수님을 받아들이기는커녕 배척하고 죽이려 했습니다. 이와 같이 아브라함과 정반대의 반응을 보이는 유대인들은 아브라함으로부터 시작된 믿음의 족보에 오를 수 없으며, 따라서 진정한 아브라함의 자손일 수 없습니다. 그들은 스스로 아브라함의 자손이요, 철저히 하나님을 신앙하는 하나님의 선민이라고 자부했지만, 실제로는 죄의 법을 따르는 마귀의 자식들이었던 것입니다.

예수님의 신랄한 지적을 받은 유대인들은 "우리가 음란한 데서 나지 아니하였고 아버지는 한 분뿐이시니 곧 하나님이시로다" 라고 주장했습니다. 그들은 하나님께서 아브라함에게 약속의 아들로 주신 이삭의 후손으로서 서자의 계열도 아니요, 부정한 관계에서 태어난 사생자도 아니며, 이방인들과 결혼해서 태어난 혼혈인도 아닌 순수한 혈통임을 주장했습니다. 또한 우상을 숭배하여 영적 음란을 행한 적이 없고, 오직 하나님만을 섬긴 하나님의 자녀임을 주장했습니다.

그러나 예수님께서는 이러한 주장에 대해 가차없이 반박하셨습니다. 예수님께서는 그들에게 "하나님이 너희 아버지였으면 너희가 나를 사랑하였으리니 이는 내가 하나님께로부터 나와서 왔음이라" 고 말씀하셨습니다. 성경에는 "예수께서 그리스도이심을 믿는 자마다 하나님께로부터 난 자니 또한 낳으신 이를 사랑하는 자마다 그에게서 난 자를 사랑하느니라" (요일 5:1)고 기록되어 있으며, 또한 "아들을 부인하는 자에게는 또한 아버지가 없으되 아들을 시인하는 자에게는 아버지도 있느니라" (요일 2:23)고 기록되어 있습니다. 예수님께서는 분명히 하나님으로부터 위임받은 사명과 권세, 즉 하나님의 아들로서의 권세와 메시아로서의 특별한 사명을 가지고 오신 분이십니다.

하나님께서는 예수님을 믿는 자에게 영생 구원을 주시고 하나님의 자녀로 삼아 주십니다. 그러므로 예수님을 믿지 않는 사람은 하나님의 자녀일 수 없으며, 하나님을 사랑한다면 예수님을 사랑하는 것이 당연합니다. 그렇기 때문에 아무리 하나님을 믿는다고 주장할지라도 예수님을 믿고 사랑하지 않는다면, 그것은 거짓 신앙이라고 할 수 있습니다. 예수님으로 말미암지 않고는 하나님께로 올 자가 없습니다. 그러므로 예수님을 믿는 것이 곧 하나님을 믿는 것이요, 하나님께 대한 진정한 사랑은 예수님에 대한 뜨거운 사랑의 고백과 실천으로 나타나는 것입니다.

43-44절 어찌하여 내 말을 깨닫지 못하느냐 이는 내 말을 들을 줄 알지 못함이로다 너희는 너희 아비 마귀에게서 났으니 너희 아비의 욕심대로 너희도 행하고자 하느니라 그는 처음부터 살인한 자요 진리가 그 속에 없으므로 진리에 서지 못하고 거짓을 말할 때마다 제 것으로 말하나니 이는 그가 거짓말쟁이요 거짓의 아비가 되었음이라

"너희는 너희 아비 마귀에게서 났으니 너희 아비의 욕심대로 너희도 행하고자 하느니라". 영적 맹인이요, 귀머거리인 유대인들은 예수님께서 어떤 분이신지 모르기 때문에 예수님의 말씀을 귀담아듣지도 않고 말씀의 의미를 알려고 하지도 않았습니다. 이들은 영적으로 무지하고 마음이 완고하여 예수님의 말씀을 오해하기만 했습니다. 이러므로 예수님께서는 유대인들의 이러한 영적 무지를 책망하신 후 이와 같이 충격적인 말씀을 하신 것입니다.

예수님을 믿지 않는 사람은 공중 권세를 잡은 마귀의 지배하에서 죄악된 욕심을 채우며 삽니다. 육신의 정욕과 안목의 정욕과 이생의 자랑을 따라 살아가는 것입니다(요일 2:16). 이에 대해 성경에는 "그때에 너희는 그 가운데서 행하여 이 세상 풍조를 따르고 공중의 권세 잡은 자를 따랐으니 곧 지금 불순종의 아들들 가운데서 역사하는 영이라 전에는 우리도 다 그 가운데서 우리 육체의 욕심을 따라 지내며 육체와 마음의 원하는 것을 하여 다른 이들과 같이 본질상 진노의 자녀이었더니"(엡 2:2-3)라고

기록되어 있습니다. 세상 사람들은 마귀의 역사를 자신의 운명으로 받아들이고, 마귀가 넣어 주는 생각을 자신의 생각으로 착각하며 살아갑니다. 이러한 세상 사람들은 마귀가 시키는 대로 행하는 '마귀의 자식들'이요, 그들의 인생은 '욕심이 잉태한즉 죄를 낳고 죄가 장성한즉 사망을 낳는 멸망의 길' 입니다(약 1:15).

나아가서 예수님께서는 마귀의 특성에 대해서도 말씀하셨습니다. "그는 처음부터 살인한 자요 진리가 그 속에 없으므로 진리에 서지 못하고 거짓을 말할 때마다 제 것으로 말하나니 이는 그가 거짓말쟁이요 거짓의 아비가 되었음이라". 마귀는 아담과 하와를 꾀어 죄짓게 함으로써 영적으로 죽고 육적으로도 죽게 했습니다. 또한 마귀는 하나님의 진리에 서지 못하고 하는 말마다 거짓말뿐입니다. 마귀가 하는 거짓말은 마귀의 본성에서 나오는 것으로, 이는 마귀가 거짓말쟁이요, 거짓의 아비임을 보여 줍니다. 이와 같이 처음부터 살인한 자요, 거짓말쟁이요, 거짓의 아비인 마귀는 자기의 지배하에 있는 사람들로 하여금 예수님에 대한 극도의 미움을 갖고 거짓 증거로써 예수님을 죽이게 했던 것입니다.

45절 내가 진리를 말하므로 너희가 나를 믿지 아니하는도다

진리와 거짓은 일치점이 없으며, 서로 조화되지 않습니다. 어둠과 빛이 일치될 수 없듯이 진리와 거짓은 합치될 수 없는 것입니다. 그렇기 때문에 진리이신 예수님과 거짓의 아비 마귀의 자식인 유대인들은 적대 관계일 수밖에 없습니다. 마귀에게 속하여 살인과 거짓을 도모하는 유대인들은 예수님의 말씀이 진리인 줄도 몰랐으며, 그 말씀에 귀 기울이지도 않았고, 예수님을 믿지도 않았습니다.

이와 같은 유대인들의 모습은 북왕국 이스라엘에서 아합 왕 시대에 활동했던 선지자들을 연상케 합니다(왕상 22:1-40). 아합 왕 시대의 선지자들은 하나님의 참뜻을 전하는 본연의 임무를 소홀히 하고 왕을 기쁘게 하는 예언을 하던 자들로서, 마귀의 유혹을 받아 거짓 예언을 했습니다. 그리고 참선지자 미가야가 하나님의 뜻을 예언하자, 그의 뺨을 치며 대적했습니다. 그들은 거짓말하는 영, 곧 마귀에게 사로잡혀 거짓을 참으로 확신하고, 진리를 말하는 미가야 선지자를 거짓 선지자로 몰아붙이며 해치려고 한 것입니다.

그런데 예수님을 대적한 유대인들, 즉 유대의 종교 지도자들도 이와 같은 모습을 보였습니다. 그들은 종교 지도자로서 백성들에게 하나님의 진리를 전하고 가르쳐야 하는 본연의 임무를 수행하지 않고 육체의 욕심을 따라 말하고 행하였으며, 하나님의 뜻을 가르치는 예수님의 진리의 말씀에 반발하고 예수님을 죽이려 함으로써 스스로 하나님께 속한 자가 아니라 마귀에게 속한 자임을 드러낸 것입니다.

46절 너희 중에 누가 나를 죄로 책잡겠느냐 내가 진리를 말하는데도 어찌하여 나를 믿지 아니하느냐

예수님께서는 아담의 후손으로 태어나시지 않고 성령으로 잉태되어 태어나셨으므로 죄 없는 상태로 이 세상에 오셨습니다. 또한 이 세상에 33년간 사시면서 언어, 심사, 행동 모든 면에서 단 한 번도 죄를 짓지 않으셨습니다. 그렇기 때문에 예수님을 죽이려는 유대 종교 지도자들은 훗날 예수님을 십자가에 못 박기 위해서 법정에 거짓 증인을 세워야 했습니다(막 14:55-56).

예수님께서는 죄가 없는 유일한 분이시요, 진리이시므로 오직 진리만을 말씀하셨습니다. 그럼에도 불구하고 유대인들이 예수님의 말씀을 계속 거부하며 믿지 않은 것은, 그들이 거짓을 사랑하고 거짓에 속해 있었기 때문입니다.

부인한다는 것은 믿지 않는다는 것입니다. 거짓에 속한 사람은 진리를 부인합니다. 다시 말해서, 진리를 믿지 않습니다. 예수님께서는 거짓에 속하여 진리를 부인하는 유대인들에게 "너희 중에 누가 나를 죄로 책잡겠느냐 내가 진리를 말하는데도 어찌하여 나를 믿지 아니하느냐"라고 책망하셨습니다. 예수님께서는 죄와 상관이 없는 완전한 의인으로서 대속의 죽임을 당하셨으므로 우리의 유일한 구주가 되셨습니다. 그러므로 이를 인정하고 예수님을 믿는 사람은 진리 안에 거하게 되지만, 반대로 이를 부인하고 예수님을 믿지 않는 사람은 스스로 거짓에 속한 자임을 증명하는 것입니다.

47절 하나님께 속한 자는 하나님의 말씀을 듣나니 너희가 듣지 아니함은 하나님께 속하지 아니하였음이로다

하나님께 속한 사람은 하나님의 말씀을 귀 기울여 듣고 믿음으로 받아들입니다. 이와 반대로, 하나님께 속하지 않은 사람은 아무리 하나님의 말씀을 전해도 무슨 뜻인지 알아듣지 못합니다. 이는 마치 양이 자기 목자의 음성만을 알아듣는 것과 같습니다. 우물가에 여러 목자가 양 떼를 몰고 와서 물을 먹일 때 양들은 서로 섞여 있게 됩니다. 그래서 어느 양이 어느 목자의 양인지 알 수 없습니다. 그러나 일단 목자가 자기의 양들을 부르면, 뒤섞여 있는 수많은 양들 가운데서 그 목자의 양들은 그 음성을

알아듣고 목자에게로 찾아갑니다. 하나님께 속한 사람들은 바로 이 양들과 같습니다. 하나님의 말씀이 전해질 때 하나님께 속한 사람들은 그 말씀을 듣고 하나님께로 나아오는 것입니다. 이에 대해 성경은 "우리는 하나님께 속하였으니 하나님을 아는 자는 우리의 말을 듣고 하나님께 속하지 아니한 자는 우리의 말을 듣지 아니하나니 진리의 영과 미혹의 영을 이로써 아느니라"(요일 4:6)고 말씀하고 있습니다.

유대인들이 예수님의 말씀을 알아듣지 못하고 믿지 않은 것은, 그들이 하나님께 속하지 않았기 때문입니다. 유대인들은 '처음부터 살인한 자요, 거짓말쟁이요, 거짓의 아비'인 마귀의 자식이 되어, 그들의 아비 마귀의 말에 귀를 기울이고 마귀가 시키는 대로 행하였던 것입니다.

5. 아브라함이 나기 전부터 계신 예수님
(8:48-59)

**48. 유대인들이 대답하여 이르되 우리가 너를 사마리아 사람이라 또
는 귀신이 들렸다 하는 말이 옳지 아니하냐 49. 예수께서 대답하시
되 나는 귀신 들린 것이 아니라 오직 내 아버지를 공경함이거늘 너희
가 나를 무시하는도다 50. 나는 내 영광을 구하지 아니하나 구하고
판단하시는 이가 계시니라 51. 진실로 진실로 너희에게 이르노니 사
람이 내 말을 지키면 영원히 죽음을 보지 아니하리라 52. 유대인들**

이 이르되 지금 네가 귀신 들린 줄을 아노라 아브라함과 선지자들도
죽었거늘 네 말은 사람이 내 말을 지키면 영원히 죽음을 맛보지 아니
하리라 하니 53. 너는 이미 죽은 우리 조상 아브라함보다 크냐 또 선
지자들도 죽었거늘 너는 너를 누구라 하느냐 54. 예수께서 대답하시
되 내가 내게 영광을 돌리면 내 영광이 아무것도 아니거니와 내게 영
광을 돌리시는 이는 내 아버지시니 곧 너희가 너희 하나님이라 칭하
는 그이시라 55. 너희는 그를 알지 못하되 나는 아노니 만일 내가 알
지 못한다 하면 나도 너희같이 거짓말쟁이가 되리라 나는 그를 알고
또 그의 말씀을 지키노라 56. 너희 조상 아브라함은 나의 때 볼 것을
즐거워하다가 보고 기뻐하였느니라 57. 유대인들이 이르되 네가 아
직 오십 세도 못 되었는데 아브라함을 보았느냐 58. 예수께서 이르
시되 진실로 진실로 너희에게 이르노니 아브라함이 나기 전부터 내
가 있느니라 하시니 59. 그들이 돌을 들어 치려 하거늘 예수께서 숨
어 성전에서 나가시니라

48절 유대인들이 대답하여 이르되 우리가 너를 사마리아 사람이라 또는 귀신이 들렸다 하는 말이 옳지 아니하냐

예수님께서 "너희는 마귀의 자식이요, 하나님께 속하지 않았느니라." 고 책망하시자, 이 말씀을 들은 유대인들은 예수님께 "우리가 너를 사마리아 사람이라 또는 귀신이 들렸다 하는 말이 옳지 아니하냐" 고 반박했습니다. 사마리아인은 유대인과 이방인의 피가 반씩 섞인 혼혈인이라는 이유로 유대인들로부터 멸시와 천대를 받고 이방인이나 개처럼 취급받았습니다. 그러므로 유대인들 사이에서 '사마리아 사람' 이라고 불리는 것은 굉장히 큰 모욕이었습니다. 유대인들은 예수님을 '사마리아 사람' 이라고 모욕하고 '귀신이 들렸다' 고 비난했는데, 이는 그야말로 적반하

장이요, 모순이었습니다. 그들은 예수님을 갈릴리 사람으로 알고 있었으면서도(7:52) 사마리아인으로 취급하는 모순을 보였으며, 예수님은 귀신 들려 미친 자이고 자신들은 아브라함의 혈통에서 난 하나님의 자녀라고 주장한 것입니다.

유대인들이 예수님을 이처럼 매도한 것은 그들의 영의 눈이 닫혀 마귀가 보여 주는 관점에서 예수님을 보았기 때문입니다. 사람들은 자기가 보는 척도에 따라 제각기 다른 관점에서 보고 판단합니다. 하나의 사물이나 현상을 볼 때에도 그것을 보고 판단하는 것은 사람마다 다릅니다. 파란색 안경을 낀 사람은 파랗다고 보고 빨간색 안경을 낀 사람은 빨갛다고 보듯이, 각자의 척도에 따라 다르게 보고 판단하는 것입니다. 또한 물구나무서기를 하고 보면 바로 선 것은 거꾸로 보이고 거꾸로 선 것은 바로 보이듯이, 어떤 관점에서 보느냐에 따라 판단도 달라지는 것입니다. 오늘날 열심히 신앙생활을 하는 성도들이 많이 듣는 말 중에 '예수에 미쳤다' 라는 말이 있습니다. 세상적인 관점에서 세상 척도를 가지고 보는 세상 사람들의 눈에는 세상에 미친 자신들이야말로 지극히 정상적인 사람이고, 예수님을 믿는 사람은 '예수에 미친 미치광이' 로 보이는 것입니다.

49-50절 예수께서 대답하시되 나는 귀신 들린 것이 아니라 오직 내 아버지를 공경함이거늘 너희가 나를 무시하는도다 나는 내 영광을 구하지 아니하나 구하고 판단하시는 이가 계시니라

예수님은 성육신하신 하나님이십니다. 그러므로 예수님에게 귀신 들렸다고 하는 것은 천부당만부당한 말이며 신성 모독적인 언사입니다.

성부 하나님의 말씀을 전하고 성령으로 충만하여 능력을 행하시는 예수님을 모욕하는 것은 곧 하나님을 모욕하는 것이요, 성령님을 모욕하는 것입니다.

예수님을 귀신 들린 자로 몰아붙인 유대인들의 모욕적인 언사는 삼위일체 하나님을 모독한 불경죄였습니다. 그럼에도 예수님께서는 그들을 정죄하지 않으시고 다만 이렇게 반증하셨습니다. "나는 귀신 들린 것이 아니라 오직 내 아버지를 공경함이거늘 너희가 나를 무시하는도다". 그리고 이어서 "나는 내 영광을 구하지 아니하나 구하고 판단하시는 이가 계시니라" 고 말씀하셨습니다. 이 말씀처럼 이 세상에서의 예수님의 삶은 영광을 받으시는 삶이 아니었습니다. 오히려 예수님께서는 굴욕적인 대우를 받고 무시당하셨습니다. 그럼에도 불구하고 예수님께서는 자신의 영광을 도모하시거나 자신의 명예를 위해 변호하신 적이 없었습니다. 그저 겸손히 모든 영광을 성부 하나님께 돌리고 수모와 멸시 속에서 메시아로서의 사명에 충실하셨습니다.

예수님의 이러한 삶의 자세는 우리에게 큰 교훈을 줍니다. 인생을 살다 보면 때로는 부당한 대우를 받고 멸시를 당할 때도 있고, 오해를 받아 억울할 때도 있습니다. 또 스스로 자신의 업적을 자랑하여 사람들의 칭찬을 받고 명예를 얻으려는 욕심이 생길 때도 있습니다. 그러나 그러한 것들은 우리가 구한다고 해서 얻을 수 있는 것이 아니요, 설령 얻는다고 해도 영원하지 못한 헛된 것입니다. 궁극적이고도 영원한 칭찬과 영광은 하나님께서 주십니다. 모든 것을 아시고 판단하시는 하나님께서는 우리를 높이기도 하시고 낮추기도 하십니다(삼상 2:7). 성경에는 "주 앞에서 낮추라 그리하면 주께서 너희를 높이시리라"(약 4:10)고 기록되어 있습니다.

그러므로 우리는 사람들의 오해와 비난에 대하여 너무 억울해하며 반발하거나, 칭찬과 세상적인 명예에 연연해하지 말고, 오직 겸손히 하나님의 뜻에 순종하고 충성하며 모든 영광을 하나님께 돌려야겠습니다.

51절 진실로 진실로 너희에게 이르노니 사람이 내 말을 지키면 영원히 죽음을 보지 아니하리라

"사람이 내 말을 지키면 영원히 죽음을 보지 아니하리라". 이는 다시 말하면, 예수님의 말씀을 믿음으로 받아들이고 그 말씀대로 행하는 자는 영원히 죽음을 보지 않고 영생한다는 것입니다.

예수 그리스도 안에는 죄 사함과 영원한 생명과 하나님의 기뻐하심이 있습니다. 하나님께서는 예수 그리스도를 통해 우리와 화목하시고 온 세상과 화목하십니다. 그렇기 때문에 오직 예수 그리스도를 통해서만 하나님을 만날 수 있는 것입니다.

우리는 예수 그리스도를 통해서 죄 사함을 받고 영생을 얻어 영원히 죽음을 보지 않게 됩니다. 죽음은 분리를 의미합니다. 육체적 죽음은 육체와 영혼이 분리되는 것입니다. 이러한 육체적 죽음은 누구나 한 번은 겪게 됩니다(히 9:27). 그런데 육체적 죽음보다 더 중요한 것이 있는데, 그것은 바로 영적 죽음입니다. 영적 죽음은 우리의 영혼이 하나님으로부터 끊어지는 것, 즉 하나님과 단절되는 것을 말합니다. 빛을 등지면 어둠이 되듯이, 하나님의 생명을 등지면 죽음이 되는 것입니다. 이러한 영적 죽음은 육체적 죽음과는 달리 모든 사람이 겪는 것이 아닙니다. 영적 죽음은 예수 그리스도를 믿지 않은 사람들만 받는 형벌입니다. 예수님을 영접하지 않고 살다가 육체적 죽음을 맞은 사람은 영원한 죽음을 당하게

됩니다. 그들은 주님께서 흰 보좌에 앉아 심판하실 때에 실제로 영원한 죽음의 실체를 깨닫게 될 것입니다(계 20:11-15).

52-53절 유대인들이 이르되 지금 네가 귀신 들린 줄을 아노라 아브라함과 선지자들도 죽었거늘 네 말은 사람이 내 말을 지키면 영원히 죽음을 맛보지 아니하리라 하니 너는 이미 죽은 우리 조상 아브라함보다 크냐 또 선지자들도 죽었거늘 너는 너를 누구라 하느냐

예수님께서 "사람이 내 말을 지키면 영원히 죽음을 보지 아니하리라"(51절)고 말씀하시자 유대인들은 예수님을 미치광이로 몰아붙이고 조롱했습니다.

"이제 보니 완전히 돌았군. 귀신이 들리지 않고서야 어떻게 이런 말도 안 되는 소리를 하느냐? 우리 조상 아브라함도 죽고 선지자들도 다 죽어서 없는데, 너처럼 비천한 자의 말을 지키면 영원히 죽지 않는다니 이것이 어디 말이나 될 법한 소리냐? 가당찮은 헛소리지. 네가 그런 말을 하는 것을 보니, 그렇다면 네가 우리 조상 아브라함보다 더 위대한 인물이라도 되느냐? 도대체 네 정체가 무엇이냐? 네가 누구이기에 감히 그런 말을 하느냐?"

유대인들이 이러한 반응을 보인 것은 예수님의 말씀을 이해하지 못했기 때문입니다. 예수님께서는 영적 죽음을 말씀하셨으나, 그들은 육체적 죽음에 국한시켜 해석했으므로 이해가 되지 않았던 것입니다. 인간적인 사고의 틀에서 벗어나지 못하고 그 틀에만 맞추어 이해하고 판단하는 그들에게 있어서 가장 위대한 인물은 하나님의 언약을 받은 믿음의 조상 아

브라함이었습니다. 그러므로 그들은 위대한 아브라함도 이미 2천 년 전에 죽었고 하나님께 쓰임 받던 선지자들도 다 죽고 없는데, 한낱 비천한 갈릴리 청년이 감히 "내 말을 지키면 영원히 죽음을 맛보지 아니하리라" 고 호언한다 하여 예수님을 미치광이로 몰아붙인 것입니다.

54절 예수께서 대답하시되 내가 내게 영광을 돌리면 내 영광이 아무 것도 아니거니와 내게 영광을 돌리시는 이는 내 아버지시니 곧 너희가 너희 하나님이라 칭하는 그이시라

예수님께서는 자신의 영광을 구하지 않는다고 재차 말씀하셨습니다(50절). 그리고 자신에게 영광을 돌리시는 분은 유대인들이 자신들의 하나님이라고 칭하는 이시라고 밝히셨습니다.

성경에는 "타인이 너를 칭찬하게 하고 네 입으로는 하지 말며 외인이 너를 칭찬하게 하고 네 입술로는 하지 말지니라"(잠 27:2)고 기록되어 있습니다. 자화자찬을 한다고 해서 영광을 얻는 것이 아닙니다. 오히려 자화자찬하는 사람은 자신을 스스로 칭찬하는 것이 아무 쓸모가 없을 뿐만 아니라 결국엔 다른 사람들의 웃음거리만 된다는 것을 알게 됩니다. 다른 사람이 나를 칭찬할 때, 그것이 내 영광이 되는 것입니다.

예수님께서 밝히 말씀하신 대로, 예수님을 영화롭게 하신 분은 바로 성부 하나님이십니다. 성부 하나님께서는 예수님을 '내 사랑하는 아들'이라고 말씀하셨습니다(마 3:17; 17:5; 막 1:11; 9:7; 눅 3:22). 또한 하나님께서는 예수님께서 행하시는 수많은 기적들을 통해 예수님을 영화롭게 하셨고, 궁극적으로는 예수님을 부활하게 하셔서 천하 만민의 구주로서, 또 심판주로서의 모든 권세를 갖고 영광의 보좌에 앉게 하셨습니다.

55절 너희는 그를 알지 못하되 나는 아노니 만일 내가 알지 못한다 하면 나도 너희같이 거짓말쟁이가 되리라 나는 그를 알고 또 그의 말씀을 지키노라

"너희는 그를 알지 못하되". 여기서 '알다' 라는 말은 지식적으로 아는 것이 아니라 경험적으로 아는 것을 의미합니다. 즉, 체험을 통해 인격적으로 아는 것을 의미합니다. 하나님은 인격을 가지고 계신 분입니다. 그러므로 하나님을 안다는 것은 하나님과 인격적인 관계를 맺고 교제하는 가운데 체험적으로 체득된 지식이 있음을 가리킵니다. 이러한 면에서, 유대인들은 하나님에 대해서 무지했습니다. 그들은 하나님에 대해서 잘 알고 하나님의 율법을 잘 지키는 하나님의 자녀라고 자부하며 자랑했지만, 그것은 그들의 착각이요, 거짓된 것이었습니다.

그러나 예수님께서는 하나님과 항상 함께하시며 깊은 교제를 통해 하나님을 아셨고, 하나님께서도 예수님을 아셨습니다. 또한 예수님께서는 하나님을 아셨을 뿐만 아니라 전적으로 하나님 말씀에 순종하셨습니다. 그러므로 예수님께서 하나님을 모른다고 하면 그것은 명백한 거짓말입니다. 그렇기 때문에 예수님께서 "나는 아노니 만일 내가 알지 못한다 하면 나도 너희같이 거짓말쟁이가 되리라 나는 그를 알고 또 그의 말씀을 지키노라" 고 말씀하신 것입니다.

우리의 신앙생활이라는 것은 바로 이와 같이 하나님을 체험적으로 아는 것입니다. 신앙생활은 과학적, 논리적으로 증명할 수 있는 것이 아닙니다. 예수 그리스도 안에서 체험함으로써 하나님을 인격적으로 아는 것이 신앙생활입니다. 예수 그리스도 안에서 기도로써 하나님과 교제하고,

하나님께서 나와 함께하시면서 나의 삶 가운데 역사하시는 기적과 인도하심을 체험함으로써 우리는 하나님을 알게 되는 것입니다.

56절 너희 조상 아브라함은 나의 때 볼 것을 즐거워하다가 보고 기뻐하였느니라

아브라함은 "네 씨로 말미암아 천하 만민이 복을 받으리니 이는 네가 나의 말을 준행하였음이니라"(창 22:18)는 하나님의 약속의 말씀을 듣고서, 자신의 후손 중에서 메시아가 나실 것을 알고 매우 기뻐하며 그때를 고대하였습니다. 그리고 소망 중에 그리스도의 시대를 보고 기뻐하였습니다. 아브라함은 예수님께서 태어나시기 약 2천 년 전에 메시아 시대의 도래를 미리 보고 이루 말할 수 없이 기뻐하였던 것입니다.

이와 같이 수십 세대를 앞서 소망 중에 그리스도의 때를 보았던 믿음의 조상 아브라함에 대한 예수님의 말씀을 통해 우리는 두 가지 사실을 알 수 있습니다. 첫째, 예수님께서 아브라함보다 훨씬 위대하시다는 것입니다. 예수님께서는 혈통적으로 아브라함의 후손이셨지만, 믿음의 조상 아브라함이 메시아로 오실 예수님의 때를 고대했다는 것은 곧 아무리 위대한 인물이라도 예수님과는 비교가 되지 않음을 시사합니다. 앞서 유대인들은 예수님께 "너는 이미 죽은 우리 조상 아브라함보다 크냐"(53절)고 반박했었는데, 본 절의 말씀은 이에 대한 확실한 대답이 되는 것입니다. 둘째, 유대인들은 아브라함의 참자손이 아님을 알 수 있습니다. 아브라함의 자손이란 믿음의 자손이요, 언약의 자손입니다. 그러므로 아브라함의 자손은 아브라함과 같은 믿음을 계승하고 아브라함이 보았던 하나

님의 언약을 보았어야 합니다. 언약의 실체인 예수님께서 오셨을 때, 예수님께서 메시아이심을 알아보고 믿어야 했던 것입니다. 그러나 유대인들은 믿음의 눈이 아닌 육신의 눈으로 예수님을 평가하고 조롱함으로써 아브라함의 자손으로서의 자격이 없음을 드러냈습니다.

57절 유대인들이 이르되 네가 아직 오십 세도 못 되었는데 아브라함을 보았느냐

아브라함은 예수님께서 이 세상에 오시기 약 2천 년 전에 생존했었습니다. 그러나 예수님께서는 아브라함이 있기 훨씬 전, 즉 태초부터 계신 분이십니다.

유대인들은 단지 육신의 눈에 보이는 예수님의 겉모습만 볼 뿐, 영의 눈은 감겨 있었으므로 예수님께서 태초부터 말씀으로 성부 하나님과 함께 계셨던 분이심을 알 수 없었습니다. 그러므로 그들은 예수님의 말씀을 이해하지 못하고 "네가 아직 오십 세도 못 되었는데 아브라함을 보았느냐?" 고 힐책했습니다. 이 말은 '아직 나이 오십 세도 되지 않은 젊은 사람이 어떻게 2천 년 전에 있었던 아브라함을 볼 수 있는가? 그렇게 말도 안 되는 소리를 하는 것을 보니 미친 것이 틀림없다.' 라는 의미입니다. 육신의 안목으로만 보는 유대인들의 눈에 예수님은 보잘것없는 청년으로만 비쳤습니다. 그들은 시간을 초월하여 영원히 존재하시는 예수님을 인식하지 못한 것입니다.

58절 예수께서 이르시되 진실로 진실로 너희에게 이르노니 아브라함이 나기 전부터 내가 있느니라 하시니

유대인들의 힐문을 받으신 예수님께서는 "진실로 진실로 너희에게 이르노니 아브라함이 나기 전부터 내가 있느니라" 고 분명하게 대답하셨습니다. 이는 예수님께서 영원하신 하나님이시라는 분명한 선언이었습니다.

이사야 선지자는 예수님께서 이 세상에 오시기 약 7백 년 전에 메시아에 대해 "이는 한 아기가 우리에게 났고 한 아들을 우리에게 주신 바 되었는데 그의 어깨에는 정사를 메었고 그의 이름은 기묘자라, 모사라, 전능하신 하나님이라, 영존하시는 아버지라, 평강의 왕이라 할 것임이라" (사 9:6)고 예언했습니다. 이 예언이 증언하듯이, 이 세상의 구주로 오신 메시아 예수님께서는 '영존하시는 하나님' 이십니다. 아브라함은 주전 2천 년경에 생존했던 유한한 인생이었으나, 예수님께서는 아브라함이 태어나기 전, 천지 만물이 창조되기도 전부터 계신 영원하신 하나님이시요, 영존하시는 하나님이신 것입니다.

예수님께서 주전 4년경에 태어나셔서 약 33년간 사시다가 주후 30년경에 승천하신 것은 시간적인 제한이 있는 인간의 몸으로 존재하신 기간입니다. 그러나 엄밀히 볼 때, 예수님께서는 영존하시므로 나이가 없습니다. 그러므로 예수님께서도 자신에 대해 "나는 알파와 오메가요 처음과 마지막이요 시작과 마침이라" (계 22:13)고 말씀하셨던 것입니다.

59절 그들이 돌을 들어 치려 하거늘 예수께서 숨어 성전에서 나가시니라

예수님께서 자신의 신성에 대해 분명히 말씀해 주셨음에도 불구하고 유대인들은 그 말씀을 받아들이지 않았습니다. 그들은 예수님 안에서 하나님을 발견하지 못하고 자신들의 눈에 보이는 예수님의 겉모습에 대한 편견을 계속 고집스럽게 고수했습니다. 따라서 그들에게는 예수님의 말씀이 하나님을 모독하는 망언으로만 들렸습니다.

율법에 의하면, 신성 모독죄를 범한 자는 돌로 쳐 죽이라고 명시되어 있습니다(레 24:16). 물론 이러한 처형을 하는 데에는 두세 증인의 증언이 필요했으며, 공정한 재판 절차를 밟아야 시행할 수 있었습니다. 그런데 유대인들은 아무런 절차도 거치지 않고 다짜고짜로 돌을 들어 예수님을 치려고 했습니다.

그러나 당장 유대인들에게 돌을 맞아 죽을 절체절명의 위기 상황은 그들에게 당황스러움과 분노만을 남겨 준 채 어이없이 지나가 버렸습니다. 아직 때가 되지 않았으므로 그들은 또다시 눈앞에서 예수님을 놓쳐 죽일 수 없었던 것입니다. 살기등등한 유대인들을 피해 몸을 숨기신 예수님께서는 성전을 유유히 빠져나가셨습니다.

제 9 장

맹인을 고치신 **예수님**

맹인을 고치심	9:1-12
바리새인들의 의심	9:13-34
영적 맹인에 관한 교훈	9:35-41

A COMMENTARY ON THE GOSPEL OF JOHN I

세상의 빛으로 오신 예수님께서는 날 때부터 맹인 된 사람을 고쳐 주셨습니다. 이 소문이 퍼져, 바리새인들 사이에 쟁론이 일어났습니다.

유대인들은 맹인이 눈뜬 날이 안식일이라는 이유로 맹인의 부모를 불러 심문한 다음, 다시 맹인을 불러 심문하였습니다. 이에 맹인이었던 사람은 예수님께서 하나님께로부터 오신 분이라고 증언하였으며 이로 인해 출교를 당하고 말았습니다.

예수님께서는 이 소식을 들으시고 그를 찾아와서 구원해 주시고 바리새인들에게 영적 맹인에 대하여 교훈하셨습니다.

1. 맹인을 고치심(9:1-12)

1. 예수께서 길을 가실 때에 날 때부터 맹인 된 사람을 보신지라 2.
제자들이 물어 이르되 랍비여 이 사람이 맹인으로 난 것이 누구의 죄
로 인함이니이까 자기니이까 그의 부모니이까 3. 예수께서 대답하
시되 이 사람이나 그 부모의 죄로 인한 것이 아니라 그에게서 하나님
이 하시는 일을 나타내고자 하심이라 4. 때가 아직 낮이매 나를 보내
신 이의 일을 우리가 하여야 하리라 밤이 오리니 그때는 아무도 일할
수 없느니라 5. 내가 세상에 있는 동안에는 세상의 빛이로라 6. 이
말씀을 하시고 땅에 침을 뱉어 진흙을 이겨 그의 눈에 바르시고 7.
이르시되 실로암 못에 가서 씻으라 하시니 (실로암은 번역하면 보냄
을 받았다는 뜻이라) 이에 가서 씻고 밝은 눈으로 왔더라 8. 이웃 사
람들과 전에 그가 걸인인 것을 보았던 사람들이 이르되 이는 앉아서
구걸하던 자가 아니냐 9. 어떤 사람은 그 사람이라 하며 어떤 사람은
아니라 그와 비슷하다 하거늘 자기 말은 내가 그라 하니 10. 그들이
묻되 그러면 네 눈이 어떻게 떠졌느냐 11. 대답하되 예수라 하는 그
사람이 진흙을 이겨 내 눈에 바르고 나더러 실로암에 가서 씻으라 하

기에 가서 씻었더니 보게 되었노라 12. 그들이 이르되 그가 어디 있느냐 이르되 알지 못하노라 하니라

1-2절 예수께서 길을 가실 때에 날 때부터 맹인 된 사람을 보신지라 제자들이 물어 이르되 랍비여 이 사람이 맹인으로 난 것이 누구의 죄로 인함이니이까 자기니이까 그의 부모니이까

예수님께서는 제자들과 함께 길을 가시다가 길에서 구걸하고 있는 맹인을 보셨습니다. 그 맹인은 태어날 때부터 앞을 보지 못하는 선천성 시각 장애자였습니다.

제자들은 그가 맹인으로 태어난 원인이 무엇인지 궁금했습니다. 그래서 그들은 예수님께 "랍비여, 이 사람이 맹인으로 난 것이 누구의 죄로 인함이니이까? 자기니이까, 그의 부모니이까?"라고 질문했습니다. 유대인들은 맹인이나 나병 환자나 간질 병자가 되는 것은 병자 자신의 죄나 그의 부모의 죄 때문이라고 간주했습니다. 그렇기 때문에 제자들도 유대인들의 이러한 통념을 갖고 예수님께 질문했던 것입니다.

사람들을 괴롭히고 고통을 주는 모든 질병은 아담의 범죄의 결과로 생겨난 것입니다. 아담이 죄를 짓기 전에는 영혼의 죽음도, 육체의 죽음도 없었습니다. 그러던 것이 아담의 범죄로 인하여 상황이 바뀌었습니다. 죄지은 결과로, 아담은 "반드시 죽으리라"(창 2:17)던 하나님의 말씀대로 영혼이 죽었으며, 육신이 죽어 흙으로 돌아가게 되었습니다. 질병은 육체가 죽음에 이르게 하는 수단이 됩니다. 그러므로 "너는 흙이니 흙으로 돌아갈 것이니라"(창 3:19)는 죽음의 선포에는 질병의 선포도 내포되어

있습니다. 이와 같이 아담의 죄로 인하여 생겨난 질병은 온 인류에게 근원적인 문제로 자리 잡고 있습니다. 그런데 성경을 보면 병자 자신의 죄(신 28:58-61; 대하 21:11-15; 미 6:13)와 부모의 죄도 질병의 원인이 됩니다(출 20:5; 34:7; 민 14:18; 신 5:9). 또한 오늘날과 같이 산업화된 사회에서는 여러 가지 산업병, 직업병 등 신종 질병들이 발병하고 있습니다. 그러므로 질병의 원인을 밝혀내고 그 예방법과 치료법을 찾기 위한 연구가 계속되고 있는 것입니다.

3절 예수께서 대답하시되 이 사람이나 그 부모의 죄로 인한 것이 아니라 그에게서 하나님이 하시는 일을 나타내고자 하심이라

예수님의 대답은 제자들이 생각하고 있는 유대인들의 고정관념을 깨는 것이었습니다. "이 사람이나 그 부모의 죄로 인한 것이 아니라 그에게서 하나님이 하시는 일을 나타내고자 하심이라". 여기서 '이 사람이나 그 부모의 죄로 인한 것이 아니라' 는 말은 맹인이나 그의 부모가 모두 죄 없는 의인이라는 의미가 아니라, 그가 맹인으로 태어난 것은 그렇게 될 만한 죄를 지었기 때문이 아니라는 뜻입니다. 그 사람이 맹인으로 태어난 것은, 그에게서 하나님의 하시는 일을 나타내시기 위해 하나님께서 그리하셨기 때문이었습니다. 즉, 하나님께서 그의 눈을 치료하여 보게 하심으로써 하나님의 권능을 나타내 보이시고 영광을 받으시기 위해 그를 선천적인 맹인으로 태어나게 하신 것입니다.

질병에 걸리는 원인과 그 통로는 다양합니다. 대부분의 질병은 죄로 인한 것입니다. 하나님께서는 죄에 대한 징계로, 또 하나님의 영광을 위해 질병을 사용하십니다. 그러나 그것은 그 질병을 통해 우리가 고통받고 절망하고 죽게 하려는 것이 아닙니다. 하나님께서는 우리가 건강하기를 원하십니다. 하나님은 '치료하는 야훼'(출 15:26)이십니다. 그렇기 때문에 죄를 회개하고 치료받기를 간구할 때, 하나님께서 치유하시는 역사가 일어나는 것입니다. 이러므로 우리가 분명히 알아야 할 중요한 사실은, 우리를 향한 하나님의 뜻은 정죄가 아니라 용서이며, 질병이 아니라 강건함이라는 것입니다. 질병의 원인을 알아보는 것도 무시할 일은 아닙니다. 하지만 그보다 훨씬 더 중요한 일은 그 질병을 치료해 주시는 하나님의 자비와 은혜입니다.

하나님의 치료의 역사는 지금도 우리 가운데서 활발히 일어나고 있습니다. 성경에는 예수님의 사명에 대해 이렇게 기록되어 있습니다. "주의 성령이 내게 임하셨으니 이는 가난한 자에게 복음을 전하게 하시려고 내게 기름을 부으시고 나를 보내사 포로 된 자에게 자유를, 눈먼 자에게 다시 보게 함을 전파하며 눌린 자를 자유롭게 하고 주의 은혜의 해를 전파하게 하려 하심이라"(눅 4:18-19). 또한 성경에 "친히 나무에 달려 그 몸으로 우리 죄를 담당하셨으니 이는 우리로 죄에 대하여 죽고 의에 대하여 살게 하려 하심이라 그가 채찍에 맞음으로 너희는 나음을 얻었나니"(벧전 2:24)라고 기록되어 있으며, "너희 중에 병든 자가 있느냐 그는 교회의 장로들을 청할 것이요 그들은 주의 이름으로 기름을 바르며 그를 위하여 기도할지니라 믿음의 기도는 병든 자를 구원하리니 주께서 그를 일으키시리라 혹은 죄를 범하였을지라도 사하심을 받으리라"(약 5:14-15)고 기록되어 있습니다. 그러므로 우리는 병들었을 때 먼저 하나님 앞에 자신의 죄를 회개하여 죄를 용서받고, 그다음에 주님의 치료의 능력을 바라보고 간구하여야 합니다. 그리고 우리 주변에 병으로 고통받는 사람이 있을 때에는 그들을 판단하여 정죄하지 말고 그들을 위해 간절한 마음으로 믿음의 기도를 해야 합니다. 그렇게 할 때 우리 가운데 하나님의 치료의 역사가 일어나고 하나님께서 영광을 받으시는 것입니다.

4절 때가 아직 낮이매 나를 보내신 이의 일을 우리가 하여야 하리라 밤이 오리니 그때는 아무도 일할 수 없느니라

본 절에서 '낮' 은 예수님께서 십자가에 못 박히시기 전, 즉 예수님께서 이 세상에 머물러 계시면서 사역하신 때를 의미합니다. 반면에 '밤' 은 예수님께서 십자가에 못 박혀 돌아가신 때, 즉 예수님께서 이 세상의 사명을 끝내신 때를 가리키는 말입니다.

"때가 아직 낮이매 나를 보내신 이의 일을 우리가 하여야 하리라". 예수님께서는 '우리' 라는 표현을 하심으로써 예수님의 사역과 제자들의 사역을 연관시키셨습니다. 다시 말해서, 하나님의 일을 성취하는 예수님의 사역에 제자들도 동참해야 한다는 것입니다. 또한 예수님께서는 이 말씀을 통해 하나님의 일을 성취하는 데에는 한정된 때가 있음을 일깨워 주셨습니다. 그 한정된 때는 '낮', 곧 이 세상에 사는 동안입니다. 죽은 사람은 일할 수 없습니다. 인생의 밤이 되면 아무리 일하고 싶어도 일을 할 수 없는 것입니다. 그러므로 우리는 이 세상에 살고 있는 동안이 하나님의 일을 할 수 있는 기회임을 알고 하나님께서 주신 사명을 이루기 위해 최선을 다해서 부지런히 일해야겠습니다.

5절 내가 세상에 있는 동안에는 세상의 빛이로라

세상은 어둠입니다. 그러므로 세상을 따라가면 칠흑같이 어두운 절망에 허덕이다가 멸망의 벼랑에 떨어져 죽고 맙니다. 그러나 예수님은 세상의 참빛이십니다. 그러므로 예수님을 따라가면 절대로 어두운 절망에 허덕이지 않으며 올무에 걸리지도 않습니다.

본 절에, 예수님께서는 "내가 세상에 있는 동안에는 세상의 빛이로라"고 말씀하셨습니다. 예수님께서 이 세상에서 하실 일은 이 세상을 밝히시는 것이었습니다. 예수님께서는 어두운 세상을 밝히시고 어둠 속에서 방황하는 맹인들의 시력을 회복시켜 빛 가운데로 나오게 하시려고 세상의 빛으로 오신 것입니다. 이러므로 예수님을 만나면, 영적 맹인은 영안이 뜨여 진리를 깨닫고 생명 길로 가게 되고, 육체적인 맹인은 시력을 회복하여 모든 사물을 뚜렷하게 볼 수 있습니다.

세상의 참빛이신 예수님께서는 구원의 빛, 생명의 빛, 진리의 빛을 비추어 하늘나라에 이르는 길을 밝히십니다. 예수님께서는 하나님과 우리 사이를 화목하게 하시고, 우리에게 영생을 주시며, 우리에게 성령을 보내 주셔서 진리 가운데로 인도하여 하나님의 나라에 이르게 하십니다. 그러므로 우리는 예수 그리스도의 말씀을 마음에 새기고 성령님을 의지하여 따라갈 때에 참빛 가운데로 인도받으며 소망찬 삶을 살 수 있는 것입니다.

6-7절 이 말씀을 하시고 땅에 침을 뱉어 진흙을 이겨 그의 눈에 바르시고 이르시되 실로암 못에 가서 씻으라 하시니 (실로암이 번역하면 보냄을 받았다는 뜻이라) 이에 가서 씻고 밝은 눈으로 왔더라

말씀을 마치신 후, 예수님께서는 땅에 침을 뱉어 진흙을 이겨서 맹인

의 눈에 바르셨습니다. 이제까지는 예수님께서 병자들을 고치실 때 말씀으로만 하시거나 안수를 하셨습니다. 그런데 이 맹인을 고치실 때에는 침과 진흙을 사용하셨습니다. 초대 교회의 교부들 중에서는 이를 하나님께서 흙으로 사람을 지으신 것(창 2:7)에 비교하는 이들도 있습니다. 이러한 해석에 따르면, 예수님께서 맹인의 시력을 회복시켜 주신 것이 아니라 선천적으로 없던 시력을 창조해 주신 것이 됩니다.

예수님께서는 침에 진흙을 이겨서 맹인의 눈에 바르신 다음, 그에게 "실로암 못에 가서 씻으라" 고 말씀하셨습니다. 실로암은 히스기야 왕 시대에 지하 수로를 파서 기혼 샘으로부터 물을 끌어 온 인공 저수지입니다(왕하 20:20). 그래서 '실로암' 이라는 말의 원래 의미는 '수로를 통하여 못으로 물을 보낸다' 라는 것입니다.

예수님께서는 하나님으로부터 보내심을 받은 분이십니다. 이러한 점에서, 예수님께서는 영적으로 실로암 샘물이 되십니다. 보내심을 받은 분이신 예수님께서는 '보냄을 받았다' 라는 뜻을 지닌 실로암 못으로 맹인을 보내셨습니다. 맹인은 "실로암 못에 가서 씻으라" 는 예수님의 명령에 순종하여, 그곳으로 가서 씻었습니다. 그러자 기적이 일어났습니다. 태어나면서부터 아무것도 볼 수 없었던 그의 눈이 시력을 얻어 밝아진 것입니다. 그는 예수님의 말씀에 순종한 결과, 시력을 찾아 광명한 세상을 보게 되었습니다. 예수님의 말씀을 믿고 말씀에 의지하여 실로암 못에서 씻는 순간, 그의 눈에 발랐던 진흙과 함께 이제껏 그의 눈을 덮고 있던 흑암도 말끔히 씻기고 찬란한 빛이 비쳐든 것입니다.

맹인을 실로암 못에 보내어 시력을 찾아 새로운 인생을 살게 하신 예수님께서는 오늘날 우리에게도 "가서 씻으라!" 고 명령하십니다. 가서 씻으라는 것은, 이전 생활을 청산하고 보내심을 받은 새 인생을 살라는 뜻입니다. 예수님께서 십자가에서 피로 값 주고 사셨기 때문에 우리는 우리 자신의 것이 아니라 하나님의 소유물입니다. 또한 우리는 하나님께 지음을 받았기 때문에 처음부터 하나님의 소유물입니다. 이처럼 우리는 이중적으로 하나님의 소유물이므로 스스로 주장할 권리가 없습니다. 우리에게는 오직 주인이신 하나님의 뜻에 순종할 의무가 있을 뿐입니다. 그러므로 우리는 자아와 고집과 자신의 생각을 버리고 하나님 중심으로 서서 하나님의 뜻에 전적으로 순종하는 인생을 살아야 하는 것입니다.

8-9절 이웃 사람들과 전에 그가 걸인인 것을 보았던 사람들이 이르되 이는 앉아서 구걸하던 자가 아니냐 어떤 사람은 그 사람이라 하며 어떤 사람은 아니라 그와 비슷하다 하거늘 자기 말은 내가 그라 하니

이때 당시에 맹인들은 생계를 유지하기 위해 구걸을 했습니다. 예수님께서 치료해 주신 이 사람도 맹인이었을 때에는 사람들에게 구걸을 해서 생계를 유지했습니다. 날 때부터 맹인이었던 그는 어려서부터 길거리에 나와 앉아서 구걸해 왔기 때문에, 이웃 사람들은 물론 그 길을 몇 번 지나쳤던 사람들도 그의 얼굴을 익히 알고 있었습니다. 그런데 그가 눈을 뜨고 거리를 활보하자, 사람들은 이를 보고 어리둥절한 채 반신반의하는 표정을 지었습니다. 어떤 사람들은 "저 사람은 길바닥에 앉아서 구걸하던 사람인데 어떻게 눈이 떠졌을까? 참 희한한 일이군!" 이라고 말하는가 하면, 어떤 사람은 "전에 구걸하던 맹인과 흡사하게 닮았지만, 설마 그

맹인은 아니겠지."라고 말했습니다.

사람들 사이를 활보하던 그는 이와 같은 사람들의 말을 듣고 "내가 바로 그 맹인입니다."라고 말했습니다. 그는 난생처음 눈을 떠 이제까지 경험하지 못했던, 보는 기쁨과 환희를 맛보며 자신의 눈이 치료된 사실을 자랑스럽게 밝힌 것입니다.

10-12절 그들이 묻되 그러면 네 눈이 어떻게 떠졌느냐 대답하되 예수라 하는 그 사람이 진흙을 이겨 내 눈에 바르고 나더러 실로암에 가서 씻으라 하기에 가서 씻었더니 보게 되었노라 그들이 이르되 그가 어디 있느냐 이르되 알지 못하노라 하니라

눈뜬 자의 말을 듣자, 사람들은 좀 더 자세한 설명을 들어 보려고 그에게 "그러면 네 눈이 어떻게 떠졌느냐?" 고 질문하였습니다. 이에 그는 예수님께서 자신의 눈을 치료하신 일의 자초지종을 말해 주었습니다.

사람들은 눈뜬 사람의 말을 들을수록 호기심이 더 커졌습니다. '이토록 큰 기적을 행한 것을 보면 대단한 사람이 분명한데, 얼굴이라도 한번 봤으면 좋겠군.' 이런 생각을 품고서 그들은 "그가 어디 있느냐?" 고 재차 질문하였습니다. 그러나 그들이 들을 수 있는 말은 단지 "알지 못하노라" 는 실망스런 대답뿐이었습니다. 예수님께서는 맹인을 치료하신 후 그 자리를 떠나셨으므로 아무리 두리번거리고 찾아도 예수님을 찾을 수 없었던 것입니다.

2. 바리새인들의 의심(9:13-34)

13. 그들이 전에 맹인이었던 사람을 데리고 바리새인들에게 갔더라
14. 예수께서 진흙을 이겨 눈을 뜨게 하신 날은 안식일이라 15. 그러
므로 바리새인들도 그가 어떻게 보게 되었는지를 물으니 이르되 그
사람이 진흙을 내 눈에 바르매 내가 씻고 보나이다 하니 16. 바리새
인 중에 어떤 사람은 말하되 이 사람이 안식일을 지키지 아니하니 하
나님께로부터 온 자가 아니라 하며 어떤 사람은 말하되 죄인으로서
어떻게 이러한 표적을 행하겠느냐 하여 그들 중에 분쟁이 있었더니
17. 이에 맹인 되었던 자에게 다시 묻되 그 사람이 네 눈을 뜨게 하였
으니 너는 그를 어떠한 사람이라 하느냐 대답하되 선지자니이다 하
니 18. 유대인들이 그가 맹인으로 있다가 보게 된 것을 믿지 아니하
고 그 부모를 불러 묻되 19. 이는 너희 말에 맹인으로 났다 하는 너희
아들이냐 그러면 지금은 어떻게 해서 보느냐 20. 그 부모가 대답하
여 이르되 이 사람이 우리 아들인 것과 맹인으로 난 것을 아나이다
21. 그러나 지금 어떻게 해서 보는지 또는 누가 그 눈을 뜨게 하였는
지 우리는 알지 못하나이다 그에게 물어보소서 그가 장성하였으니
자기 일을 말하리이다 22. 그 부모가 이렇게 말한 것은 이미 유대인
들이 누구든지 예수를 그리스도로 시인하는 자는 출교하기로 결의하
였으므로 그들을 무서워함이러라 23. 이러므로 그 부모가 말하기를
그가 장성하였으니 그에게 물어보소서 하였더라 24. 이에 그들이 맹
인이었던 사람을 두 번째 불러 이르되 너는 하나님께 영광을 돌리라
우리는 이 사람이 죄인인 줄 아노라 25. 대답하되 그가 죄인인지 내
가 알지 못하나 한 가지 아는 것은 내가 맹인으로 있다가 지금 보는

그것이니이다 26. 그들이 이르되 그 사람이 네게 무엇을 하였느냐 어떻게 네 눈을 뜨게 하였느냐 27. 대답하되 내가 이미 일렀어도 듣지 아니하고 어찌하여 다시 듣고자 하나이까 당신들도 그의 제자가 되려 하나이까 28. 그들이 욕하여 이르되 너는 그의 제자이나 우리는 모세의 제자라 29. 하나님이 모세에게는 말씀하신 줄을 우리가 알거니와 이 사람은 어디서 왔는지 알지 못하노라 30. 그 사람이 대답하여 이르되 이상하다 이 사람이 내 눈을 뜨게 하였으되 당신들은 그가 어디서 왔는지 알지 못하는도다 31. 하나님이 죄인의 말을 듣지 아니하시고 경건하여 그의 뜻대로 행하는 자의 말은 들으시는 줄을 우리가 아나이다 32. 창세 이후로 맹인으로 난 자의 눈을 뜨게 하였다 함을 듣지 못하였으니 33. 이 사람이 하나님께로부터 오지 아니하였으면 아무 일도 할 수 없으리이다 34. 그들이 대답하여 이르되 네가 온전히 죄 가운데서 나서 우리를 가르치느냐 하고 이에 쫓아내어 보내니라

13절 그들이 전에 맹인이었던 사람을 데리고 바리새인들에게 갔더라

사람들은 맹인이었던 사람을 바리새인들에게 데려갔습니다. 창세 이후로 맹인으로 난 자의 눈이 뜨여진 사건은 단 한 번도 없었습니다(32절). 그러므로 그들은 태어나면서부터 맹인이었던 사람이 눈을 떴다는 사실에 몹시 흥분하였으며, 어떻게 이러한 일이 있을 수 있는지 궁금했습니다. 그래서 이 기적의 사건에 대한 설명을 들으려고 종교 지도자인 바리새인들에게 찾아간 것입니다.

14절 예수께서 진흙을 이겨 눈을 뜨게 하신 날은 안식일이라

하나님께서 모세에게 주신 십계명 중 안식일에 관한 제4계명은 이렇게 규정되어 있습니다. "안식일을 기억하여 거룩하게 지키라 엿새 동안은 힘써 네 모든 일을 행할 것이나 일곱째 날은 네 하나님 야훼의 안식일인즉 너나 네 아들이나 네 딸이나 네 남종이나 네 여종이나 네 가축이나 네 문안에 머무는 객이라도 아무 일도 하지 말라"(출 20:8-10). 유대인들은 이러한 계명에 따라 안식일을 엄격히 지켰습니다. 안식일에는 어떤 일도 하지 않았을 뿐 아니라, 안식일에 일하는 자를 정죄하고 처형했습니다.

그런데 예수님께서 맹인을 고쳐 주신 날은 안식일이었습니다. 예수님께서 안식일에 병을 고치신 것은 이번이 처음은 아니었습니다(마 12:9-13; 막 1:21-31; 3:4; 눅 13:10-17; 14:1-6; 요 5:1-18). 예수님께서는 안식일에도 병을 고치심으로써 바리새인들에게 안식일의 참뜻을 인식시키고자 하셨습니다. 그러나 바리새인들은 종교의식과 형식을 중시한 나머지 그 종교의식을 규정한 율법에 담긴 하나님의 참뜻을 깨닫지 못했습니다. 그래서 그들은 예수님께서 안식일 규례를 어기고 일을 한다는 이유로 예수님을 박해하고 죽이려 했습니다.

원래 사람을 위해 종교의식과 형식도 있는 것이지, 종교의식이나 형식을 위해 사람이 있는 것이 아닙니다. 그러므로 예수님께서는 바리새인들을 향해 "안식일이 사람을 위하여 있는 것이요 사람이 안식일을 위하여 있는 것이 아니니 이러므로 인자는 안식일에도 주인이니라"(막 2:27-28)고 일깨워 주셨으며, "안식일에 선을 행하는 것과 악을 행하는 것, 생명을 구하는 것과 죽이는 것, 어느 것이 옳으냐"(막 3:4)고 반문하셨습니다. 예수님의 이러한 가르침은 안식일 계명의 본뜻에 어긋나는 것이 아닙니다. 그러나 유대교의 문자적인 안식일 해석과는 상충되었기 때문에 유대 종교 지도자들의 박해가 불가피했던 것입니다.

15-16절 그러므로 바리새인들도 그가 어떻게 보게 되었는지를 물으니 이르되 그 사람이 진흙을 내 눈에 바르매 내가 씻고 보나이다 하니 바리새인 중에 어떤 사람은 말하되 이 사람이 안식일을 지키지 아니하니 하나님께로부터 온 자가 아니라 하며 어떤 사람은 말하되 죄인으로서 어떻게 이러한 표적을 행하겠느냐 하여 그들 중에 분쟁이 있었더니

사람들이 맹인이었던 사람을 데려오자 바리새인들은 그 사람에게 눈을 뜨게 된 경위를 물었습니다. 이에 그 사람은 다시 한번 자신이 눈을 뜨게 된 경위를 설명해 주었습니다. 그러자 바리새인들 사이에 논쟁이 일어났습니다. 한편에서는 예수님께서 안식일을 지키지 않은 것을 보니 하나님께로부터 온 자가 아니라고 했고, 다른 한편에서는 맹인의 눈을 뜨게 하는 기적을 행한 것을 보니 죄인일 리가 없다고 했습니다. 이와 같이 맹인이 눈을 뜬 사건을 각기 다른 관점에서 보고 자기의 견해만이 옳다고 주장하며 바리새인들은 두 패로 나뉘어 열띤 논쟁을 벌였습니다.

17절 이에 맹인 되었던 자에게 다시 묻되 그 사람이 네 눈을 뜨게 하였으니 너는 그를 어떠한 사람이라 하느냐 대답하되 선지자니이다 하니

자신들 사이에서도 의견이 둘로 나뉘어 논쟁이 일어나자, 바리새인

들은 맹인 되었던 자에게 의견을 물었습니다. "그 사람이 네 눈을 뜨게 하였으니 너는 그를 어떠한 사람이라 하느냐". 이 질문은 바리새인들이 그의 솔직한 의견을 듣기 위해서 한 것이 아니었습니다. 그들은 그가 자기들 마음에 맞는 답변을 해 주기를 바라고 심문조로 물었던 것입니다.

그러나 맹인 되었던 자는 바리새인들의 의도에 아랑곳없이 "선지자니이다"라고 자신의 생각을 솔직하게 말했습니다. 그는 아직 예수님을 보지 못하고 예수님의 가르침을 들어 보지도 못했으나, 안식일에 자신의 눈을 고쳐 주었으니 분명히 선지자일 것이라고 생각한 것입니다. 당시 유대인들은 선지자만이 안식일 규례에 얽매이지 않는 권위를 가지고 있다고 믿었기 때문에, 맹인 되었던 자도 이러한 통념을 갖고 예수님을 선지자로 알았던 것 같습니다.

18-23절 유대인들이 그가 맹인으로 있다가 보게 된 것을 믿지 아니하고 그 부모를 불러 묻되 이는 너희 말에 맹인으로 났다 하는 너희 아들이냐 그러면 지금은 어떻게 해서 보느냐 그 부모가 대답하여 이르되 이 사람이 우리 아들인 것과 맹인으로 난 것을 아나이다 그러나 지금 어떻게 해서 보는지 또는 누가 그 눈을 뜨게 하였는지 우리는 알지 못하나이다 그에게 물어보소서 그가 장성하였으니 자기 일을 말하리이다 그 부모가 이렇게 말한 것은 이미 유대인들이 누구든지 예수를 그리스도로 시인하는 자는 출교하기로 결의하였으므로 그들을 무서워함이러라 이러므로 그 부모가 말하기를 그가 장성하였으니 그에게 물어

보소서 하였더라

맹인 되었던 자가 예수님을 선지자라고 답변함으로 인하여 자신들의 의도가 무산되자, 바리새인들은 그가 맹인으로 태어났다는 말이 사실인지 의심했습니다. 그래서 그들은 그의 부모를 소환하여 심문했습니다. 그들은 협박하는 투로 그 부모에게 질문을 퍼부었습니다.

"이자가 맹인으로 났다는 너희 아들이 분명하냐? 그러면 맹인으로 났다는 자가 지금은 어떻게 볼 수 있게 되었는지 설명해 보아라."

바리새인들이 이러한 질문을 한 의도는 예수님의 기적을 부인하게 하고, 또 그로 인해 예수님께로 끌리는 사람들의 마음과 관심을 돌리려는 데 있었습니다. 즉, 그 부모가 자기네 아들이 맹인으로 태어나서 전혀 보지 못한다는 것을 분명히 말하지 못하면, 그가 원래 맹인이 아니면서 맹인인 척했다고 몰아세우며 기적이 일어난 것이 아니라고 주장할 셈이었습니다. 그리고 만일 정말로 맹인이었을지라도 예수님께서 그를 고쳐 주신 것은 기적을 행한 것이 아니라 귀신의 힘을 빌리거나 마술로 된 것이라고 하면, 모든 백성이 예수님을 적대시하게 되어 예수님을 잡아 죽이려는 그들의 목적을 쉽게 이룰 수 있었던 것입니다.

그러나 맹인 되었던 자의 부모의 답변은 이러한 바리새인들의 의도를 만족시켜 주지 못했습니다. 그 부모는 맹인 되었던 자가 그들의 아들이며 맹인으로 태어났다는 점은 분명히 맞지만, 그가 지금은 어떻게 보게 되었는지, 또 누가 그의 눈을 뜨게 해 주었는지는 아는 바가 없다고 대답했습니다. 그리고 이에 덧붙여 "그가 장성하였으니 그에게 물어보소서"라고 말하며 더 이상의 대답을 회피했습니다. 출교에 대한 두려움 때문에 직접 대답하기를 회피했던 것입니다.

출교는 당시 유대교 지도자들이 사용했던 가장 강력한 형벌이었습니다. 유대교에서의 출교는 신앙생활은 물론이고 정상적인 사회생활도 할 수 없는 강제권을 갖고 있었습니다. 출교 처분을 받은 사람은 회당에 출입할 수 없었으며 경제생활은 물론이요, 사람들과 교류도 할 수 없었습니다.

바리새인들은 예수님을 그리스도로 시인하는 사람은 누구를 막론하고 출교 처분을 하기로 결의하였고, 이 소문은 유대인들 사이에 이미 알려져 있었습니다. 그러므로 사회에서 완전히 매장되고 배척받을 각오 없이는 예수님을 그리스도로 믿고 고백할 수 없었습니다. 맹인 되었던 자의 부모가 스스로 대답하기를 회피한 이유가 바로 여기에 있었습니다. 그들은 출교의 위험을 무릅쓰고 예수님께서 기적을 행하여 아들의 눈을 뜨게 하셨다고 말할 용기가 없었던 것입니다. 그래서 그들은 대답을 회피하고 아들에게 미루었는데, 이는 자식은 안중에도 없는 무책임한 처사였습니다. 그들은 출교에 대한 두려움 때문에, 일단 '나부터 살고 보자'는 이기적인 생각으로 아들에게 위기를 떠넘기는 무책임한 부모의 면모를 보이고 만 것입니다.

24절 이에 그들이 맹인이었던 사람을 두 번째 불러 이르되 너는 하나님께 영광을 돌리라 우리는 이 사람이 죄인인 줄 아노라

맹인 되었던 자의 부모에게서 유리한 증언을 받아 내지 못하자, 바리새인들은 어쩔 수 없이 맹인 되었던 자를 다시 불러 심문하였습니다. 바리새인들은 그에게 "너는 하나님께 영광을 돌리라 우리는 이 사람이 죄인인 줄 아노라"고 말했습니다. 여기서 '하나님께 영광을 돌리라'는 말

은 두 가지로 해석해 볼 수 있습니다. 하나는, 눈을 고침받은 일에 대한 영광을 인간인 예수님께 돌리지 말고 하나님께 돌리라는 것으로 볼 수 있습니다. 다른 하나는, 사실대로 이실직고하여 진실을 밝히라는 것으로 볼 수 있습니다. 이 두 가지 해석 중에서 여기서는 후자의 경우로 사용되었다고 보는 것이 일반적입니다. 이에 대해서는 뒤에 이어진 말, 즉 '우리는 이 사람이 죄인인 줄 아노라' 는 말이 뒷받침해 줍니다.

바리새인들은 이미 예수님이 죄인이라는 강한 선입관을 가지고 있었으므로 그 선입관과 반대되는 말을 받아들이지 않았을 뿐만 아니라, 부정적인 선입관을 더욱 공고히 하고 예수님에 관한 것은 무조건 부정적으로 해석하였습니다. 그렇기 때문에 그들은 태어나면서부터 맹인이었던 사람이 눈을 뜬 기적에도 무엇인가 속임수가 있다고 보고 그에게 사실대로 자백하라고 강요한 것입니다.

25절 대답하되 그가 죄인인지 내가 알지 못하나 한 가지 아는 것은 내가 맹인으로 있다가 지금 보는 그것이니이다

맹인 되었던 사람은 자신을 심문하는 바리새인들이 듣고자 하는 대답이 무엇인지 알아차리고 있었습니다. 그러나 그는 바리새인들이 원하는 대답을 하지 않고, 자신의 체험을 근거로 담대하게 고백하였습니다.

"그가 죄인인지 아닌지에 대해서 나는 아는 바가 없습니다. 그러나 내가 분명히 아는 것은, 맹인이었던 내가 지금은 보게 되었다는 것입니다."

이 대답은 예수님에 대한 옹호성 발언이었습니다. 그가 바리새인들의

의도에 적당히 타협하지 않고 이처럼 예수님을 옹호하는 발언을 한 것은 그는 체험한 예수님의 권능이 그만큼 확실한 것이었기 때문입니다. 그의 일생일대의 절실한 문제를 해결받았기 때문에 출교의 협박 앞에서도 담대히 예수님의 기적을 증언할 수 있었던 것입니다.

본 절의 고백을 통해서 우리는 맹인 되었던 사람의 신앙이 변화되어 가고 있음을 감지할 수 있습니다. 처음에 그는 단지 피상적으로 예수라는 '사람' 이 자기의 눈을 고쳐 준 경위를 말하였는데(11절), 바리새인들의 심문이 계속 진행되는 동안 예수님을 옹호하고(25절) 결국에는 예수님을 '하나님께로부터 오신 분' 이라고 증언하였습니다(33절).

맹인 되었던 자가 보여 주듯이, 기독교 신앙은 체험으로 하나님을 알고 성장해 가는 것입니다. 예수 그리스도께서는 변화시키는 능력을 가지고 계십니다. 그리고 그 능력으로 십자가 앞에 나아와 예수님 안에 거하는 사람들을 변화시키십니다. 그러므로 예수님 안에 거하는 사람은 "그런즉 누구든지 그리스도 안에 있으면 새로운 피조물이라 이전 것은 지나갔으니 보라 새것이 되었도다"(고후 5:17)라는 말씀처럼 새롭게 변화된 새 인생을 살 뿐 아니라, 매일의 삶 가운데 예수님의 역사하심을 체험하며 계속 변화됩니다. 언어, 심사, 행동이 변화되고 점차 예수님을 닮아가게 되는 것입니다.

26-27절 그들이 이르되 그 사람이 네게 무엇을 하였느냐 어떻게 네 눈을 뜨게 하였느냐 대답하되 내가 이미 일렀어도 듣지 아니하고 어찌하여 다시 듣고자 하나이까 당신들도 그의 제자가 되려 하나이까

맹인 되었던 사람의 말에 말문이 막힌 바리새인들은 처음에 했던 질문을 되풀이했습니다. 그러나 이번에는 첫 번째 했던 질문과는 조금 다른 각도에서 질문했습니다. 즉, 처음 질문은 맹인이 눈을 뜨게 된 경위를 물은 것인데 비해(15절), 이번 질문은 예수님께서 무엇을 하여 눈을 뜨게 해 주었는가를 물은 것입니다. 이 질문에는 예수님께서 안식일에 일을 했다는 결정적인 단서를 잡아서 정죄하려는 의도가 담겨 있습니다.

맹인 되었던 사람은 같은 질문이 반복되자 오히려 바리새인들에게 비난하는 투로 반문했습니다.

"내가 이미 일렀어도 듣지 아니하고 어찌하여 다시 듣고자 하나이까 당신들도 그의 제자가 되려 하나이까".

이 말은 바리새인들에게 대한 책망이 섞인 것이요, 또한 맹인 되었던 사람 자신이 예수님의 제자가 될 의향이 있음을 간접적으로 표현한 것이기도 합니다.

28-29절 그들이 욕하여 이르되 너는 그의 제자이나 우리는 모세의 제자라 하나님이 모세에게는 말씀하신 줄을 우리가 알거니와 이 사람은 어디서 왔는지 알지 못하노라

바리새인들은 맹인 되었던 사람이 자신들을 모욕했다고 여기고 흥분하여 그에게 욕설을 퍼부었습니다. "맹인이었던 너나 근본도 없는 그자의 제자이지, 우리는 하나님과 대면하여 직접 말씀을 들은 위대한 선지자 모세의 제자다." 바리새인들은 예수님을 율법을 어기고 사람들을 잘못된 가르침으로 미혹시키는 거짓 선지자로 취급하고 예수님을 따르는 사람들도 같은 부류라고 폭언했으며, 모세야말로 하나님과 직통한 참선지자이고 모세를 따르는 자신들은 정통 신앙인으로서 흠잡을 데 없이 철저하게 율법을 준수한다고 자랑했습니다.

그러나 바리새인들은 자신들의 이러한 생각과 말이 얼마나 모순이 많은 거짓된 것인지 몰랐습니다. 바리새인들의 주장대로 그들이 모세의 제자였다면 모세가 예언한 메시아 예수님을 믿었을 것이며(신 18:15), 또한 모세가 하나님께로부터 계시받았던 율법과 계명과 모든 종교의식과 제사 의식이 예수님과 관계있는 것이요, 예수님의 예표라는 것을 알았을 것입니다. 그러나 그들은 스스로 모세의 제자라고 자처하며 모세가 하나님께로부터 받은 모든 것을 자신들의 종교적 목적과 권익을 위해 이용하고 있을 뿐이었습니다. 그들은 스스로 모세의 제자라고 자랑했지만, 율법의 참뜻도 모르는 채 외식하는 전형적인 종교인에 불과했던 것입니다.

30-33절 그 사람이 대답하여 이르되 이상하다 이 사람이 내 눈을 뜨게 하였으되 당신들은 그가 어디서 왔는지 알지 못하는도다 하나님이 죄인의 말을 듣지 아니하시고 경건하여 그의 뜻대로 행하는 자의 말은 들으시는 줄을 우리가 아나이다 창세 이후로 맹인으로 난 자의 눈을 뜨게 하였다 함을 듣지 못하였으니 이 사람이 하나님께로부터 오지 아니하였으면 아무 일도 할 수 없으리이다

맹인이었던 사람은 바리새인들과 논쟁을 하면 할수록 예수님에 대해 더욱 깊은 깨달음을 얻었습니다. 그는 예수님이 하나님께로부터 오신 분이라는 사실을 분명히 깨닫게 된 것입니다. 그는 율법을 많이 알

지도 못하는 자신에게도 이러한 깨달음이 있는데, 하물며 율법에 정통한 바리새인들이 예수님에 대한 깨달음이 없다는 것이 이상하게 생각되었습니다.

이에 그는 바리새인들에게 유대인이라면 누구나 믿고 있던 '기도와 하나님의 응답의 관계'에 대한 진리를 말함으로써 예수님을 옹호하고 예수님의 정당성을 증언했습니다. 그의 말의 요지는 '하나님께서는 죄인의 기도는 들으시지 않고 경건한 의인의 기도를 들어주신다. 그런데 예수님께서 내 눈을 고치셨으니, 이는 분명히 하나님께서 예수님의 기도를 들으셨다는 증거이고, 따라서 예수님께서는 죄인일 리가 없다.'는 것이었습니다.

계속해서 그는 "창세 이후로 맹인으로 난 자의 눈을 뜨게 하였다 함을 듣지 못하였으니 이 사람이 하나님께로부터 오지 아니하였으면 아무 일도 할 수 없으리이다"라고 말했습니다. 구약 성경을 보면 많은 선지자들이 여러 가지 기적을 행한 것을 알 수 있습니다. 그러나 나면서부터 맹인 된 자를 고친 일은 없었습니다. 구약 성경에는 맹인이 눈을 뜨게 하는 기적은 메시아께서 행하신다고 기록되어 있습니다(사 35:5; 42:7). 예수님께서 맹인 되었던 자를 고쳐서 보게 하신 것은 유례없는 기적이요, 구약 성경에 예언된 메시아 사역의 성취였습니다. 그러나 맹인 되었던 사람은 자신의 눈을 뜨게 해 주신 예수님을 하나님께로부터 온 선지자로만 알았을 뿐, 예수님께서 메시아라는 사실은 아직 깨닫지 못했습니다.

34절 그들이 대답하여 이르되 네가 온전히 죄 가운데서 나서 우리를

가르치느냐 하고 이에 쫓아내어 보내니라

맹인 되었던 사람의 말에 바리새인들은 할 말을 잃었습니다. 그의 말이 어찌나 논리 정연한지 더 이상 반박할 말이 없었습니다. 그런데 이러한 사실이 바리새인들의 자존심을 더욱 상하게 만들고 화를 돋우었습니다. 바리새인들은 '이 무식하고 비천한 자가 감히 우리를 가르치겠다는 건가? 율법에 정통하고 학식이 높고 지체가 높은 우리를 어떻게 보고 이 자가 감히 우리를 가르치려 들어? 참으로 괘씸하다!' 라고 생각하며 그에게 인신공격을 했습니다. "죄가 많아서 맹인으로 태어난 주제에, 감히 어디라고 우리를 가르치려고 드느냐!" 이렇게 말하고는 그를 쫓아냈습니다. 여기서 쫓아냈다는 말은 출교 조치를 했다는 뜻입니다. 바리새인들은 이렇게 함으로써 자신들의 손상된 자존심과 체면을 다소나마 살리고, 또한 그를 백성들과 격리시킴으로써 예수님에 대한 증언이 사람들에게 더 이상 확산되지 못하게 하려고 했던 것입니다.

성경에는 "거만한 자가 벌을 받으면 어리석은 자도 지혜를 얻겠고 지혜로운 자가 교훈을 받으면 지식이 더하리라"(잠 21:11)고 기록되어 있습니다. 어리석은 자는 말로 교훈을 받아들이지 않고, 징계를 보고서야 뒤늦게 깨닫습니다. 반면에 지혜로운 자는 배우기를 좋아하여, 교훈을 받으면 즉시 깨닫고 받아들여 지식이 더하고 더욱 지혜로워집니다. 교훈이란 반드시 학식이 높은 자나 높은 지위에 있는 자나 연장자만 하는 것이 아닙니다. 때로는 무식한 자가, 비천한 자가, 나이 어린 사람이 교훈을 줄 때도 있습니다. 그렇기 때문에 배움에는 왕도가 없고, 또한 모든 사람이 내게 스승이 된다는 것을 알고 평생 배우면서 살아야 합니다. 그런데 바리새인들은 영적으로, 지적으로 교만하여 예수님의 표적을 보고 맹인 되었던 사람의 증언을 듣고도 이를 받아들이지 않았습니다. 이는 그들이 스스로 학식 많은 지혜로운 자요, 의인이라고 생각하고 있는 것과 반대로 교만하고 어리석은 자요, 영적 맹인으로서 백성들까지도 영적 맹인으로 만드는 죄인임을 나타냅니다.

예수님께서는 바리새인들에 대해 "그들은 맹인이 되어 맹인을 인도하는 자로다 만일 맹인이 맹인을 인도하면 둘이 다 구덩이에 빠지리라"(마 15:14)고 말씀하셨습니다.

바리새인들의 영적 살인 행위는 예수님 당시에만 있었던 것이 아닙니다. 지금도 이러한 일은 벌어지고 있습니다. 하나님의 말씀의 영적 본질을 깨닫지 못하고 주관적으로 말씀을 해석하여 사람들에게 가르치고 지키게 하는 것은 그 사람들의 영혼을 죽음으로 이끄는 살인 행위입니다. 이러므로 우리는 항상 영적으로 깨어 있어 밝은 영안으로 말씀을 보고 깨달아 말씀 위에 확고히 서 있어야 하며, 사람들을 통하여 주시는 주님의 교훈을 잘 분별하고 받아들여야 하는 것입니다.

3. 영적 맹인에 관한 교훈(9:35-41)

35. 예수께서 그들이 그 사람을 쫓아냈다 하는 말을 들으셨더니 그

를 만나사 이르시되 네가 인자를 믿느냐 36. 대답하여 이르되 주여 그가 누구시오니이까 내가 믿고자 하나이다 37. 예수께서 이르시되 네가 그를 보았거니와 지금 너와 말하는 자가 그이니라 38. 이르되 주여 내가 믿나이다 하고 절하는지라 39. 예수께서 이르시되 내가 심판하러 이 세상에 왔으니 보지 못하는 자들은 보게 하고 보는 자들은 맹인이 되게 하려 함이라 하시니 40. 바리새인 중에 예수와 함께 있던 자들이 이 말씀을 듣고 이르되 우리도 맹인인가 41. 예수께서 이르시되 너희가 맹인이 되었더라면 죄가 없으려니와 본다고 하니 너희 죄가 그대로 있느니라

35-38절 예수께서 그들이 그 사람을 쫓아냈다 하는 말을 들으셨더니 그를 만나사 이르시되 네가 인자를 믿느냐 대답하여 이르되 주여 그가 누구시오니이까 내가 믿고자 하나이다 예수께서 이르시되 네가 그를 보았거니와 지금 너와 말하는 자가 그이니라 이르되 주여 내가 믿나이다 하고 절하는지라

바리새인들이 맹인 되었던 사람을 출교시켰다는 소문은 삽시간에 퍼져 예수님의 귀에도 들렸습니다. 이에 예수님께서는 그를 찾아가서 만나 주셨습니다. 예수님을 믿는 사람이 항상 마음 든든할 수 있는 이유가 바로 여기에 있습니다. 예수님을 믿다 보면 이로 인해 사람들에게 박해받고 소외당할 때가 있습니다. 가족들에게 내몰리고, 친구들이 떠나가고, 이웃들이 배척하고, 직장에서 고립될 때가 있습니다. 그러나 그럴 때 예수님께서 우리를 찾아와서 만나 주십니다. 세상이 다 우리를 쫓아내도 예수님께서는 절대 우리를 쫓아내지 않으시고 우리와 함께하여 주십니다. 그러므로 우리는 "온 세상 날 버려도 주 예수 안 버려 끝까지 나를 돌

아보시니" (찬송가 88장 2절)라고 찬양하게 되는 것입니다.

예수님께서는 맹인 되었던 사람을 만나 "네가 인자를 믿느냐" 고 물으셨습니다. 여기서 '인자' 는 메시아를 일컫는 말입니다. 바야흐로 예수님께서는 육신의 눈을 뜨게 된 그에게 영적인 눈도 뜰 수 있도록 인도하고 계신 것입니다.

이에 맹인 되었던 사람은 지체하지 않고 "주여 그가 누구시오니이까 내가 믿고자 하나이다" 라고 분명하게 말했습니다. 그는 자신의 눈을 고쳐 주신 분이 예수님이라는 것을 알았으나, 실제로 예수님을 본 적은 없었기 때문에 지금 자신과 대화하는 분이 예수님이라는 것을 몰랐습니다. 또한 그는 예수님을 선지자로 알았을 뿐, 예수님께서 하나님의 아들이신 메시아라는 사실도 몰랐습니다. 그렇기 때문에 그는 예수님을 알아보지 못하고, 자기를 찾아온 낯선 이에게 "그가 누구시오니이까" 라고 물었던 것입니다.

그런데 그 낯선 이가 하는 대답은 참으로 놀라운 것이었습니다. "네가 그를 보았거니와 지금 너와 말하는 자가 그이니라". 예수님께서는 사마리아의 수가 성 여인에게 메시아로 계시하셨듯이(4:25-26) 그에게도 자신을 하나님의 아들로 계시해 주신 것입니다.

그는 자기 앞에 있는 낯선 이가 바로 자신의 눈을 고쳐 주신 예수님이시요, 세상을 구원해 주실 하나님의 아들이시라는 것을 알게 되자 몹시 놀라며 벅찬 기쁨을 감추지 못했습니다. 이에 그는 즉시 예수님께 "주여 내가 믿나이다" 라고 고백하고 그 자리에 엎드려 예수님께 경배를 드렸습니다. 그는 비록 유대교에서는 출교를 당했지만, 이를 계기로 예수님을 만나 구주로 모셔 들임으로써 복된 새 인생을 살게 된 것입니다.

39-41절 예수께서 이르시되 내가 심판하러 이 세상에 왔으니 보지 못하는 자들은 보게 하고 보는 자들은 맹인이 되게 하려 함이라 하시니 바리새인 중에 예수와 함께 있던 자들이 이 말씀을 듣고 이르되 우리도 맹인인가 예수께서 이르시되 너희가 맹인이 되었더라면 죄가 없으려니와 본다고 하니 너희 죄가 그대로 있느니라

맹인 되었던 사람의 경배를 받으신 예수님께서는 "내가 심판하러 이 세상에 왔으니 보지 못하는 자들은 보게 하고 보는 자들은 맹인이 되게 하려 함이라"고 말씀하셨습니다. 예수님께서 이 말씀을 하실 때 그 자리에는 다른 사람들도 있었습니다. 마침 그중에는 바리새인들도 몇 사람 있었는데, 그들은 예수님을 책잡고 정죄하고 대적하던 자들이었습니다. 그들은 예수님의 말씀을 듣고 분개하여 "우리도 맹인인가?"라고 빈정거렸습니다.

성경에는 "다른 이로써는 구원을 받을 수 없나니 천하 사람 중에 구원을 받을 만한 다른 이름을 우리에게 주신 일이 없음이라"(행 4:12)고 기록되어 있습니다. 이러므로 예수님을 믿는 사람들은 구원을 받지만, 예수님을 믿지 않는 사람들에게는 심판만이 있습니다. 예수님께서 이 세상에 오심으로 세상은 구원의 길과 심판의 길로 갈리는 분기점에 놓여 있게 된 것입니다.

구원의 이면(裏面)은 심판입니다. 성경에는 "십자가의 도가 멸망하는

자들에게는 미련한 것이요 구원을 받는 우리에게는 하나님의 능력이라"(고전 1:18)고 기록되어 있습니다. 믿는 자에게는 구원의 메시지가 되는 십자가의 도가 믿지 않는 자에게는 심판의 메시지가 됩니다. 예수님께서 오심으로 결국 모든 사람은 구원 편, 또는 심판 편으로 확연히 갈렸습니다. 그렇기 때문에 예수님께서는 앞서 "그를 믿는 자는 심판을 받지 아니하는 것이요 믿지 아니하는 자는 하나님의 독생자의 이름을 믿지 아니하므로 벌써 심판을 받은 것이니라"(3:18)고 말씀하셨던 것입니다. 자신이 영적으로 맹인임을 알고 보기를 갈망하는 자는 구원의 빛 가운데서 생명의 길을 걷게 됩니다. 그러나 자신이 맹인임을 인식하지 못하고 빛되신 예수님을 배척하는 자는 어두운 죄악 가운데 방치된 채 멸망 길로 치닫는 심판 가운데 있는 것입니다.

구원은 값없이 받는 은혜입니다. 그런데 구원에는 회개와 믿음이 선행적으로 수반됩니다. 내 눈을 덮고 있는 죄의 꺼풀을 제거하는 회개가 있어야 비로소 밝은 눈으로 구원의 빛을 볼 수 있습니다. 그리고 그것을 믿음으로 받아들여 구원을 얻게 되는 것입니다. 그런데 눈에서 죄의 꺼풀을 제거하려면, 먼저 내 눈이 죄의 꺼풀로 덮여 있다는 사실을 알아야 합니다. 자신의 눈이 덮여 있다는 것을 알지 못하면, 꺼풀을 제거할 이유도 없는 것입니다. 오직 자신이 죄의 꺼풀에 눈이 가려진 영적 맹인이라는 사실을 알고, 그 꺼풀을 벗기고 눈을 뜨기를 갈망하고 구하는 자만이 구원의 은혜 가운데 들어가는 것입니다.

그런데 이 죄의 꺼풀은 우리 자신의 능력과 힘으로는 벗길 수 없습니다. 오직 예수님만이 우리의 눈을 덮고 있는 죄의 꺼풀을 완전히 벗겨 내어 제거하실 수 있습니다. 우리가 자신의 눈을 가리고 있는 모든 죄를 인정하고 회개할 때, 예수님께서 우리의 눈에서 죄의 꺼풀을 말끔히 없애 주시는 것입니다. 성경은 이에 대해 "만일 우리가 우리 죄를 자백하면 그는 미쁘시고 의로우사 우리 죄를 사하시며 우리를 모든 불의에서 깨끗하게 하실 것이요" (요일 1:9)라고 말씀하고 있습니다.

그러나 바리새인들은 자신들이 맹인임을 인정하지 않았습니다. 이에 예수님께서는 그들에게 "너희가 맹인이 되었더라면 죄가 없으려니와 본다고 하니 너희 죄가 그대로 있느니라" 고 말씀하셨습니다. 만일 바리새인들이 자신들의 영적 무지를 깨닫고, 자신들이 영적 맹인임을 자각했더라면 눈이 뜨여 보게 되기를 구하였을 것입니다. 그러나 그들은 자신들이 죄인임을 깨닫지 못하고 스스로 의롭다고 자처했습니다. 이처럼 교만한 바리새인들에게 예수님의 도움은 조금도 필요하지 않았습니다.

예수님께서는 인간이 하나님께로 나아갈 수 있는 유일한 통로입니다. 그러나 바리새인들은 율법을 지키는 행위로써 하나님께 나아가려고 했습니다. 그 결과 그들은 죄를 용서받고 구원받을 기회를 스스로 지나쳐 버리고 말았습니다. 빛 되신 예수님을 거부하고 스스로 '본다' 고 자처하는 무지와 교만을 고수하다가 회개하고 구원받을 기회를 상실한 것입니다.

스스로 죄 없다 하는 자는 죄 사함을 받을 수 없습니다. 내가 얼마나 큰 죄인인가를 알고 애통하며 자복하고 마음을 찢어 회개할 때, 주님께서 그 모든 죄를 용서하여 정결하게 해 주시고 내 마음에 평안과 기쁨을 주시며 하나님 나라에 이르도록 인도해 주시는 것입니다. 예수님께서는 "심령이 가난한 자는 복이 있나니 천국이 그들의 것임이요 애통하는 자는 복이 있나니 그들이 위로를 받을 것임이요"(마 5:3-4)라고 교훈하셨습니다. 그러므로 우리는 주님의 진리의 빛을 늘 갈망하며, 자신의 죄를 깨달아 애통하고 회개하며 주님의 도우심을 간구해야 합니다. 그럴 때 주님께서 우리의 모든 죄를 용서하시고 진리 가운데 거하게 하시며 천성 가는 길을 비추어 우리를 이끄시는 놀라운 은혜를 주실 것입니다.

제 10 장

선한 목자이신 **예수님**

선한 목자 비유	10:1-18
유대인들의 분쟁	10:19-21
유대인들과의 논쟁	10:22-39
예수님을 믿고 따르는 무리	10:40-42

A COMMENTARY
ON THE GOSPEL OF
JOHN I

예수님께서 맹인을 고치신 일로 비롯된 예수님과 바리새인들과의 논쟁은 본 장에도 계속되고 있습니다. 영적 맹인에 관한 교훈을 깨닫지 못하고 힐문하는 바리새인들에게 예수님께서는 자신을 '양의 문'과 '선한 목자'에 비유하여 소개하셨습니다. 예수님께서는 '양의 문'으로서, 양으로 하여금 구원을 받아 생명을 풍성히 얻게 하시는 생명의 원천이십니다. 또한 '선한 목자'로서 자신의 양을 일일이 아시고 보호하시며 안전하게 인도하실 뿐 아니라 양을 위해 목숨을 버리십니다.

예수님의 이 말씀으로 인하여 바리새인 중에 다시 분쟁이 일어났습니다. 이에 예수님께서는 다시 한번 자신을 하나님의 아들이라고 말씀하셨습니다. 그러자 바리새인들이 예수님을 잡으려고 하므로 예수님께서는 요단 강 저편으로 피하셨습니다.

1. 선한 목자 비유(10:1-18)

1. 내가 진실로 진실로 너희에게 이르노니 문을 통하여 양의 우리에
들어가지 아니하고 다른 데로 넘어가는 자는 절도며 강도요 2. 문으
로 들어가는 이는 양의 목자라 3. 문지기는 그를 위하여 문을 열고
양은 그의 음성을 듣나니 그가 자기 양의 이름을 각각 불러 인도하여
내느니라 4. 자기 양을 다 내놓은 후에 앞서 가면 양들이 그의 음성
을 아는 고로 따라오되 5. 타인의 음성은 알지 못하는 고로 타인을
따르지 아니하고 도리어 도망하느니라 6. 예수께서 이 비유로 그들
에게 말씀하셨으나 그들은 그가 하신 말씀이 무엇인지 알지 못하니
라 7. 그러므로 예수께서 다시 이르시되 내가 진실로 진실로 너희에
게 말하노니 나는 양의 문이라 8. 나보다 먼저 온 자는 다 절도요 강
도니 양들이 듣지 아니하였느니라 9. 내가 문이니 누구든지 나로 말
미암아 들어가면 구원을 받고 또는 들어가며 나오며 꼴을 얻으리라
10. 도둑이 오는 것은 도둑질하고 죽이고 멸망시키려는 것뿐이요 내
가 온 것은 양으로 생명을 얻게 하고 더 풍성히 얻게 하려는 것이라
11. 나는 선한 목자라 선한 목자는 양들을 위하여 목숨을 버리거니와

12. 삯군은 목자가 아니요 양도 제 양이 아니라 이리가 오는 것을 보
면 양을 버리고 달아나나니 이리가 양을 물어 가고 또 헤치느니라
13. 달아나는 것은 그가 삯군인 까닭에 양을 돌보지 아니함이나 14.
나는 선한 목자라 나는 내 양을 알고 양도 나를 아는 것이 15. 아버지
께서 나를 아시고 내가 아버지를 아는 것 같으니 나는 양을 위하여
목숨을 버리노라 16. 또 이 우리에 들지 아니한 다른 양들이 내게 있
어 내가 인도하여야 할 터이니 그들도 내 음성을 듣고 한 무리가 되
어 한 목자에게 있으리라 17. 내가 내 목숨을 버리는 것은 그것을 내
가 다시 얻기 위함이니 이로 말미암아 아버지께서 나를 사랑하시느
니라 18. 이를 내게서 빼앗는 자가 있는 것이 아니라 내가 스스로 버
리노라 나는 버릴 권세도 있고 다시 얻을 권세도 있으니 이 계명은
내 아버지에게서 받았노라 하시니라

1-2절 내가 진실로 진실로 너희에게 이르노니 문을 통하여 양의 우리에 들어가지 아니하고 다른 데로 넘어가는 자는 절도며 강도요 문으로 들어가는 이는 양의 목자라

'양의 우리' 는 밤에 맹수들의 공격으로부터 양을 보호하고 지키기 위해 담을 둘러서 만든 건축물입니다. 우리에는 출입구가 하나뿐입니다. 그렇기 때문에 우리를 출입하려면 목자나 양이나 모두 그 출입구로 지나다녀야만 합니다. 이러한 우리의 구조상의 특징을 이용하여, 목자는 양 떼를 우리에 몰아넣은 다음, 입구에서 문지기 역할을 하며 맹수의 공격으로부터 양 떼를 지키고 보호합니다. 그러므로 우리를 출입하려면 반드시 그 입구를 지키고 있는 목자를 통해야만 합니다.

양의 목자는 문을 통하여 우리에 들어갑니다. 그러나 절도나 강도는

문을 통하지 않고 담을 넘어 우리에 들어가서 양을 탈취합니다. '절도'는 옳지 않은 수단으로 도둑질하는 좀도둑을 가리키고, '강도'는 폭력을 휘둘러 강탈하는 자를 말합니다. 그들은 사리사욕을 채우기 위해 불법적으로 탈취하고 착복하는 일을 합니다.

그러면 이와 같이 '양의 목자냐, 아니면 절도나 강도냐?'를 구별하게 하는 '양 우리의 문'은 누구일까요? 바로 예수님이십니다. 9절을 보면 예수님께서 "내가 문이니 누구든지 나로 말미암아 들어가면 구원을 받고 또는 들어가며 나오며 꼴을 얻으리라"고 말씀하셨습니다. 그러므로 오늘날 목회를 하는 주의 종들은 예수 그리스도를 통하여 교회를 세우고, 예수 그리스도의 십자가 대속의 공로를 의지하고 예수 그리스도의 이름과 권세를 가지고서 양 무리인 성도들을 지키고 보호합니다.

예수 그리스도의 이름이 아닌 자신의 이름을 가지고 사람들을 선동하고 미혹시키는 자는 모두 다 절도요, 강도입니다. 이들의 말에 현혹되어 따라가는 사람은 자신의 영혼과 생명을 약탈당하고 멸망하게 됩니다. 그러므로 우리는 참된 목자와 거짓 목자를 잘 분별하여야 하는 것입니다.

3절 문지기는 그를 위하여 문을 열고 양은 그의 음성을 듣나니 그가 자기 양의 이름을 각각 불러 인도하여 내느니라

예수님께서 양 우리의 문이시라면 그 우리를 지키는 문지기는 보혜사 성령님이십니다. 성령님의 인도를 받아야 비로소 우리는 예수 그리스도 안으로 들어갈 수 있습니다. 즉, 성령님의 도우심 없이는 예수 그리스도를 주라고 고백할 수 없는 것입니다.

마태복음 16장 15절부터 17절을 보면 가이사랴 빌립보에서 예수님과 제자들이 나눈 대화가 기록되어 있습니다. 예수님께서 제자들에게 "너희는 나를 누구라 하느냐" 고 물으셨을 때, 베드로가 "주는 그리스도이시요 살아 계신 하나님의 아들이시니이다" 라고 고백하였습니다. 그러자 예수님께서는 "이를 네게 알게 한 이는 혈육이 아니요 하늘에 계신 내 아버지시니라" 고 말씀하셨습니다. 하늘에 계신 성부 하나님께서 성령을 통해서 베드로의 마음을 열어 주셨기 때문에, 베드로는 예수님께서 구원의 문이신 줄 알고 고백했던 것입니다. 또한 성경에는 "성령으로 아니하고는 누구든지 예수를 주시라 할 수 없느니라" (고전 12:3)고 말씀하고 있습니다. 그러므로 성령을 통하지 않고서는 절대로 예수 그리스도의 문으로 들어갈 수 없습니다.

우리가 성령의 인도하심을 따라 예수 그리스도 안으로 들어가면 예수님께서 우리의 목자가 되어 우리를 돌보아 주십니다. 예수님께서 우리와 늘 함께하여 주시며, 예수님의 양 무리 된 우리 각자를 일일이 아시고 이름을 불러 인도해 주십니다. 이와 같이 예수님과 우리의 인격적인 만남은 개별적으로 이루어집니다. 그러므로 우리는 예수님께서 나에게 지극한 관심을 가지고 깊은 교제를 하기를 원하신다는 것을 알고, 우리를 예수님께로 인도하시는 성령님을 인정하고 환영하고 모셔 들이고 의지하고 성령의 인도를 받아 예수님과 깊은 교제를 하는 데 힘써야겠습니다.

4-6절 자기 양을 다 내놓은 후에 앞서 가면 양들이 그의 음성을 아는 고로 따라오되 타인의 음성은 알지 못하는 고로 타인을 따르지 아니하고 도리어 도망하느니라 예수께서 이 비유로 그들에게 말

씀하셨으나 그들은 그가 하신 말씀이 무엇인지 알지 못하니라

목자는 우리에서 밤을 지낸 후 자기의 양들을 일일이 호명하여 우리 밖으로 불러내서 목초지로 인도합니다. 이때에 목자는 양 떼보다 앞서 가면서 양 떼를 보호합니다. 험한 계곡과 낭떠러지와 가시덤불과 사나운 맹수를 피하여 안전하게 푸른 풀밭에 이르러 마음껏 풀을 먹고 잔잔한 물가에서 물을 마시고 편히 쉴 수 있도록 양 떼를 인도하는 것입니다. 이처럼 양들에게 있어서 목자는 길 안내자요, 생명의 보호자요, 일용할 양식과 휴식을 주는 공급자라고 할 수 있습니다. 그렇기 때문에 양들이 목자를 따르는 것은 너무나 당연한 일입니다.

그런데 양 떼를 풀어놓는 목초지나 밤에 양 떼를 몰아넣는 양의 우리는 목자마다 개별적으로 할당받아 사용하는 것이 아니라 여러 목자가 함께 사용합니다. 따라서 여러 목자의 양들이 서로 섞여 있게 됩니다. 그럼에도 불구하고 목자들 간에 양이 바뀌는 일이 없는데, 이는 양들이 자기 목자의 음성을 분별할 수 있기 때문입니다. 아무리 자기 목자와 비슷한 음성을 흉내 내어 불러도 양들은 속지 않습니다. 오히려 이러한 경우에 양들은 위기를 느끼고 도망합니다. 양들은 오직 자기 목자가 부를 때에만 순종하는 것입니다.

이와 같은 양의 속성은 우리에게 큰 교훈을 줍니다. 우리는 참목자 되신 예수님의 인도를 받는 양입니다. 그렇기 때문에 우리는 예수님의 음성만을 듣고 그 말씀에 순종해야 합니다. 우리를 속이려는 사탄의 음성을 들어서는 안 됩니다. 사탄은 육신의 정욕, 안목의 정욕, 이생의 자랑을 따라 죄악의 길, 사망의 길, 멸망의 길로 들어서도록 우리를 유혹합니다. 만일 우리가 이 유혹하는 음성을 듣고 따르면 우리의 인생은 파멸되

고 맙니다. 그러므로 양들이 거짓 목자의 음성을 들으면 따르지 않고 도망가듯이, 사탄의 음성이 들릴 때에 우리는 그 말을 따르지 말고 유혹에 넘어가지 않도록 도망가야 합니다. 오직 우리를 불러내서 푸른 풀밭과 쉴 만한 물가로 인도하시는 우리의 참목자 되신 예수 그리스도의 음성만을 듣고 따라야 하는 것입니다.

예수님께서 말씀하신 '양과 목자의 비유'는 팔레스타인 지역 사람이라면 누구나 쉽게 이해할 수 있는 것이었습니다. 팔레스타인 지역에서는 목축 생활을 하였기 때문에 '양과 목자의 비유'는 일상적인 생활 풍속 같은 것이었습니다. 그러나 유대인들은 이 비유를 말씀하신 예수님의 의도를 알 수 없었습니다. 그들은 예수님께서 이 비유를 통하여 주신 교훈의 의미를 이해하지 못하였기 때문에 예수님을 그들의 목자로 받아들이지도 않았습니다.

7-9절 그러므로 예수께서 다시 이르시되 내가 진실로 진실로 너희에게 말하노니 나는 양의 문이라 나보다 먼저 온 자는 다 절도요 강도니 양들이 듣지 아니하였느니라 내가 문이니 누구든지 나로 말미암아 들어가면 구원을 받고 또는 들어가며 나오며 꼴을 얻으리라

예수님께서는 유대인들이 비유를 알아듣지 못했음을 아시고 그 비유의 의미를 설명해 주셨습니다. "나는 양의 문이라". 예수님께서 양의 문이시라는 것은, 앞에서 한 번 언급한 바 있듯이(1-2절), 예수님께서 당신의 양인 우리를 위험에서 보호하고 지켜 주시는 분이시며 우리의 유일한 통로가 되신다는 것을 시사합니다. 또한 양 우리에는 문을 만들어 달지

않아서 출입구가 항상 뚫려 있었기 때문에 목자가 그 입구에 지켜 서서 문 역할을 했다는 점을 감안할 때, 양의 문이라는 말은 양의 목자라는 말과도 같습니다. 결국 예수님께서 양의 문이시라는 것은, 곧 예수님께서 우리의 구원의 길이시요, 우리를 진리 가운데로 인도하시고 보호하시는 분이시며, 우리에게 참된 안식과 생명의 양식을 주시는 '길이요, 진리요, 생명' 이심을 의미합니다.

양의 우리에는 단 하나의 문만 있듯이 구원의 문 역시 하나밖에 없습니다. 오직 예수님만이 구원의 문이십니다. 다른 종교나 다른 사람의 이름이나 이 세상의 것이나 형식적이고 의식적인 종교 예식과 교리는 결코 구원의 문이 될 수 없습니다. 이러한 맥락에서 예수님께서는 "나보다 먼저 온 자는 다 절도요 강도니 양들이 듣지 아니하였느니라" 고 말씀하셨습니다. 여기서 '나보다 먼저 온 자' 는 대제사장들과 율법사들과 바리새인들과 사두개인들 같은 유대 종교 지도자들을 말합니다. 그들은 예수님을 인정하지 않고 배척하며 백성을 미혹시키는 이단으로 몰아세웠습니다. 그리하여 그들 자신은 물론 백성들까지도 구원을 받지 못하도록 방해하고 훼방했습니다. 그러므로 예수님께서는 이들을 일컬어 '양들을 약탈하는 절도요, 강도' 라고 하신 것입니다.

그러나 이들이 아무리 강력하게 방해를 해도 예수 그리스도께서 택하신 양들은 그들의 말을 듣지 않습니다. 오직 참목자이신 예수님의 음성만을 듣고 예수님만을 믿고 의지하고 따릅니다. 이와 같이 예수님의 양이 된 사람은 구원만 받는 것이 아니라, 예수님 안에서 참된 평안과 자유를 누리며 하나님의 풍성한 복을 받습니다. 선한 목자이신 예수님께서는 당신의 양인 우리를 푸른 풀밭으로 인도하셔서 영의 양식을 먹이시고, 쉴 만한 생명수 물가에서 생명수를 마시고 안식하여 생기 왕성하고 새 힘이 넘치게 하십니다. 또한 선한 목자이신 예수님께서는 우리를 의의 길로 인도하시며, 영원한 하나님의 나라에 이르기까지 우리의 인생길에서 닥치는 모든 위험으로부터 우리를 안전하게 보호하시고 지켜 주십니다. 그리하여 우리의 삶 전체가 선한 목자이신 주님에 대한 감사와 찬양으로 넘쳐 나게 해 주시는 것입니다.

10절 도둑이 오는 것은 도둑질하고 죽이고 멸망시키려는 것뿐이요 내가 온 것은 양으로 생명을 얻게 하고 더 풍성히 얻게 하려는 것이라

여기서 '도둑' 은 마귀를 가리킵니다. 마귀는 아담과 하와를 유혹하여 죄짓게 함으로써 그들의 영혼을 도둑질하였고, 에덴동산을 빼앗았고, 건강을 빼앗았고, 부요를 빼앗았고, 하나님께서 주신 피조 세계를 정복하고 다스리는 권세를 빼앗았고, 생명을 도둑질했습니다. 그러고도 마귀는 여전히 우리를 죽이고 멸망시키려 합니다. 마귀는 우리의 마음에서 평안과 기쁨을 도둑질하고, 소망과 사랑을 앗아 가며, 행복과 건강을 빼앗고, 우리의 삶을 황폐시킵니다. 이러한 마귀를 따라서 사는 사람들은 자신의 인생 전체를 마귀에게 약탈당한 사람들입니다.

물론 세상 사람들 중에는 세상의 온갖 부귀영화를 누리며 건강하게 장수하는 사람도 있습니다. 그러나 그것은 한계가 있는 일시적인 것일 뿐입니다. 그러한 사람도 죽음 앞에서는 두려움과 허무한 삶에 대한 회한의 눈물을 흘릴 수밖에 없습니다. 이 세상의 모든 명예로도, 권세로도, 재물로도, 학식으로도, 의지와 노력으로도 얻을 수 없는 것이 바로 '생명'

입니다. 그러나 세상 사람들은 이러한 사실을 깨닫지 못하고 세상의 것들을 추구하며 그것에 취하여 살다가 죽음 앞에서야 비로소 때늦은 후회를 합니다. 결국 그들은 후회와 절망 가운데서 죽음의 나락으로 떨어지고 마는 것입니다.

그러나 우리 주 예수 그리스도께서는 '생명' 을 주십니다. 모든 사람이 열망하는 영원한 생명, 이 세상 무엇으로도 얻을 수 없는 귀중한 생명은 오직 예수님께만 있습니다. 본 절을 보면, 예수님께서 "내가 온 것은 양으로 생명을 얻게 하고 더 풍성히 얻게 하려는 것이라" 고 말씀하셨는데, 이것이 바로 예수님께서 이 세상에 오신 목적입니다. 예수님께서는 우리에게 생명을 주시되 풍성히 주시기를 원하십니다. 풍성히 준다는 것은 영원토록 끊임없이 공급해 준다는 말입니다. 예수님께서는 우리에게 영과 혼과 육의 생명을 풍성히 주시는 생명의 원천이십니다. 그런데 생명은 예수님의 양, 즉 예수님을 믿고 따르는 성도들에게만 주어집니다. 그러므로 누구든지 예수님을 자신의 구주로 믿고 자기 인생의 목자로 모신 사람은 예수님께서 주시는 영원한 생명으로 충만하게 되는 것입니다. 뿐만 아니라 예수님께서 주시는 생명은 한 개인을 생명으로 충만하게 하는 데서 끝나지 않고 넘쳐흘러서 그 주위로 확산됩니다. 그러므로 우리가 생명의 원천이신 예수님을 모시고 살 때, 내가 살고 나의 가정이 살고 내 이웃이 살고 내가 속한 공동체와 사회가 사는 '생명의 역사' 가 일어나는 것입니다.

11-13절 나는 선한 목자라 선한 목자는 양들을 위하여 목숨을 버리거니와 삯꾼은 목자가 아니요 양도 제 양이 아니라 이리가 오

는 것을 보면 양을 버리고 달아나나니 이리가 양을 물어 가고 또 헤치느니라 달아나는 것은 그가 삯꾼인 까닭에 양을 돌보지 아니함이나

선한 목자는 양에게 먹일 좋은 풀이 어디에 있는지, 목마를 때에 마실 물이 어디에 있는지, 어떤 길로 가야 위험하지 않은지 다 알고서 양들을 돌봅니다. 또한 선한 목자는 지팡이와 막대기를 들고 다니면서 양을 인도하고 위험에서 구하며 보호해 줍니다. 뿐만 아니라 선한 목자는 사나운 짐승이 공격할 때에 양들을 구하기 위하여 목숨을 걸고 맞서 싸웁니다. 자기의 양들을 지극히 사랑하여 죽음조차 불사하고 양들을 지키는 것입니다. 그런데 예수님께서 우리에게 '선한 목자' 가 되어 주셨습니다. 본 절의 "선한 목자는 양들을 위하여 목숨을 버리거니와" 라는 말씀에서 '위하여' 는 '대신하여' 라는 의미를 갖고 있습니다. 즉, 선한 목자는 양들을 대신하여 목숨을 버린다는 말인데, 이는 예수님께서 우리를 대신하여 우리의 대속물이 되어 십자가에 달려 죽으시는 것을 암시합니다. 예수님께서는 스스로 대속의 죽음을 택하심으로, 죄짓고 불의하고 추악하고 저주받고 영원히 멸망할 우리를 구해 주신 것입니다.

그러나 삯꾼은 자신의 안전과 유익만을 찾습니다. 삯꾼은 양을 치는 일을 해 주는 대가로 보수를 받는 고용인입니다. 이들은 돌보아야 할 양 무리가 자기의 양이 아니기 때문에 양들의 생명이나 안전에 관심이 없습니다. 이들의 관심은 오로지 자신이 받을 보수에만 있습니다. 그러므로 이들에게 있어서 양 무리는 사명감과 책임감을 가지고 돌보아 줄 대상이 아니라 돈벌이의 수단일 뿐입니다.

이와 같이 양 무리를 자신의 유익을 위한 수단으로 이용하는 삯꾼은

위험이 닥치면 목자들과 전혀 다른 태도를 보입니다. 목자는 이리가 양 무리를 습격하려 하면 자신의 목숨을 아끼지 않고 이리와 맞서 싸우지만, 삯꾼은 몸을 사리고 양들을 버려둔 채 도망갑니다. 이리가 달려들어 양을 물어 가고 양 무리를 헤쳐서 뿔뿔이 흩어 버려도 상관하지 않고 오로지 자신의 안전에만 신경 씁니다.

바리새인들을 비롯한 종교 지도자들은 바로 이러한 삯꾼이었습니다. 그들은 정작 가장 중요한 문제인 백성들의 영혼 구원 문제에는 관심이 없었습니다. 그들은 오로지 제도화된 교리와 왜곡되고 편협한 종교 지식과 형식적인 종교의식에 관심을 가지고 있었으며, 그것으로 백성들을 구속하고 압제하며 자신들의 지위와 권력을 강화시키는 데에 이용하는 종교 위선자들이요, 이기주의자들이었습니다.

14-15절 나는 선한 목자라 나는 내 양을 알고 양도 나를 아는 것이 아버지께서 나를 아시고 내가 아버지를 아는 것 같으니 나는 양을 위하여 목숨을 버리노라

예수님께서는 "나는 선한 목자라" 고 다시 한번 천명하시면서 목자이신 예수님과 그의 양인 성도의 친밀한 관계에 대해서 말씀하셨습니다. 목자가 자기의 양을 알고 양이 자기의 목자를 알듯이, 예수님께서는 성도를 아시고 성도는 예수님을 압니다. 여기서 '안다' 는 것은 지식적으로 아는 것이 아니라 늘 함께하며 인격적으로, 경험적으로 아는 것을 가리킵니다. 예수님과 성도는 전 인격적으로 연합되어 서로를 압니다. 그러므로 예수님께서는 성도 한 사람 한 사람의 이름과 성격과 취향과 기호까지도 아시며, 성도는 예수님의 성품과 뜻을 알고 예수님을 믿고 의지

합니다.

이와 같은 예수님과 성도의 관계는 성부 하나님과 성자 예수님의 관계와 같습니다. 예수님께서는 성부 하나님의 뜻을 완전히 아시고 그 뜻에 순종하여 십자가에 달려 죽으심으로써 인류의 구원을 이루셨습니다. 예수님의 십자가 죽음은 하나님께 대한 절대 순종이었으며, 인류에 대한 사랑의 표현이요, 인류를 구원하기 위한 희생이었습니다. 이러한 은혜의 결과로 예수님의 양이 된 성도는 예수님과 생명으로 연합되어 있으며, 이 연합 관계는 이 세상의 그 무엇으로도 끊을 수 없습니다(롬 8:35-39). 성부 하나님과 성자 예수님이 하나이며 그 관계가 영원하듯이, 목자이신 예수님과 그의 양인 성도도 완전히 연합되었으며 그 관계는 영원한 것입니다.

16-18절 또 이 우리에 들지 아니한 다른 양들이 내게 있어 내가 인도하여야 할 터이니 그들도 내 음성을 듣고 한 무리가 되어 한 목자에게 있으리라 내가 내 목숨을 버리는 것은 그것을 내가 다시 얻기 위함이니 이로 말미암아 아버지께서 나를 사랑하시느니라 이를 내게서 빼앗는 자가 있는 것이 아니라 내가 스스로 버리노라 나는 버릴 권세도 있고 다시 얻을 권세도 있으니 이 계명은 내 아버지에게서 받았노라 하시니라

'우리에 들지 아니한 다른 양들'은 '장차 예수 그리스도를 믿고 구원받을 장래의 이방인 성도들'을 가리킵니다. 예수님께서는 "또 이 우리에 들지 아니한 다른 양들이 내게 있어 내가 인도하여야 할 터이니 그들도 내 음성을 듣고 한 무리가 되어 한 목자에게 있으리라"고 말씀하셨는데,

이는 예수님의 구원의 대상에 유대인만이 아니라 이방인도 포함된다는 것과 예수 그리스도 안에서 유대인과 이방인이 하나로 연합된다는 것을 보여 줍니다.

예수님의 이 말씀은 예수님께서 십자가에 달려 죽으심으로 성취되었습니다. 유대인과 이방인의 구별 없이 십자가에 달리신 예수님을 믿는 자는 누구나 예수님의 양이 되어 예수님의 인도하심을 받게 된 것입니다. 그러므로 사도 바울은 에베소 교회에 보낸 그의 서신에서 이방인들을 향하여 이렇게 말했습니다. "너희는 그때에 육체로는 이방인이요 손으로 육체에 행한 할례를 받은 무리라 칭하는 자들로부터 할례를 받지 않은 무리라 칭함을 받은 자들이라 그때에 너희는 그리스도 밖에 있었고 이스라엘 나라 밖의 사람이라 약속의 언약들에 대하여는 외인이요 세상에서 소망이 없고 하나님도 없는 자이더니 이제는 전에 멀리 있던 너희가 그리스도 예수 안에서 그리스도의 피로 가까워졌느니라"(엡 2:11-13). 이와 같이 예수 그리스도께서 십자가에서 흘리신 보혈의 공로로, 유대인과 이방인 사이에 대대로 가로막혀 있던 장벽이 제거되고 유대인과 이방인이 예수님 안에서 화목하게 되어 하나로 연합되었습니다. 그리고 이 둘이 한 무리가 되어 목자 되신 예수님의 인도하심을 받게 된 것입니다.

"내가 내 목숨을 버리는 것은 그것을 내가 다시 얻기 위함이니 이로 말미암아 아버지께서 나를 사랑하시느니라". 인류의 구원은 성부 하나님의 뜻입니다. 성자 예수님께서 인간으로 이 세상에 오셔서 십자가에 달려 죽으신 것은 바로 이 하나님의 뜻을 성취하시기 위한 것이었습니다. 그러므로 성부 하나님께서는 죽음조차 마다하지 않으신 예수님을 사랑하시는 것입니다.

예수님께서 십자가에 못 박혀 죽으신 것은 사랑과 순종으로 말미암은 자발적인 자기희생이었습니다. 예수님께서 십자가에 못 박히셨을 때, 사람들은 예수님을 조롱하며 "네가 만일 하나님의 아들이어든 자기를 구원하고 십자가에서 내려오라"(마 27:40)고 했습니다. 그러나 예수님께서는 모진 수모와 고통과 조롱을 받으면서도 끝내 십자가에 달린 채 숨을 거두셨는데, 이는 십자가에서 내려올 능력이 없어서 못 내려오신 것이 아닙니다. 그리하면 인류 구원이 이루어지지 않기 때문에 내려오시지 않았던 것입니다.

그런데 예수님의 십자가는 수치와 고통과 절망과 죽음의 자리만은 아니었습니다. 그곳은 승리와 소망과 부활의 새 생명과 영광이 약속된 자리이기도 했습니다. 예수님께서는 이러한 사실을 알고 계셨습니다. 그러므로 이에 대하여 성경에 "믿음의 주요 또 온전하게 하시는 이인 예수를 바라보자 그는 그 앞에 있는 기쁨을 위하여 십자가를 참으사 부끄러움을 개의치 아니하시더니 하나님 보좌 우편에 앉으셨느니라"(히 12:2)고 기록되어 있는 것입니다.

"이를 내게서 빼앗는 자가 있는 것이 아니라 내가 스스로 버리노라 나는 버릴 권세도 있고 다시 얻을 권세도 있으니 이 계명은 내 아버지에게서 받았노라". 이 세상 그 누구도 마음대로 죽었다가 다시 살아났다 할 수 없습니다. 그러나 예수님께서는 죽고 사는 권세를 가지고 계십니다. 예수님께서 자발적으로 자신을 죽음에 내어 주신 것도, 또 죽었다가 다시 부활하신 것도 예수님의 권세로 하신 것입니다. 예수님께서는 이러한 권세로 죽음을 통하여 구원을 이루시고, 다시 부활하심으로써 우리의 부활의 소망이 되신 것입니다.

2. 유대인들의 분쟁(10:19-21)

19. 이 말씀으로 말미암아 유대인 중에 다시 분쟁이 일어나니 20. 그 중에 많은 사람이 말하되 그가 귀신 들려 미쳤거늘 어찌하여 그 말을 듣느냐 하며 21. 어떤 사람은 말하되 이 말은 귀신 들린 자의 말이 아니라 귀신이 맹인의 눈을 뜨게 할 수 있느냐 하더라

19절 이 말씀으로 말미암아 유대인 중에 다시 분쟁이 일어나니

진리가 선포되는 곳에는 언제나 분쟁이 일어납니다. 진리 편에 서는 사람들이 있는가 하면, 반대로 진리를 거부하는 사람들도 항상 있기 마련입니다.

예수님께서 말씀을 하시자 유대인들 사이에 다시 분쟁이 일어났습니다(7:43; 9:16). 그들은 예수님을 믿지 않는 무리와 예수님을 옹호하는 무리로 나뉘어 열띤 논쟁을 벌였습니다.

20-21절 그중에 많은 사람이 말하되 그가 귀신 들려 미쳤거늘 어찌 하여 그 말을 듣느냐 하며 어떤 사람은 말하되 이 말은 귀신 들

린 자의 말이 아니라 귀신이 맹인의 눈을 뜨게 할 수 있느냐 하더라

유대인들은 앞 장에서도 예수님께서 귀신 들렸다고 몰아세웠던 적이 있었는데(7:20; 8:48,52), 이제는 귀신 들려서 미쳤다고까지 주장했습니다. 그러나 그들 중 어떤 이들은 이러한 주장에 동조하지 않고 예수님을 옹호했습니다. 이들은 예수님께서 귀신 들린 자라면 맹인의 눈을 뜨게 하는 기적을 행할 수 없었을 것이라고 주장하였습니다.

유대인들이 예수님의 말씀을 듣고서 이처럼 두 부류로 나뉘어 분쟁하였듯이, 예수님의 복음이 선포되고 기적이 일어나면 사람들은 믿는 자와 믿기를 거부하는 자의 두 부류로 갈립니다. 믿기를 거부하는 자들에게는 그 모든 것이 미친 것으로 보입니다. 그러나 하나님께서 택하신 사람들은 마음속에 믿음이 생기고 깨달아지는 것입니다. 같은 때, 같은 곳에서 똑같이 말씀을 듣고 기적을 보더라도 사람들은 이를 동일하게 받아들이지 못하고, 이로 인해 서로 대립하고 반목하는 현상을 보이는 것입니다.

이 세상에서는 하나님의 성령도 역사하시지만 마귀도 역사합니다. 성령께서는 하나님께서 택하신 사람들을 찾아 구원받도록 인도해 주십니다. 그러나 마귀는 어찌하든지 한 사람이라도 더 미혹하게 하여 멸망의 길로 끌어 가려고 합니다. 이러므로 성경은 "근신하라 깨어라 너희 대적 마귀가 우는 사자같이 두루 다니며 삼킬 자를 찾나니 너희는 믿음을 굳건하게 하여 그를 대적하라"(벧전 5:8-9)고 경고하고 있습니다.

우리는 영적 전쟁터에 살고 있습니다. 이 영적 싸움에서 우리가 마귀를 이기려면 굳세고 담대한 믿음을 가져야 합니다. 이를 위해서는 말씀

으로 충만하고, 기도에 힘쓰며, 복음 전도에 열심을 내어야 합니다. 매일 말씀을 읽고 들어야 하나님의 뜻을 분명히 알고 순종할 수 있는 신앙의 뿌리가 튼튼해집니다. 기도에 힘써야 성령으로 충만해져서 우리의 신앙 생활에 능력이 나타나고 활력이 넘치게 됩니다. 또한 말씀 위에 굳게 서고 기도하여 능력을 받았으면 나아가서 복음을 전해야 합니다. 아무리 말씀으로 충만하고 기도를 많이 할지라도 복음을 전하지 않으면 내 속에 고여 있다가 썩어서 스러져 버리고 맙니다. 웅덩이에 고인 물은 썩을 수 밖에 없습니다. 그러나 흐르는 물은 그 안뿐 아니라 주변에도 생명을 공급해 줍니다. 그러므로 우리는 때를 얻든지 못 얻든지 복음을 전하고 우리의 생활 전체가 복음 전도의 삶이 되도록 하여야 합니다. 그럴 때 마귀가 한 길로 왔다가 일곱 길로 도망가고, 생명의 역사가 일어남으로 말미암아 내 속에 생명이 차고 넘쳐서 신앙이 성장하며 날마다 승리하는 삶을 살게 되는 것입니다.

3. 유대인들과의 논쟁(10:22-39)

22. 예루살렘에 수전절이 이르니 때는 겨울이라 23. 예수께서 성전 안 솔로몬 행각에서 거니시니 24. 유대인들이 에워싸고 이르되 당신이 언제까지나 우리 마음을 의혹하게 하려 하나이까 그리스도이

면 밝히 말씀하소서 하니 25. 예수께서 대답하시되 내가 너희에게 말하였으되 믿지 아니하는도다 내가 내 아버지의 이름으로 행하는 일들이 나를 증거하는 것이거늘 26. 너희가 내 양이 아니므로 믿지 아니하는도다 27. 내 양은 내 음성을 들으며 나는 그들을 알며 그들은 나를 따르느니라 28. 내가 그들에게 영생을 주노니 영원히 멸망하지 아니할 것이요 또 그들을 내 손에서 빼앗을 자가 없느니라 29. 그들을 주신 내 아버지는 만물보다 크시매 아무도 아버지 손에서 빼앗을 수 없느니라 30. 나와 아버지는 하나이니라 하신대 31. 유대인들이 다시 돌을 들어 치려 하거늘 32. 예수께서 대답하시되 내가 아버지로 말미암아 여러 가지 선한 일로 너희에게 보였거늘 그중에 어떤 일로 나를 돌로 치려 하느냐 33. 유대인들이 대답하되 선한 일로 말미암아 우리가 너를 돌로 치려는 것이 아니라 신성 모독으로 인함이니 네가 사람이 되어 자칭 하나님이라 함이로라 34. 예수께서 이르시되 너희 율법에 기록된바 내가 너희를 신이라 하였노라 하지 아니하였느냐 35. 성경은 폐하지 못하나니 하나님의 말씀을 받은 사람들을 신이라 하셨거든 36. 하물며 아버지께서 거룩하게 하사 세상에 보내신 자가 나는 하나님의 아들이라 하는 것으로 너희가 어찌 신성 모독이라 하느냐 37. 만일 내가 내 아버지의 일을 행하지 아니하거든 나를 믿지 말려니와 38. 내가 행하거든 나를 믿지 아니할지라도 그 일은 믿으라 그러면 너희가 아버지께서 내 안에 계시고 내가 아버지 안에 있음을 깨달아 알리라 하시니 39. 그들이 다시 예수를 잡고자 하였으나 그 손에서 벗어나 나가시니라

22-24절 예루살렘에 수전절이 이르니 때는 겨울이라 예수께서 성전 안 솔로몬 행각에서 거니시니 유대인들이 에워싸고 이르되 당신이 언제까지나 우리 마음을 의혹하게 하려 하나이까 그리스

도이면 밝히 말씀하소서 하니

수전절은 예루살렘 성전을 정결하게 하여 재봉헌한 것을 기념하는 절기입니다. 수리아 왕 안티오커스 에피파네스는 주전 168년 12월에 예루살렘을 점령하고 성전 번제단에 희랍 제단을 만들어서 돼지를 잡아 피를 뿌리고 제우스 신에게 제사를 드렸으며, 팔레스타인 전역에서 유대교를 박멸하기 위해 백성들에게 위협을 가하고 우상을 섬기게 했습니다. 그런데 이러한 안티오커스 에피파네스의 시도는 마카비의 독립 운동으로 인하여 3년 만에 좌절되었습니다. 주전 165년 유다 마카비는 더럽혀진 예루살렘 성전을 회복하고 하나님께 다시 봉헌했는데, 이를 기념하여 매년 지키는 절기가 바로 수전절입니다.

수전절은 매년 12월에 8일간 지켜졌습니다. 이스라엘에는 겨울에 비가 많이 내리므로 수전절 기간은 우기(雨期)였습니다. 그렇기 때문에 이때에는 차가운 비를 피하여 솔로몬 행각에서 백성들에게 율법을 가르쳤습니다. 솔로몬 행각은 예루살렘 성전 동편에 위치한 복도인데, 여러 기둥 위에 지붕을 덮은 구조로 되어 있어서 비를 피하기에는 적당한 곳이었습니다.

수전절에 예수님께서 솔로몬 행각에 가셨는데, 그곳은 수많은 사람들로 붐비고 있었습니다. 유대인들은 그 많은 인파 속에서 예수님을 발견하자 곧 예수님께로 다가와 빙 둘러서서 "당신이 언제까지나 우리 마음을 의혹하게 하려 하나이까 그리스도이면 밝히 말씀하소서"라고 말했습니다. 그들은 예수님께서 어떠한 대답을 하시는가에 따라 예수님을 책잡으려는 의도로 이러한 질문을 한 것입니다.

예수님께서는 이제까지 자신에 대해서 유대인들에게 수차례 말씀하셨으나, 자신이 메시아라는 사실을 공적으로 밝히시지는 않았습니다. 물론 사마리아의 수가 성 여인에게는 자신을 메시아로 밝히셨지만(4:25-26), 이는 공적으로 선포하신 것이 아니라 개인적으로 가르쳐 주신 것이었습니다. 예수님께서는 유대인들에게 오직 비유로써만 계시해 주셨을 뿐 자신이 메시아라고 직접적으로 밝혀 주시지는 않았습니다. 그렇기 때문에 유대인들은 혼란에 빠져 있었습니다. 그러나 만일 예수님께서 분명하게 말씀해 주셨더라도 그들은 믿지 않았을 것입니다.

기독교 복음은 인간의 이성이나 경험으로 이해하고 믿게 되는 것이 아닙니다. 성령으로 말미암지 않고는 예수님을 주님이라고 고백할 수 없습니다. 하나님의 성령에 의한 깊은 체험이 없이는 하나님의 깊은 은혜 속에 들어가지 못합니다. 유대인들은 성령의 깊은 체험을 하지 못했을 뿐 아니라 인본주의적인 생각을 고수했으므로 예수님께서 비유로 계시해 주신 말씀들을 깨닫지 못하였고, 따라서 예수님께서 메시아라는 사실도 믿지 못했습니다. 표적을 행하고 자신들의 교리에 어긋나는 교훈을 가르치면서 사람들의 마음을 사로잡는 예수님이 그들에게는 눈엣가시요, 위험인물로 간주되었습니다. 그렇기 때문에 그들은 어떠한 방법으로든 예수님을 책잡아서 죽이려고 한 것입니다.

25-28절 예수께서 대답하시되 내가 너희에게 말하였으되 믿지 아니하는도다 내가 내 아버지의 이름으로 행하는 일들이 나를 증거하는 것이거늘 너희가 내 양이 아니므로 믿지 아니하는도다 내 양은 내 음성을 들으며 나는 그들을 알며 그들은 나를 따르느

니라 내가 그들에게 영생을 주노니 영원히 멸망하지 아니할 것이요 또 그들을 내 손에서 빼앗을 자가 없느니라

예수님께서 메시아라는 것은 예수님의 사역을 통해서 충분히 증명되었습니다. "내가 너희에게 말하였으되" 라는 표현은, 예수님께서 말씀과 표적을 통해서 벌써 말씀하셨다는 의미입니다. 예수님께서 하시는 말씀이나 행하시는 일들은 예수님이 누구이신가를 명백히 보여 줍니다. 맹인이 눈을 뜨고, 벙어리가 말을 하며, 나병 환자가 깨끗함을 받고, 귀신들이 쫓겨 가며, 죽은 자가 살아나는 기적들은 하나님이 아니고서는 불가능한 일들입니다. 이러한 기적들은 예수님께서 하나님의 아들 메시아라는 사실을 증명하는 증거들이었습니다. 그럼에도 불구하고 유대인들은 예수님을 믿지 않고 철저히 배격하며 대적해 왔는데, 이에 대하여 예수님께서는 "너희가 내 양이 아니므로 믿지 아니하는도다" 라고 말씀하셨습니다. 유대인들은 성부 하나님께서 예수님에게 주신 양이 아니기 때문에 예수님께서 아무리 말씀과 표적으로 자신을 계시하셔도 알지 못하고 믿지 못했던 것입니다.

예수님께 속한 양들은 예수님의 음성을 듣고 따릅니다. 그리고 목자이신 예수님께서는 자신의 양들을 일일이 알고 계시며, 그들을 안전하게 보호하시고 인도하십니다. 이러한 양과 목자의 관계는 참으로 특별하며 친밀하고 확고합니다. 목자이신 예수님께서는 자신의 양들에게 영생을 주어 영원히 멸망하지 않게 하십니다. 또한 목자이신 예수님께서는 끊임없이 자신의 양들을 돌보시고 보호해 주시기 때문에 그 어떠한 것도 양을 해치지 못합니다.

양은 언제든지 맹수의 공격을 받을 위험에 노출되어 있으며 이에 맞서 싸울 힘과 무기가 없는 연약한 동물입니다. 예수님의 양인 우리 성도들도 이와 같습니다. 우리는 마귀와 세상의 유혹에 항상 노출되어 있습니다. 우리에게는 이에 맞서 물리칠 힘과 능력이 없습니다. 그래서 때로는 실족하여 죄를 짓기도 합니다. 그러나 그럴 때마다 예수님께서 다시 일으켜 회복시켜 주시기 때문에 우리는 죄악의 늪에 완전히 빠져 멸망 길로 가지 않는 것입니다. 항상 우리를 붙잡아 이끌어 주시는 예수님께서는 우리가 일곱 번 넘어져도 여덟 번 일으켜 주시며, 사랑의 지팡이와 막대기로 우리를 인도하여 하나님 나라로 이끌어 주십니다. 그러므로 우리는 칠전팔기의 신앙을 가지고 우리의 참목자이신 예수님만을 따라갈 수 있는 것입니다.

29-31절 그들을 주신 내 아버지는 만물보다 크시매 아무도 아버지 손에서 빼앗을 수 없느니라 나와 아버지는 하나이니라 하신대 유대인들이 다시 돌을 들어 치려 하거늘

성부 하나님께서는 만유보다 크시기 때문에 어느 누구도 성부 하나님의 소유된 것을 빼앗을 수 없습니다. 그러므로 하나님께서 창세전부터 예정하시고 택하여 구원하신 성도를 하나님에게서 빼앗을 수 있는 것은 아무것도 없는 것입니다.

그런데 본문의 "아무도 아버지 손에서 빼앗을 수 없느니라"는 말씀은 앞서 "그들을 내 손에서 빼앗을 자가 없느니라"(28절)고 하신 말씀과 차이가 있습니다. 앞에서는 '예수님의 손'에서 빼앗을 수 없다고 한 데 비해, 본문에서는 '성부 하나님의 손'에서 빼앗을 수 없다고 한 것입니다.

그러나 이러한 차이점은 예수님의 말씀에 일관성 없는 모순이 있음을 드러내는 것이 아니라, 성부 하나님과 성자 예수님의 일체성을 시사하는 것입니다. 이러므로 예수님께서도 "나와 아버지는 하나이니라" 고 부연하셨습니다.

그렇다면 '하나' 라는 것은 무엇일까요? 두 인격체가 하나 된다는 것은, 곧 둘이 한마음 한뜻으로 생활하는 것을 말합니다. 따라서 성부 하나님과 성자 예수님께서 하나라는 말씀도 이와 동일한 원리에서 이해하여야 합니다. 성부 하나님과 성자 예수님은 개별적으로 인격을 가지고 계십니다. 그러나 본질적으로 그 뜻과 생각과 말과 행동과 모든 일에 있어서는 조금도 다름이 없는 한 분 하나님이십니다. 성부 하나님과 성자 예수님과 보혜사 성령님은 서로 다른 독립된 인격을 가지고 계시지만, 생각하는 것이나 뜻하는 것이나 행동하는 것이 모두 신성(神性)으로 일체가 되기 때문에 삼위(三位)가 되시면서 일체(一體)가 되시는 것입니다.

삼위일체의 2위이신 예수님의 뜻은 1위이신 성부 하나님의 뜻이요, 예수님의 생각은 하나님의 생각이고, 예수님의 말씀은 하나님의 말씀이며, 예수님의 행동은 하나님의 행동입니다. 그렇기 때문에 예수님께서는 "나와 아버지는 하나이니라" 고 말씀하심으로 예수님과 성부 하나님과의 일체성, 즉 예수님께서 하나님이심을 말씀하신 것입니다.

그러나 이러한 예수님의 말씀은 유대인들에게 더욱 큰 반감을 불러 일으켰습니다. 그들에게는 그 말씀이 드러내 놓고 하나님을 모독하는 말로 들릴 뿐이었습니다. 이에 그들은 극도로 격분하여 돌을 들어 예수님을 쳐 죽이려고 했습니다.

32절 예수께서 대답하시되 내가 아버지로 말미암아 여러 가지 선한 일로 너희에게 보였거늘 그중에 어떤 일로 나를 돌로 치려 하느냐

예수님께서는 자신을 에워싼 유대인들이 저마다 돌을 들고 치려는 것을 보시면서도 전혀 흔들림 없이 당당하게 말씀하셨습니다. "내가 아버지로 말미암아 여러 가지 선한 일로 너희에게 보였거늘 그중에 어떤 일로 나를 돌로 치려 하느냐".

예수님께서 행하신 모든 일은 성부 하나님으로 말미암은 것들이었습니다. 죄인의 죄를 용서하시고, 귀신을 쫓아내시고, 병든 자를 고치시고, 죽은 자를 살리시고, 배고픈 자를 먹이시고, 슬픈 자를 위로해 주시고, 절망 가운데 있는 자에게 천국의 소망을 주시는 등, 예수님께서 행하신 이 모든 일은 그 어느 하나도 책잡을 데가 없는 선한 일이요, 칭송받을 일이었습니다.

이처럼 선한 일만 하셨다는 것은 예수님께서 선한 목자이시라는 것과 깊은 관련이 있습니다. 도둑이 오는 것은 도둑질하고 죽이고 멸망시키려는 것뿐이요, 예수님께서 선한 목자로 오신 것은 양으로 하여금 풍성한 생명을 얻게 하기 위함입니다. 선한 목자이신 예수님께서는 성부 하나님께서 맡겨 주신 양 무리, 즉 성도들을 일일이 찾아내어 불러서 이끄시되, 모든 것이 합력하여 선이 이루어지도록 선한 길로 이끌어 주시는 것입니다(롬 8:28).

33절 유대인들이 대답하되 선한 일로 말미암아 우리가 너를 돌로 치려는 것이 아니라 신성 모독으로 인함이니 네가 사람이 되어 자칭 하나님이라 함이로라

유대인들은 예수님께서 어느 한 사람에게도 악한 일을 하신 적이 없다는 점을 부인할 수 없었습니다. 그래서 그들은 예수님의 말씀에 정면으로 반박하지 못하고 "우리가 너를 돌로 치려는 것은 선한 일 때문이 아니라, 네가 자칭 하나님이라 하여 신성 모독을 했기 때문이다."라고 대답하였습니다.

유대인들은 유일하신 한 분 하나님만을 알 뿐, 삼위일체 하나님에 대해서는 아는 바가 없었습니다. 그들이 경전으로 삼는 구약 성경에 삼위일체를 암시하는 구절이 여러 군데 있음에도 불구하고 그들은 영적으로 무지하여 말씀을 올바로 이해하지 못하고 있었던 것입니다. 그러므로 그들은 "나와 하나님 아버지는 하나이니라."는 예수님의 말씀을 도저히 용납할 수 없는 신성모독적인 발언으로 받아들인 것입니다.

34-36절 예수께서 이르시되 너희 율법에 기록된바 내가 너희를 신이라 하였노라 하지 아니하였느냐 성경은 폐하지 못하나니 하나님의 말씀을 받은 사람들을 신이라 하셨거든 하물며 아버지께서 거룩하게 하사 세상에 보내신 자가 나는 하나님의 아들이라 하는 것으로 너희가 어찌 신성 모독이라 하느냐

'너희 율법'은 구약 성경을 가리킵니다. 예수님께서는 하나님을 모독했다고 공박하는 유대인들에게 구약 성경 시편의 말씀을 인용하여 자신을 변호하셨습니다. "내가 말하기를 너희는 신들이며 다 지존자의 아들들이라 하였으나"(시 82:6). 여기서 '신'과 '지존자의 아들'은 재판관을 의미하는 말로, 이스라엘의 재판관들은 하나님으로부터 재판권을 위임 받았으므로 '신'으로 불렸습니다.

또한 구약 성경을 보면, 하나님으로부터 말씀을 받은 하나님의 대표자를 '신' 이라고 한 것을 찾아볼 수 있습니다. 그 대표적인 예로 모세를 들 수 있습니다. 하나님께서는 모세를 아론에게 대하여 '하나님같이'(출 4:16) 되게 하셨으며, 바로에게 보내실 때 '바로에게 신같이 되게'(출 7:1) 하셨습니다.

이와 같이 구약 성경은 하나님의 말씀을 받은 사람들을 '신' 이라고 분명하게 말씀하고 있습니다. 그러므로 단순히 하나님의 말씀을 받은 정도가 아니라 하나님께서 친히 거룩하게 하여 세상에 보내신 예수님을 '하나님의 아들' 이라고 하는 것은 결코 지나친 말이 될 수 없습니다. 유대인들은 예수님께서 자신을 하나님의 아들, 곧 하나님과 동등하다고 말씀하셨다고 하여 신성 모독죄를 지었다는 명목으로 정죄하고 돌로 쳐 죽이려 했으나, 그들이 진심으로 구약 성경의 권위를 인정한다면 그 말씀에 수긍했어야 합니다. 이러므로 예수님께서는 구약 성경의 권위를 강조하시면서 구약 성경 말씀을 인용하여 자신이 하나님의 아들이심을 다시 한번 주장하시는 동시에 자신에 대한 유대인들의 정죄는 잘못된 것임을 지적하셨습니다.

37-38절 만일 내가 내 아버지의 일을 행하지 아니하거든 나를 믿지 말려니와 내가 행하거든 나를 믿지 아니할지라도 그 일은 믿으라 그러면 너희가 아버지께서 내 안에 계시고 내가 아버지 안에 있음을 깨달아 알리라 하시니

예수님께서는 자신이 누구인지를 밝히는 증거로써 자신이 행한 사역들을 제시하셨습니다. 예수님께서 행하신 일들은 하나님의 권능으로 된

것입니다. 죄를 용서하신 일, 귀신을 쫓아내신 일, 병자를 고치신 일, 죽은 자를 살리신 일, 맹인의 눈을 뜨게 하신 일, 오병이어로 수많은 사람을 배불리 먹이신 일 등, 예수님께서 행하신 일들은 하나님의 능력이 아니고는 도저히 있을 수 없는 일들입니다. 또한 예수님께서 행하신 이러한 일들은 하나님의 성품, 즉 하나님의 사랑과 은혜와 자비와 긍휼을 보여주는 것입니다.

예수님께서는 유대인들에게 자신이 행한 일들을 확실한 증거로 제시하시면서 "나를 믿지 아니할지라도 그 일은 믿으라 그러면 너희가 아버지께서 내 안에 계시고 내가 아버지 안에 있음을 깨달아 알리라" 고 말씀하셨습니다. 이 말씀은 예수님께서 이제까지 행하신 일의 목표가 무엇인지를 시사하고 있습니다. 예수님께서는 사람들로 하여금 그가 행하신 일을 보고 그와 하나님이 하나임을 믿어 영생을 얻게 하려고 수많은 표적을 행하셨던 것입니다.

예수님께서 행하셨던 기적들은 지금도 우리 가운데서 일어나고 있습니다. 그래서 많은 사람이 기적을 체험하고 또 사모하며 신앙생활을 합니다. 그러나 정작 그 기적이 담고 있는 진정한 의미는 따로 있음을 알아야 합니다. 그것은 바로 예수님께 대한 순전한 믿음입니다. 그러므로 우리는 눈에 보이는 기적만을 중시하고 좇을 것이 아니라, 그 안에 담긴 하나님의 뜻을 바로 깨닫고 우리의 믿음을 굳게 하여야겠습니다.

39절 그들이 다시 예수를 잡고자 하였으나 그 손에서 벗어나 나가시니라

예수님의 논리 정연한 말씀에 유대인들은 아무런 반박도 할 수 없었습

니다. 그러나 그들은 여전히 마음이 완악하여 예수님의 말씀을 받아들이지 않고 예수님을 해치려고 했습니다. 그들은 당장 그 자리에서 예수님을 쳐 죽이지는 못했지만, 다시 생각을 바꾸어 예수님을 체포하려고 했습니다. 하지만 그들은 예수님을 체포하는 것조차 실패했습니다. 그 이유는 아직 하나님의 때가 이르지 않았기 때문입니다. 성경은 "범사에 기한이 있고 천하만사가 다 때가 있나니"(전 3:1)라고 말씀하고 있습니다. 모든 일은 다 하나님의 때를 따라 이루어지는 것입니다. 그렇기 때문에 유대인들이 예수님을 잡으려 해도 하나님께서 허락하시는 때가 아직 이르지 않았으므로 그들의 뜻을 이룰 수 없었던 것입니다.

예수님께서는 유대인들의 살의를 다시 한번 확인하시고 몸을 피하여 그 살기등등한 상황에서 벗어나셨습니다.

4. 예수님을 믿고 따르는 무리(10:40-42)

40. 다시 요단 강 저편 요한이 처음으로 침례 베풀던 곳에 가사 거기 거하시니 41. 많은 사람이 왔다가 말하되 요한은 아무 표적도 행하지 아니하였으나 요한이 이 사람을 가리켜 말한 것은 다 참이라 하더라 42. 그리하여 거기서 많은 사람이 예수를 믿으니라

40절 다시 요단 강 저편 요한이 처음으로 침례 베풀던 곳에 가사 거기

거하시니

살기등등한 유대인들을 피하여 예루살렘을 떠난 예수님께서는 요단 강 동편으로 가셨습니다. 그곳은 베다니로, 침례 요한이 처음으로 침례를 주며 그리스도에 대해 증언하던 곳이었습니다(1:28). 또한 그곳은 예루살렘의 통치자나 종교 지도자들이 영향력을 미칠 수 없는 곳이었으므로, 예수님께서는 한동안 그곳에서 안전하게 지내실 수 있었습니다.

41-42절 많은 사람이 왔다가 말하되 요한은 아무 표적도 행하지 아니하였으나 요한이 이 사람을 가리켜 말한 것은 다 참이라 하더라 그리하여 거기서 많은 사람이 예수를 믿으니라

예수님께서 와 계시다는 소문이 삽시간에 퍼져, 많은 사람이 예수님께 왔습니다. 그들은 예수님을 보고 침례 요한에 대한 기억을 생생히 떠올렸습니다. 침례 요한은 이미 약 3년 전에 죽었으나, 그가 선포했던 메시지는 아직도 사람들의 뇌리에 선명하게 남아 있었습니다. 예수님께 나아온 사람들은 침례 요한을 회상하며 "요한은 아무 표적도 행하지 아니하였으나, 요한이 이 사람을 가리켜 말한 것은 다 참이다."라고 말했습니다. 그들은 침례 요한이 그리스도에 대해 증언한 말이 모두 진실하다는 확신을 갖고, 예수님을 구주로 믿고 영접한 것입니다.

요단 강 동편 베다니 사람들이 예수님을 믿게 된 것은, 3년 전 침례 요한이 뿌린 복음의 씨앗이 열매를 맺은 것이었습니다. 성경에는 "눈물을 흘리며 씨를 뿌리는 자는 기쁨으로 거두리로다 울며 씨를 뿌리러 나가는 자는 반드시 기쁨으로 그 곡식 단을 가지고 돌아오리로다"(시 126:5-6)라

고 기록되어 있습니다. 이러므로 우리는 침례 요한같이 복음 전파에 힘써야 합니다. 때를 얻든지 못 얻든지, 사람들이 받아들이든지 거부하든지 상관하지 말고 온 힘을 다하여 복음을 전해야 합니다. 비록 우리가 직접 그 열매를 거두지 못하고 우리의 생전에 열매가 맺히지 않는다 하더라도 낙심할 필요가 없습니다. 우리가 침례 요한처럼 겸손히, 그러나 담대하게 복음을 전할 때, 언젠가 그 열매가 맺혀 주님께서 수확하시고 영광을 받으시는 것입니다.